AF369178

Le Pouvoir des cols blancs

L'Affaire Terre-neuve

Photo couverture : Pierre Wetzel – Bordeaux (33)
Relecture-correction : Odile Duburcq – 06 76 96 73 56
JAMANO – Édition 2019
  40, rue du Bois-Joly – 41200 ROMORANTIN-LANTENAY

Le Pouvoir des cols blancs – L'affaire Terre-neuve, 2019
ISBN : 978-2-9568846-0-6
Dépôt légal : octobre 2019

Jean-Pierre-Louis STEINER

Le Pouvoir des cols blancs
L'Affaire Terre-neuve

Roman policier financier

Éditions JAMANO

« La fraude est à l'impôt ce que l'ombre est à l'homme. »
GEORGES POMPIDOU.

Les personnages

AMIEL Jean, ex-chef de cabinet du ministre des Rapatriés, 53 ans
AURILLAC Lucien, conseiller à la Cour des comptes, 41 ans
BARANES Charles, commissaire de police, 47 ans
BÉRÉNI Daniel, brigadier de police, garde du corps, 51 ans
BONNET Julien, directeur de cabinet de l'ex-ministre des Rapatriés, 54 ans
CALMART Léon, lieutenant de police, 27 ans
CAMÉRO Philippe, alias de Julien Bonnet
COTY Michel, brigadier de police
Cyclamen, secrétaire du directeur de la police, 34 ans
DAUGAT Jean, ministre sortant des Rapatriés, 62 ans
DESCHAMPS Michel, chef de la brigade financière de Lausanne, Suisse, 49 ans
DUCHEMIN Alain, avocat de Julien Bonnet au barreau de Paris
ESTIVAUX Xavier, secrétaire général de mairie
FERME Fabienne, lieutenant de police, 42 ans
Francois, 72 ans, homme du milieu
FONTENAY Jean, procureur général
GORDES Jean, commissaire retraité, conseiller du ministre de l'Intérieur, 62 ans
LACOURT Éliane, présidente de l'association Terre-neuve, 64 ans
LE GOFF Hubert, juge d'instruction, 43 ans
LEJEUNE Hervé, journaliste au *Monde*, 42 ans
LEPRINCE Lucie, adjointe au contrôleur financier, 34 ans
LEVENDEUR Pierre, avocat, 64 ans
MACHOIRE Patrick, commandant de police, 46 ans
MALFAIT Yvan, journaliste, 62 ans
MARCELLIN Rémi, ministre des Rapatriés, 64 ans
Marie-Danièle, petite amie de Julien Bonnet
MARIGOT Denise, nom d'usage donné à la maîtresse de Julien Bonnet
Maud, journaliste à l'AFP, 39 ans
MONTAIRO Manuel, policier portugais
NÉMO Félicien, directeur de police, 61 ans
PERDRIX Henri, commissaire divisionnaire à l'IGPN
PIQUARD Marcel, ministre de l'Intérieur, 62 ans
PRIEUR Luc, gardien de la paix
SERVAN Gaston, capitaine de police, 52 ans
ZELLER Michel, avocat suisse
ZOARY Selim, inspecteur des impôts

Aura popularis

Lorsque l'affaire éclata, Baranes venait de s'installer dans ses tout nouveaux bureaux. Un immeuble cossu et bourgeois, à deux pas de la Madeleine et de l'Élysée, que rien ne pouvait identifier à un service de police judiciaire si ce n'était la garde statique qui rappelait son attachement au ministère de l'Intérieur. Spacieux mais peu fonctionnel, il y avait plus de place perdue dans les coursives que d'espace de travail dans les bureaux. Les couloirs étaient encore jonchés de cartons emplis de procédures en cours et suspendues le temps du déménagement. L'heure n'était pas au repos.

Le nouveau scandale qui s'annonçait n'allait laisser que peu de temps aux hommes de la brigade financière pour prendre possession de leur nouveau territoire.

L'éclatement d'une affaire avait toujours pour effet de mettre la pression sur les services d'enquêtes, mais, à la différence du braquage sanglant ou du crime ignoble qui, parfois, inspirent des sentiments ambivalents, les faits, cette fois-ci, avaient du mal à susciter la moindre compassion.

Les journaux télévisés et la presse écrite étaient déchaînés. L'occasion d'éveiller les consciences, de rappeler la mauvaise influence des déviances affairistes sur un monde politique en recherche permanente de crédibilité était trop belle. Une fois encore, l'intérêt particulier de quelques-uns venait contrarier l'intérêt général de tous et cela les échauffait au plus haut point.

Terre-neuve était à la une de toutes les rédactions.

Une association caritative au service des harkis et des rapatriés d'Algérie qui avait déjà du mal à se faire entendre dans un monde qui voulait les oublier. Toujours promis à reconnaissance et réparations, les exilés de l'Algérie française attendaient de Terre-neuve autre chose que de voir détourner les fonds qui leur étaient destinés.

Les journalistes recherchaient Julien Bonnet, son énigmatique trésorier, dont la disparition ouvrait la porte à toutes les hypothèses, même les plus invraisemblables, comme son assassinat à des fins politiques.

En entretenant le mélange des genres, la dilapidation de fonds publics au profit peut être d'un financement politique et l'affect d'une population scandalisée, on se dirigeait tout droit vers un scandale d'État. Le premier sans doute d'une longue série.

L'époque s'y prêtait. Pour la première fois de son histoire, la Ve République connaissait un changement de gouvernement qui allait contraindre le président à cohabiter et deux forces politiques à s'opposer dans la conduite du pays.

Au centre de ce scandale, il y avait Julien Bonnet. Directeur de cabinet du ministre sortant des Rapatriés. Sa disparition subite faisait de lui un parfait coupable. Le « dircab », comme on l'appelait communément, devenait le témoin privilégié du plus grand détournement de fonds d'État que la Ve République ait connu. Ses fonctions de numéro deux d'un ministère plutôt symbolique ne le destinaient pas à s'immiscer dans la gestion d'une association emblématique. Pourtant, c'était bien ce qui lui était reproché, de les avoir cumulées avec celles de trésorier, ce que les médias avaient rapidement interprété comme une mission commandée.

Une dénonciation du nouveau ministre des Rapatriés ciblait déjà l'association Terre-neuve comme n'ayant été constituée que pour faire un écran de fumée à la dilapidation « organisée » de fonds publics.

Une situation que ne pouvait ignorer son prédécesseur, Jean Daugat, placé à ce ministère essentiellement en raison des liens personnels qu'il entretenait avec le président de la République. Des accusations à peine voilées pour mettre en cause les plus hautes autorités de l'État.

Une odeur nauséabonde se dégageait déjà d'un événement qui n'allait pas quitter la scène de l'actualité de sitôt. Les médias pratiquaient à outrance les interviews trottoirs et entretenaient les sentiments grandissants de révolte. Les leaders politiques en rajoutaient, pensant que les malheurs des uns pouvaient faire le bonheur des autres. Ils ne savaient pas qu'ils allaient scier la branche sur laquelle ils étaient assis.

Vu le trouble provoqué par l'éclatement de cette affaire sur l'opinion publique, le procureur de la République de Paris s'était fendu d'une conférence de presse. On le sentait tendu et peu convaincu de ses propres explications. Il s'en tenait à la lecture d'un texte qu'il avait visiblement du mal à maîtriser, obligé parfois de s'en éloigner pour y apporter quelques commentaires.

Non ! la justice n'était pas l'instrument d'un pouvoir politique. Elle répondait à une dénonciation de la Cour des comptes et il ne fallait y voir aucun rapport entre le changement de majorité et le déclenchement soudain de cette affaire. Comme si quelqu'un avait pu émettre cette mauvaise idée de le lui reprocher… La justice ne s'en tiendrait qu'aux faits, rien qu'aux faits.

Le procureur se bornait donc, mais la contrainte transpirait, à ne retenir du travail de la Cour des comptes, dont il ne manquait pas de relever l'indépendance des magistrats, que les éléments de nature à laisser supposer que le ministère des Rapatriés avait pu être victime d'une spoliation.

La publication de ce rapport avait mis le feu aux poudres. Le procureur passait sous silence les conditions dans lesquelles les conclusions lui avaient été transmises d'une manière peu ordinaire par le secrétaire général du gouvernement. Il avait beau s'en défendre, tout sentait l'embrouille.

Comme les commentateurs l'avaient fait avant lui, il s'était longtemps interrogé sur cette précipitation du nouveau pouvoir en place, mais il affichait une volonté apparente à ne vouloir pratiquer aucune chasse aux sorcières. Sa préoccupation restait de donner aux faits révélés la suite judiciaire qu'il convenait. Le reste n'intéressait pas la justice. On avait du mal à le croire, mais on ne pouvait faire autrement que de le suivre.

Le communiqué qu'il venait de lire trahissait son embarras. Le teint livide, les yeux fixés sur son document, Jean Ménard, le procureur de la République de Paris, un homme âgé d'une cinquantaine d'années, s'était livré avec toutes les peines du monde à un exercice qu'il aurait voulu purement didactique. Nul n'était dupe. À peine avait-il terminé que, déjà, les questions de journalistes impatients commençaient à fuser.

— Allez-vous ouvrir une information judiciaire et faire procéder à la désignation d'un juge d'instruction ou allez-vous vous contenter d'une simple enquête préliminaire confiée à la brigade financière ?

On sentait bien le procureur gêné aux entournures.

— Encore une affaire où seuls les politiques ont le don de s'embarquer, maronnait Baranes qui avait entrepris de vider les cartons qui obstruaient son bureau.

Les journalistes insistaient sur le sort qui allait être réservé à Jean Daugat, le ministre sortant, déjà coupable avant d'avoir pu s'exprimer. Son interpellation ne pouvait qu'être imminente.

En quelque sorte, un cadeau à offrir à cette nouvelle majorité en remerciement de sa victoire. Il faut dire aussi qu'au lieu d'attendre sa mise en cause officielle, les avocats du ministre s'affairaient déjà à le défendre. Car c'était bien l'interpellation du ministre que tout le monde attendait.

On sentait le procureur de la République peu à l'aise dans ses réponses. Comme si le diable lui forçait la main.

— J'ai déjà ouvert une information judiciaire, se contenta-t-il de répondre aux journalistes.

C'était finalement sous des pressions hiérarchiques qu'il avait eu du mal à cacher qu'il avait choisi, en toute indépendance de la justice, l'ouverture d'une information contre X et la nomination d'un juge d'instruction.

— Avez-vous l'intention de lui demander l'arrestation de Jean Daugat ? s'était risqué un journaliste, tandis qu'un autre l'interrogeait sur le service enquêteur qui allait être désigné.

— Je ne peux vous dire ce que celui-ci décidera, mais la justice suivra son cours et le parquet restera vigilant.

Le juge d'instruction n'avait pas désigné la brigade financière de Paris, trop proche à ses yeux d'un préfet de police jugé trop près des appétits politiques. Il avait préféré désigner la division financière du ministère de l'Intérieur.

Un choix que n'avait pas apprécié le procureur de la République qui voyait là un désaveu de la brigade financière suite à son refus de perquisitionner chez le maire de Paris dans une affaire politico-financière précédente.

En revanche, la désignation de la direction centrale comme service enquêteur n'était pas pour déplaire à Félicien Némo, son directeur, et à Marcel Piquard, le nouveau ministre de l'Intérieur de qui il relevait directement.

Une bataille des polices que la presse s'amusait à alimenter lorsqu'elle ne disposait pas d'informations sur les enquêtes en cours. En fait, rien ne distinguait les enquêteurs de ce service de l'autre si ce n'était les compétences territoriales limitées pour les uns à la région Ile-de-France, à toute l'étendue du territoire y compris les DOM-TOM pour les autres.

Némo s'était rapidement retrouvé dans le bureau du proc à qui l'ouverture de l'information posait quelques petits problèmes, notamment sur la stratégie qu'il voyait lui échapper et sur laquelle il aurait bien voulu continuer à influer.

Bien qu'il ne se fût pas étendu publiquement sur le sujet, le procureur Jean Ménard voyait mal comment l'interpellation immédiate de Jean Daugat, l'ex-ministre des Rapatriés, pouvait être évitée alors qu'elle était aussi réclamée par l'opinion publique dont la pression était de plus en plus forte.

De leur entretien, il était ressorti, tant pour répondre à une commande supputée que pour calmer les médias qui continuaient à s'acharner sur Jean Daugat, que l'interpellation de ce dernier devait être un préalable à tout début d'investigation. Némo, trop heureux de ramener son premier trophée à son nouveau ministre, ne l'avait pas contredit.

C'était une priorité, voire une exigence ! En tout état de cause, elle ne pouvait que servir les intérêts de l'intéressé et lui offrir les moyens de sa défense comme ses avocats le revendiquaient.

Une vision qui collait bien à la vindicte publique et ne pouvait que plaire au pouvoir en place.

Plus les chiens aboyaient, moins Jean Daugat avait de chance de s'en sortir, déjà rattrapé par le proverbe : « Médisez, médisez, il en restera toujours quelque chose. »

La présomption d'innocence dont pouvait encore se prévaloir l'ancien ministre était chaque jour battue en brèche par les commentaires acerbes de la nouvelle majorité.

Une façon d'entretenir des accusations que ne partageait pas le commissaire Baranes à qui le dossier était confié. La *clamor publicus*, il s'en méfiait comme de la peste, comme il se méfiait des amuseurs ou des agitateurs publics.

Les temps étaient révolus. On n'était plus à l'Antiquité ou au Moyen Âge et la presse moderne n'était pas le relais des opinions malgré ce qu'elle prétendait. Elle se substituait au contraire à l'expression publique pour jeter en pâture des présumés coupables et exigeait des juges une riposte immédiate ou une sanction exemplaire. C'était le haro populaire derrière lequel se rassemblait le peuple pour participer au châtiment.

Devait-on en revenir à ça ? Pouvait-on sans enquête traduire Jean Daugat, le ministre déchu de la République, devant une juridiction de jugement ?

À quelle époque vivions-nous ?

Baranes s'étonnait de cette précipitation et préférait attendre avant de procéder à l'arrestation de Jean Daugat. Il se refusait à cette démarche. Si l'autorité judiciaire souhaitait interpeller Jean Daugat sans autre forme de procès, à quoi bon lui confier une enquête ? Qu'elle ait le courage de délivrer sa lettre de cachot.

Il comprenait bien que cette interpellation n'était de nature qu'à répondre à la pression qui montait, l'*aura popularis*, ce souffle populaire des temps anciens décrits par Virgile comme la conscience des sages, mais il devinait aussi dans cet empressement une récupération partisane à laquelle il se refusait à prêter le flanc et ne voulait pas y être associé.

Baranes aurait voulu s'entretenir directement avec le magistrat instructeur qui venait d'être désigné sur la meilleure façon d'aborder ce dossier.

Némo, son directeur, lui indiqua avoir déjà eu cet entretien et lui remit d'ailleurs une copie du rapport de la Cour des comptes à l'origine de l'ouverture de l'information que lui avait communiquée le procureur de la République. Il l'invita dans un premier temps à se limiter à entrer le document dans le dossier et à se rapprocher de leurs auteurs. Deux conseillers chevronnés de la Cour des comptes qui ne manqueraient pas de le convaincre de l'implication de Jean Daugat. C'était bien ce à quoi Baranes voulait justement échapper.

– Vous verrez, des gens compétents, très au fait du problème. Ils disposent de tous les éléments et ils nous feront gagner un temps précieux.

Baranes préféra ne pas répondre et pensa : « Parle toujours, beau lièvre. » Il n'aimait pas du tout, mais alors pas du tout, la tournure que prenait cette affaire dès le départ.

Némo le savait et il aurait bien voulu se passer de lui, mais le juge avait été formel : « J'ai choisi votre service pour que le dossier soit traité par Baranes. »

Un bon professionnel rompu à la comptabilité publique, aux compétences jamais démenties. Sa liberté et son indépendance d'esprit l'opposaient à son supérieur de plus de quinze ans son aîné. Une génération les séparait ! Et, dans la police, une génération, ça compte. Elle se mesure en deux livres d'histoire.

Némo, dont le départ de carrière avait été fulgurant dès son retour d'Algérie, où il avait exercé des fonctions d'inspecteur à la Sûreté nationale, se voulait volontairement distant du corps des commissaires dans lequel il avait été intégré. Il avait mal vécu ses premières années à jouer le « chien » de commissaire et prenait un peu une revanche sur le corps.

Toujours tiré à quatre épingles, les traits momifiés de nature, il entretenait un look musée Grévin. Costume trois-pièces anthracite, des cheveux gominés plaqués argentés et des lunettes d'écaille parfaitement ajustées, peu différent du lever au coucher. Froid comme une pendule sur le marbre d'une cheminée. Son plat préféré : une laitue arrosée de Badoit.

Baranes, au contraire, était plutôt genre confit accompagné d'un rouge pessac-léognan. Il ne cherchait pas à cacher ses origines. Il en avait le goût et l'odeur comme tous les véritables produits labellisés Sud-Ouest. Entier, direct, au parler rond à l'image de son embonpoint à peine dissimulé derrière des tweeds anglais qu'il affectionnait.

Baranes parlait avec les gestes et avait du mal à garder ses lunettes en bonne place sur une tête ronde aux cheveux bruns qu'il recoiffait souvent avec ses doigts agités. Pas besoin de deviner ses pensées, il savait les exprimer. Mais il y avait des jours où il préférait les contenir.

Debout, il faisait face à Némo assis à son bureau, les mains à plat sur un sous-main vert Empire, seule pièce avec un cadre personnel à orner un impeccable plan de travail acajou brillant, les yeux rivés vers le talon de ses chaussures. Franc comme un âne qui recule. Silencieux, malin comme un singe, il semblait attendre la première apostrophe de Baranes :

— Quel juge a été nommé ?

— Normalement, c'est Le Goff. Vous connaissez ?

— Oui, très bien. Je me vois mal lui vendre votre salade ou celle que le proc vous a susurrée. Commencer l'enquête par la fin sous prétexte de protéger les droits de la défense de Daugat, il risque de ne pas aimer.

Habitué aux affaires politico-financières, ce serait la première fois de sa carrière que Baranes commencerait un dossier à l'envers. Les auteurs de crime, c'est seulement à la fin de l'enquête qu'ils s'interpellent.

La financière mène le petit au bout exactement comme en enquête criminelle, même si, sur le terrain, les démarches d'investigations financières diffèrent. Les unes partent des faits pour identifier les auteurs, les autres partent des auteurs et recherchent les faits.

Baranes ne souhaitait pas déroger à la méthodologie. La technique dans l'enquête était sa meilleure protection contre tous les détracteurs, et Dieu sait s'il y en avait des détracteurs en matière financière. Les uns pour s'étonner que seuls les petits trinquaient toujours, les autres pour dire que les gros bonnets étaient protégés ou intouchables.

Et quand les uns et les autres s'accordaient à dire que les enquêteurs ne faisaient pas ce qu'ils voulaient face aux pressions qu'ils subissaient et qu'ils n'étaient en fait que des baïonnettes aux ordres. Baranes s'évertuait à vouloir prouver le contraire. Il voulait montrer qu'il était libre dans la recherche des preuves et ne voulait interpeller les auteurs supposés qu'après avoir recueilli contre eux des éléments suffisants pour les confondre.

Il n'avait jamais pris pour argent comptant les révélations des dénonciateurs. D'ailleurs, il se méfiait toujours des raisons qui incitaient les délateurs à balancer ou à se plaindre. Quant à la méthode, il préférait caler lui-même l'orientation de son enquête avec le magistrat instructeur.

Pour ces raisons, Baranes n'envisageait pas le moindre instant de se précipiter sur Jean Daugat comme beaucoup l'auraient souhaité. Il n'était pas dupe et savait que cet acharnement répondait à une commande politique dont il aurait pu faire les frais.

À choisir, s'il devait arrêter quelqu'un au commencement de l'enquête, il préférait de loin se saisir de la personne du dircab dont la disparition lui paraissait des plus suspectes. Il avait même tendance à penser que sa fuite pouvait ne pas être sans lien avec l'agitation médiatique. Elle donnait à l'événement un côté mafieux plus compréhensible pour les lecteurs que les méandres de la finance publique.

De plus, après une première lecture rapide du rapport de la cour, Baranes s'était étonné que la presse attribuât à Daugat des décisions que le rapport ne comportait pas. Il comptait bien s'en ouvrir auprès du juge Le Goff sachant que celui-ci n'allait pas se faire endormir aussi facilement.

Une figure de la galerie financière du Palais, le juge Hubert Le Goff, avec lequel il entretenait depuis de nombreuses années les meilleures relations de confiance, de loyauté, voire de complicité. Contrairement à d'autres, ce juge ne cherchait pas les devants de scène. Il se plaisait à dire qu'il n'était qu'un juge d'instruction et non un juge d'investigation. « Un juge rapproche les faits et apprécie les preuves en regard du droit. Mais, quand il est à l'origine de la preuve pour l'avoir lui-même recherchée, quel recul peut-il avoir ensuite pour en juger ? Comment peut-il rester ensuite objectif, neutre et serein quand, ayant pour fonction la recherche de la vérité, il va devoir se prononcer sur la qualité des preuves qu'il aura lui-même contribué à réunir ? »

Le juge Hubert Le Goff voulait garder intact son libre arbitre que ses anciennes fonctions de professeur de philo lui faisaient préférer à la mauvaise doctrine. Ce quadra breton n'aimait pas s'en faire conter et ne partageait pas du tout l'hypothèse médiatique selon laquelle le dircab aurait pu être assassiné par une équipe de barbouzes, des moines soldats à la solde de l'Élysée. Comme Baranes, il ne croyait pas les hommes de l'ancien gouvernement capables d'un tel acte pour couvrir on ne sait quel forfait d'État. « Pas assez de courage », ce gouvernement sortant.

Pour les deux hommes, le dircab pouvait tout simplement avoir agi pour son compte, avoir profité du système d'État, certes pas exempt de dérives, pour s'enrichir personnellement et s'être mis au vert le temps que l'affaire se tasse.

Une piste à ne pas écarter, mais qu'il convenait de garder discrète tellement elle s'inscrivait à contresens de l'histoire qui était en train de s'écrire. Ce dircab pouvait être aussi entre les mains de manipulateurs à l'origine de la propagation d'éléments que le rapport ne contenait pas. Une poudrière en quelque sorte dont ils ne pouvaient encore mesurer la longueur de la mèche.

Pour ces mêmes raisons, ni le juge Le Goff ni Baranes ne voulaient s'exposer. Ils avaient déjà « donné » pour avoir eu raison trop tôt dans d'autres affaires et savaient de quoi la nature contrariée était capable. Depuis, ils avaient appris à déjouer les curieux et pris l'habitude de communiquer à l'aveugle : utiliser un contact commun pour se passer des messages si besoin était.

Il s'agissait de Maud, journaliste à l'AFP, que Baranes n'avait jamais renoncé à séduire et qui partageait avec le juge une simple amitié sportive : la plongée.

C'est donc déterminé à ne pas se laisser dicter sa façon d'agir que Baranes quitta le bureau du magistrat avec une mimique à l'endroit de Némo qu'il devinait furax. Au volant de sa voiture qui le ramenait au service, il se surprit même à siffloter rien qu'à penser à l'opération qui se préparait. Mais avant de rejoindre son bureau, un petit crochet vers l'Étoile où l'attendait Maud s'imposait.

À bon chat, bon rat

À la sortie du cabinet de Le Goff, Baranes avait appelé son adjoint, le commandant Machoire, pour l'informer que l'entretien s'était très bien passé et que l'orage allait se calmer. Cela avait eu pour effet de le rassurer car, parfois, avec Baranes, il craignait le pire.

Mais, à peine avait-il quitté le cabinet du juge que les pensées du commissaire étaient ailleurs. Il n'avait rien voulu laisser paraître, mais, à la simple évocation du nom de Maud, il n'avait pu retenir une émotion. Les vieux sentiments refaisaient surface, suivis de l'inévitable chamade cardiaque. Il ne l'avait pas revue depuis maintenant presque deux ans et, même s'il lui arrivait de revivre son sourire, il souffrait. Maud lui manquait, mais il avait appris à vivre sans.

Souvent, dans les moments difficiles, il se surprenait à s'isoler dans son univers secret, là où il pouvait s'abandonner et ressourcer ses sentiments frustrés. Ses rêves étaient son opium. Ils le tenaient en éveil, le temporisaient. Avec Maud, tout était mental. Son souvenir le réveillait comme une vieille douleur. Elle était la seule à qui il savait pouvoir se confier. Ses doutes, ses rancœurs, ses joies, ses déceptions, tout y passait sans restriction.

Intuitive, Maud avait très vite débusqué Baranes et repéré la sensibilité derrière le fanfaron. Elle le savait fermé sous son exubérance, secret plus que discret.

Il dégageait un parfum de violette qui le faisait chambrer par beaucoup. Pourtant, sa fleur préférée restait la pivoine : riche et belle, des pétales charnus, des odeurs fines et complexes, mais il n'avait jamais trouvé une eau de toilette pour homme à base de pivoine. D'ailleurs, il n'avait jamais cherché. L'habitude le cantonnait à la violette.

Retravailler avec Le Goff ne pouvait que le rapprocher de Maud. Cette femme l'envoûtait. Dès leurs premiers regards, une sensation étrange l'avait envahi : il l'avait déjà vue, elle le reconnaissait, savait d'où il venait, ils avaient partagé un espace qu'il avait du mal à resituer dans le temps. C'était de l'ordre de l'indéfinissable, hors raison, mais il en était sûr.

Elle ne pouvait savoir l'effet que lui procurait le simple timbre de sa voix. Il se sentait immédiatement transposé. C'était quasi mystique. Cette voix le rassurait et lui faisait oublier la matérialité du moment. Avec Maud, le temps ne répondait à aucune mesure, il était déconnecté de toutes les pendules du monde. L'entendre, la voir, partager avec elle quelques instants, ça le faisait décompresser, garder raison lorsque la moutarde lui montait au nez ou que la rage le prenait.

Elle était mariée à un pilote de ligne. Ils s'étaient connus aux Antilles françaises, en Guadeloupe, dans un hôtel de Saint-François. Un lieu surnaturel, balayé par les alizés de la baie des Saintes. Une presqu'île magique au milieu de l'océan des Caraïbes, où l'écume des lames frappe si doucement les rochers qu'ils semblent être de cristal.

À un moment, Baranes avait pu croire qu'il était victime de l'endroit. Un décor de détente, une atmosphère de mirages, hors passions, inquiétudes et vicissitudes, un lieu où nul danger ne peut advenir, où les doutes fuient les âmes.

Lui se trouvait en mission et elle en vacances lors d'une escale prolongée de son mari. Elle était entourée de ses deux petites filles âgées de six ans à peine, des jumelles, qui se trouvaient dans la piscine et à qui elle prodiguait quelques conseils de plongée en apnée. La complicité des rapports qu'elle entretenait avec ses enfants avait troublé Baranes. Peut-être un moment aurait-il voulu être à la place des fillettes.

Toujours est-il que cet apprentissage avait amusé Baranes qui, assis sur un tabouret du bar, à l'autre bout de la piscine, imitait les gestes de surface et avait invité les autres consommateurs à se joindre à la leçon. Ils ne s'étaient pas laissé prier pour aller dans l'eau et, près de cette femme dont le naturel tranchait avec l'exotisme surfait de l'endroit, ils entamèrent la danse de parade. Maud ne s'était pas laissée distraire mais s'était déridée à la vue de leurs mouvements agités. Elle leur avait souri.

À ce moment-là, Baranes ignorait qu'un lien aussi profond allait se tisser. Il ne savait rien d'elle, si ce n'est qu'elle dégageait une bouffée de délices. Elle les avait rejoints au bar et avait accepté de partager avec eux les cocktails préparés en nombre par Tom, le préposé du bar piscine. Baranes voulait se placer, pas seulement se créer un espace au milieu du chahut, il voulait aussi qu'elle le remarque. Plutôt du genre conquistador, il avait deviné qu'il devait se la boucler, qu'il fallait la séduire sans prise d'assaut, au risque de se voir vite remballé. Mais il avait un atout : l'obstination et la patience. Il prit son temps.

Plus tard, le goût de l'art allait encore plus les rapprocher. Si Maud aimait être courtisée, mais pas flattée, elle appréciait beaucoup d'être reconnue en tant qu'artiste, non pour ce qu'elle savait faire mais pour ce qu'elle pouvait faire. Ils découvrirent qu'elle sculptait, que lui peignait mais n'avait jamais pu travailler la matière. Sa recherche du volume, la troisième dimension de l'art, et les échanges sur les arts plastiques les avaient fait se rapprocher et mieux se connaître.

Par la suite, ils se découvrirent des connaissances communes, comme Le Goff, un homme avec lequel elle avait participé à plusieurs expéditions sous-marines de leur club de plongée. Des coïncidences auxquelles Baranes ne croyait pas mais qui allaient faciliter leur complicité, et leurs relations de confiance. Très vite, Baranes allait être plus que fasciné par la dimension de cette femme, séduit par sa liberté de vie, sa façon simple, presque juvénile, d'entretenir leurs échanges.

Une histoire naissait. Avec elle, il aurait aimé que les sentiments de Maud se muent en passion, mais elle avait toujours résisté et sans jamais le décourager, de telle sorte qu'il entrevoyait chaque rencontre comme un rapprochement possible… et il avait de la suite dans les idées !

En attendant, il admirait chez Maud cette grâce de la pensée, sa liberté d'esprit, son ouverture sur tout, toujours prête à échanger avec une intelligence prémonitoire, surprenante. Elle sentait tout, elle avait des sensations justes sur tout. Sa clairvoyance et sa lucidité lui étaient d'une aide précieuse. Elle savait stopper ses délires ou, à l'inverse, le pousser dans ses retranchements. Il lui arrivait aussi de deviner le fond de ses pensées. Même sa femme, avec qui il était mal marié depuis treize ans, n'avait jamais pu débusquer le plus profond de ses ressentis. Parfois, leurs échanges pouvaient s'assimiler à des jeux déviants, mais uniquement s'assimiler.

Ce soir, il avait besoin de la voir. Il avait besoin d'elle pour prendre des distances, calmer la rage qui le gagnait, l'aider à oublier Némo et, bien sûr, profiter de son regard averti sur l'affaire qui ne cessait de se médiatiser.

La place que Maud occupait à l'AFP lui offrait un poste d'observation privilégié qui n'était pas à négliger. Elle n'était pas naïve non plus et savait que Baranes ne perdait jamais le nord. L'occasion était trop belle de faire participer Maud à ses préoccupations professionnelles qui l'éloignaient souvent d'elle. Une frustration qu'il allait pouvoir réparer en l'associant à ses réflexions. Pour une fois, elle ne serait peut-être pas exclue de son univers et enfin ils pourraient partager à plein-temps l'approche de leur métier respectif. Car les journalistes ont ça de commun avec les policiers qu'ils côtoient de près la « merde de la société » comme vulgairement Baranes avait tendance à imager son métier. Les plus pudiques appellent ça « faire les poubelles », découvrir la face cachée de la société par les déchets qu'elle rejette, ce ne sont pas, comme certains les avaient qualifiés, des « chiens » qui ne se nourrissent qu'en soulevant les couvercles des boîtes à ordures. Les policiers ne sont pas plus des chiens que les journalistes. Ils ne sont que les témoins d'une triste réalité.

Au regard des commentaires qui partaient dans tous les sens sur cette affaire, Baranes aurait bien voulu en savoir plus, lui qui ne disposait de rien d'autre que des « fusées » à la Némo. Il avait besoin de sortir de cet univers orchestré pour libérer son cerveau et mieux comprendre. Comprendre où l'on voulait le mener et pourquoi. Recouper ses sources avec celles de Maud leur permettait parfois d'éviter des pièges, d'échapper aux manipulations dans lesquelles des esprits malins auraient voulu les entraîner.

— Tu viens aux infos ? lui demanda-t-elle.

– Comme tu y vas ! Je viens pour émoustiller mes papilles et libérer mes forces pulsionnelles. Je me disais que pour une fois on pourrait frétiller.

C'était, certes, une boutade, mais Baranes aurait tant voulu créer une intimité autour de leurs relations, même professionnelles, qu'il ne pouvait longtemps contenir ses désirs. Il fallait que ça explose.

– Arrête de gamberger ! J'étais sûre que tu allais m'appeler et de mon côté, je voulais te voir. Tu tombes bien ! poursuivit Maud qui témoigna une indifférence totale à ses avances.

D'habitude, soit elle le provoquait, soit elle en jouait. Là, rien.

Mais Baranes ne voulait pas lâcher. Il persista volontairement dans des propos obsessionnels et prit plaisir à fixer la prunelle de ses yeux où il se voyait déjà pénétrer. Leur brillance le captivait. Maud avait beau afficher un certain détachement, elle avait du mal à se défaire de son goût pour l'anticonformisme et, malgré ses dires, elle restait attirée par l'extravagance de Baranes. Lui la trouvait d'autant plus désirable qu'elle ne lui avait jamais cédé. Gourmand, même la tête embrouillée par le dossier, il attendait ce moment où elle finirait par s'abandonner.

– Tu ne peux pas savoir l'impression que tu me fais !

– Tu as fini ? Tu crois que c'est bien le moment et l'endroit, ici, en plein café, face à tous ces gens qui vont finir par penser que t'es fou ?

Fou, il l'était un peu mais toujours dans le contrôle, même dans ses excès. Sauf que dans des moments comme ceux-là, il était capable de se croire seul au milieu de tout le monde. Il courait après son papillon, après l'uranienne.

– Tu as raison, j'arrête ! Comme quoi, ce n'est pas mes pulsions qui te dérangent, mais le manque d'intimité… Je retiens !

Il disait juste car leurs meilleurs moments avaient toujours été instinctifs et intenses. Malgré son apparente retenue, Maud se livrait plus dans ses comportements que dans ses sentiments. Elle savait se montrer volage, ce qui avait le don de lui en faire rajouter.

Elle ne s'offusquait pas de sa persistance, bien au contraire, elle avait dit ça comme ça, tout naturellement. Ses lèvres s'étaient entrouvertes et Baranes restait suspendu aux mots pourtant banals. Elle lui avait souri et ses yeux noirs pétillants s'étaient de nouveau allumés. Elle se passa les mains dans les cheveux, de chaque côté du cou, et les remonta par provocation. Un jour, il ne résisterait plus. Après tout, c'était peut-être ce qu'elle cherchait et la seule façon de la faire céder, pensa-t-il.

— Bon, je peux ? On change de sujet ? dit-elle en souriant, attendant patiemment qu'il sorte de ses rêves, mais sans rien faire pour l'y aider.

— Bon, je t'écoute, acquiesça-t-il sans quitter du regard la prunelle de ses yeux tout en continuant d'imaginer qu'un jour, ils partageraient autre chose que de la simple information.

Leurs caractères affirmés auraient dû les opposer. Ils ne cédaient ni l'un ni l'autre. Aucun des deux n'acceptait les demi-mesures et chacun affichait à sa façon son indépendance dans leur unité. Semblables à deux aimants, ils développaient une attraction plus forte que les incompatibilités qui auraient dû les éloigner. Ils étaient faits pour s'accoupler comme deux amants : à bon chat, bon rat !

— Tu connais une Denise Marigot ? finit-elle par lui dire. Elle serait la concubine ou la maîtresse de Julien Bonnet. Elle vient de faire parvenir à l'agence, par l'intermédiaire de son avocat, un communiqué disant qu'elle est allée porter plainte à la gendarmerie de Rambouillet pour l'enlèvement et l'assassinat de son compagnon. Rien que ça.

Baranes s'exclut de ses pensées et se raccrocha au présent. Le nom de Marigot ne lui disait rien, et le fait de déposer une plainte pour la disparition de Bonnet le laissait sceptique. Tout de suite lui vint à l'idée qu'il pourrait s'agir d'une embrouille, un moyen de donner corps à cette hypothèse pour enfumer le dossier et l'engluer dans des carcans politiques, ce à quoi il voulait échapper.

Maud poursuivit :

– Nous avons tenté de recouper auprès des pandores qui se sont refusés à commenter. Ils n'ont voulu ni confirmer ni infirmer. L'agence s'est retournée vers l'expéditeur. Un certain maître Levendeur, avenue Foch à Paris. Des collègues disent qu'il a une réputation politique sulfureuse. Il aurait été réintégré au barreau après avoir été plus de cinq ans suspendu. Ça te parle ? termina-t-elle.

Pour lui parler, ça lui parlait. La simple évocation de Levendeur lui avait définitivement remis les pieds sur terre. On entrait dans la sphère politique et il voyait mal ce que Levendeur venait y faire, ou plutôt il entrevoyait très bien la tournure que celui-ci allait essayer de donner aux événements.

– Oui, je confirme. Un ancien des forces anti-OAS. Pas brillant, mais dangereux et efficace. Ce serait amusant que tu le rencontres pour essayer d'en connaître plus sur la fille et voir comment il réagit à ton contact. Je vais de mon côté me rencarder et on refera le point.

Il savait Maud capable d'aller aux renseignements. Sous son apparente timidité, elle avait un côté redoutable, d'une perfidie dangereuse et inégalée, beaucoup se laissaient prendre à son visage d'ange. La laisser harponner ce vieux routier de Levendeur lui plaisait bien.

La discussion se poursuivit sur l'affaire. Maud ne croyait pas non plus à l'assassinat de Bonnet bien que nombre de ses confrères soient partagés sur sa fuite. Certains n'étaient pas loin de penser qu'il pouvait même avoir été planqué à dessein pour être mieux manipulé par le nouveau pouvoir en place.

Une méthode de renseignements qu'il aurait préférée révolue : utiliser les faiblesses, les agiter, les exploiter, s'en servir en torture mentale. Profiter de la vulnérabilité de Bonnet, de sa position fragile, choisie ou imposée, pour lui faire dire ce qu'il sait ou ce que les manipulateurs veulent entendre qu'il dise en contrepartie d'une protection ou d'un allégement de son enfermement. Une technique de diversion pour créer un problème au lieu d'y apporter des solutions. Distraire l'attention du public pour l'entraîner sur d'autres voies et le conditionner d'une telle manière qu'il soit ensuite demandeur de l'information.

– Ils ont des éléments, tes potes, sur une éventuelle manip ? l'interrogea Baranes d'un ton perplexe.

– Juste une attitude peu habituelle de la part de la Cour des comptes, répondit-elle. Prête à communiquer ses éléments alors que rien ne lui était demandé, ajouta Maud, mais juste une impression, rien d'autre.

C'est vrai qu'il y avait de quoi s'interroger sur la réaction de la Cour des comptes qui avait donné une publicité anormale à son rapport spécifique dans des conditions jusque-là jamais utilisées. Son président s'était étalé sur des commentaires condamnant les méthodes de gestion de l'ancien gouvernement alors que cet audit n'était pas destiné à être rendu public et avait encore moins pour objectif de porter un jugement sur les autorités.

Les journalistes s'interrogeaient sur l'attitude de la Cour des comptes qui avait effectivement manifesté un comportement auquel ils n'étaient pas habitués. La question qui revenait était de savoir si elle agissait dans le souci de bien faire ou répondait à l'obligation de trop faire. Sur commande, en quelque sorte !

Baranes n'avait pas de réponse à apporter. Au moins une chose lui semblait évidente. L'institution en tant que telle ne pouvait être mise en cause. Elle avait manifesté jusqu'ici une parfaite indépendance et si une suspicion apparaissait, elle ne pouvait concerner qu'un de ses membres. Oui, pourquoi un de ses membres ne serait-il pas impliqué dans la manipulation ? L'hypothèse demandait à être vérifiée.

Pris dans leur discussion, Maud et Baranes n'avaient pas vu le temps s'écouler. Baranes avait clos sa cage aux sentiments et restait préoccupé par les pressions et les manipulations en tout genre, les bâtons dans les roues avec lesquels il allait devoir faire. Il en avait presque oublié Maud qui le regardait d'un air malicieux. Le jeu recommençait, avec la dernière provocation du départ…

– Bon, OK, je vois qu'il n'y a que des pistes, mais rien de concret. Je dois y aller, répondit-il, mais tu perds rien pour attendre. File la première…

La garce ! Elle se leva, lui envoya juste un baiser de pigeon sur le plat de sa main et hop ! tourna les talons, dandina des reins et lui jeta :

– Rêve !

Ce qu’il fit pendant quelques minutes en retournant à ses pensées lubriques. Le reste de la clientèle du Soleil, c’était le nom du café, n’avait que peu d’intérêt.

À tout seigneur, tout honneur

Tous les enquêteurs du groupe de Machoire s'étaient réunis dans le bureau de Baranes. Cela faisait bien plus d'une heure qu'ils l'attendaient, commentant l'actualité tout en se demandant où il avait pu passer. Seul Machoire, qui connaissait ses travers, savait qu'il pouvait disparaître des écrans radars sans qu'on puisse le contacter.

Son bureau donnait sur une petite cour intérieure que le ministère partageait avec une maison de haute couture du boulevard Saint-Honoré. Jetant un œil par une fenêtre, un enquêteur remarqua qu'elle donnait sur une cabine d'essayage. Ce fut l'hilarité générale.

Baranes avait tenté de donner une âme à son espace nouvellement emménagé en tapissant les cloisons d'aquarelles et de fusains aux couleurs claires. La petite bibliothèque, placée à côté d'un grand tableau blanc, renfermait ses souvenirs de voyage, des fanions et des objets divers offerts par les polices du monde qu'il avait rencontrées au cours de ses investigations. Il n'était pas peu fier de figurer sur une photo près de Fidel Castro.

Les enquêteurs étaient impatients de le voir arriver. Se rassembler autour d'une même affaire renforçait la cohésion du groupe et les occasions de travailler ensemble étaient rares. Généralement, ils évoluaient seuls sur les dossiers financiers, parfois en binôme, et ils aimaient participer à des opérations simultanées pour briser leur solitude. Cela contribuait à entretenir l'esprit maison.

Machoire les avait prévenus d'emblée : les objectifs étaient sujets à tension, et ils devraient rapidement freiner leur enthousiasme pour entourer leurs missions de la plus grande discrétion. Le message avait été bien reçu.

À l'intérieur même de la division, qui comptait cinq autres groupes, les affaires sensibles ne filtraient pas d'un bureau à l'autre. Il était rare, à l'exception d'affaires atypiques comme celle-ci, qu'un groupe soit entièrement désigné et les réunions des chefs de groupe du lundi matin n'avaient pour but que de programmer les opérations pour en évaluer les besoins et les moyens.

Le groupe du commandant Patrick Machoire était composé de cinq autres fonctionnaires. « Cinq plus un », comme il se disait dans la grande maison. Luc Prieur, un jeune gardien, était la nouvelle recrue. Comme officiers, il y avait un capitaine, Gaston Servan, et deux lieutenants : Fabienne Ferme et Léon Calmart. Un brigadier jouait l'intendance : Michel Coty.

À eux six, ils ne se partageaient pas moins d'une vingtaine de dossiers, principalement des enquêtes de corruption supposée sur des marchés publics, des banqueroutes de gestionnaires peu délicats, des escroqueries au placement qui attiraient toujours autant de zozos avides de profits faciles et rapides et des abus de confiance commis par les professions réglementées, où les notaires occupaient une bonne place suivis de près par les administrateurs judiciaires et les huissiers. La durée moyenne d'une enquête financière était d'une bonne année, ce qui pouvait sembler long aux victimes mais rarement aux auteurs.

Toutes les affaires du service avaient été prioritaires à un moment ou à un autre et tous les juges exigeaient que leur soit affecté le plus grand nombre de fonctionnaires. Les effectifs n'étant pas extensibles, les magistrats devaient souvent se contenter du minimum. Certaines affaires qui connaissaient un envol fulgurant pouvaient être mieux servies que d'autres, mais cela ne durait qu'un temps, souvent celui de l'épuisement médiatique. Les scandales, c'était un peu comme les lancements de la fusée Ariane. Les départs sur orbite étaient toujours plus médiatisés que les retours sur Terre.

Ce qu'il faut pour éviter les pressions, avait l'habitude de répéter Baranes, c'est de pouvoir rapidement se mettre en ordre de marche, définir les priorités et les orientations, les faire valider par le juge et s'en tenir à leur exécution.

– Notre seule protection contre les emmerdeurs, les quémandeurs, les pressionnaires de tous ordres, et il y en a pas mal entre les autorités administratives et judiciaires, les journaleux d'information et d'opinion, les baveux soupçonneux, les gens de la maison curieux intéressés ou téléguidés, consiste à opposer une réponse claire et efficace : « Circulez, il n'y a rien à voir ! », serinait-il encore et toujours.

Lorsqu'il pénétra enfin dans son bureau, les premiers mots de Baranes furent conformes à son habitude : « Ne pas se laisser enfermer, ne pas se laisser déborder. »

Et il martela pour la énième fois :

– Ne pas confondre « tension » et « pression » : la pression ne doit dépendre que de nous. Il faut savoir se soustraire des pressions, des débordements et des harcèlements abusifs qu'on va nous imposer, c'est primordial pour réussir.

Les cinq enquêteurs regroupés autour de la table de travail échangèrent des sourires entendus. Venant de Baranes, l'expression « se soustraire des pressions » ne manquait pas de sel ! Lui dont la formule sempiternelle était : « Il me faut ça pour hier. »

Le commandant Machoire connaissait Baranes. Cela faisait maintenant plus de dix ans qu'ils travaillaient ensemble. Ils avaient appris le métier à la brigade financière de la préfecture de police de Paris où ils avaient été affectés à leur sortie de l'école d'inspecteurs. Ensuite, ils s'étaient tous les deux inscrits au Conservatoire national des art et métiers pour passer un certificat comptable. L'un, comme l'autre, pensait qu'un jour il quitterait la « financière » pour embrasser une profession libérale d'expert-comptable ou de conseil juridique, mais l'un, comme l'autre, s'était fait prendre au jeu des devinettes et n'avait jamais pu quitter l'ambiance des investigations. Ce n'était pas la police qui les retenait, mais le goût de l'enquête.

De la police, ils ne connaissaient pratiquement rien, sauf les stages communs de tir, de conduite rapide, de passation de grade. L'occasion pour une fois de se sentir policiers, de côtoyer des collègues d'autres services, lesquels ne manquaient jamais de les chambrer. Il faut dire que leur tenue cravatée en faisait aussitôt des flics à part, ce qui leur convenait parfaitement bien et ils aimaient entretenir cette image. Autant un flic cravaté dans un milieu de blousons jeans n'aurait pas sa place, autant un blouson jean dans un univers de cols blancs n'aurait pas la sienne. Pour Baranes, qui avait grandi dans le traditionnel blazer bleu marine pantalon de flanelle, alterner le costume trois-pièces avec le dépareillé de couleurs avait été déjà un grand changement.

Ils s'étaient séparés un temps lorsque Baranes était parti à l'école des commissaires et avait rejoint la direction centrale au ministère de l'Intérieur à l'issue d'un bref passage en commissariat. Une aubaine pour lui, cette école à Saint-Cyr-au-Mont-d'Or, pour quitter son foyer conjugal qui battait de plus en plus de l'aile, mais aussi une rupture dans sa vie professionnelle.

À son retour en police financière, il avait appelé Patrick Machoire à ses côtés. Un homme sûr, un gars de la Somme au physique taillé un peu comme le sien, qui transpirait la générosité communicante, rieur, charmeur, intelligent et redoutable de finesse, ce qui manquait parfois à Baranes. Il était celui avec lequel rompre l'isolement était le plus facile : pour parler flic, il faut être flic.

Machoire avait immédiatement accepté sous condition de lui adjoindre le jeune Calmart, un surdoué de la compta avec lequel il participait à la formation des enquêteurs financiers. Baranes l'avait admis car, contrairement aux idées reçues, les flics ne sont pas des pierres qui ne comprennent rien à l'humanité. Ils ne sont pas indifférents aux contacts des autres, aux faiblesses des hommes dont ils sont les semblables et ont aussi besoin d'être compris et non raillés à chaque fois qu'ils se retrouvent en collectivité, en famille, entre amis lorsqu'ils déclinent leur fonction.

Baranes avait senti que Machoire avait besoin de son coéquipier avec lequel il formait depuis quelque temps un parfait binôme et qu'il ne voulait pas s'en séparer, pour les mêmes raisons qui lui faisaient lui demander de le rejoindre.

De plus, les chiffres, c'était son truc à ce Calmart. Comme d'autres pouvaient bidouiller les yeux fermés des fils électriques d'une boîte à fusibles, lui, il lui suffisait de lire une somme pour se rappeler dans quel compte il l'avait vue. En outre, ce garçon avait la gueule d'un jeune premier de cinéma. Bel étalon blondinet, fils à papa d'une bonne famille du Nord, bercé par une éducation bourgeoise policée. Il avait entrepris de longues études et était titulaire d'un diplôme supérieur de comptabilité. Pour Baranes, c'était presque gâcher de la marchandise, mais c'était tant mieux pour l'Administration. On pouvait se demander ce qui avait bien pu le conduire dans la police. Lui répondait que c'était son côté social. Se mélanger aux autres, se noyer dans la société. Il avait besoin de connaître les gens, de fréquenter leur intimité, de côtoyer autrement la vie et de servir une cause d'intérêt général. Cela laissait Baranes un peu pantois, mais puisque Machoire en répondait, « après tout qu'il se le mange ». Chacun avait ses propres raisons d'entrer dans la police et celles de Calmart étaient toutes légitimes. L'essentiel était qu'il était tenace et ne comptait pas ses heures.

Tout comme Gaston Servan. Le plus vieux de la bande. Un capitaine de cinquante-deux ans qui pouvait être à la retraite. Ancien gardien de la Paix, Servan avait franchi tous les grades par concours internes. Il disposait d'une excellente connaissance de la maison. Pas un service du ministère et du territoire ne lui échappait. Il avait des contacts partout, des combines pour tout, des réponses à tout. Servan incarnait à lui tout seul le système D sans lequel, avec la baraka, aucune affaire de police ne sortait vraiment réussie d'un service. Pour lui, la meilleure école était celle où on met les mains dans le cambouis. Il ne reculait jamais et trouvait toujours une parade lorsqu'il fallait se sortir des situations les plus délicates. Aveugle au danger, il n'hésitait pas à l'affronter. « On se crashe en filoche, le mec fait un malaise en garde à vue. Le problème de la merde, disait-il, ce n'est pas d'y entrer, c'est d'en sortir ! »

Et pour ça, il faut reconnaître que Gaston Servan avait ses trucs. Certes, parfois limites. Némo avait eu plusieurs fois l'occasion de s'en plaindre à Baranes. Après un repas de groupe bien arrosé où le directeur avait été invité, Servan lui avait fourgué dans les bras une brave femme qu'il lui avait présentée comme étant sa belle-sœur, une veuve esseulée. En réalité, il s'agissait d'une tenancière de bordel de la rue de Provence et Némo avait moyennement apprécié.

Les juges aussi se méfiaient de Servan. Ils le soupçonnaient d'adapter le Code de procédure pénale à ses méthodes de travail et ils auraient préféré l'inverse : qu'il se plie à la loi et reste un peu plus dans les clous. Baranes partageait mais s'en accommodait. On ne fait pas d'omelette sans casser des œufs et pour réussir, il faut aussi oser.

— On n'attrape pas des mouches avec du vinaigre, rétorquait Gaston Servan lorsque, pris en défaut d'avoir trop joué avec le nitrite, il devait se justifier.

Quant à Fabienne Ferme, une belle blonde aux yeux bleu transparent, elle se trouvait déjà dans cette division lorsque Baranes y fut nommé. Sans faire partie des meubles, puisqu'elle arborait à peine la quarantaine, elle avait une culture de la Centrale indispensable pour évoluer au sein du ministère. Avec Machoire, Fabienne était la seule de toute la division à tutoyer Baranes. Allez savoir pourquoi. Ce que Baranes affectionnait le plus chez elle, c'était sa connaissance du milieu bancaire. Elle était mariée à un banquier, chef d'agence d'une banque suisse à Paris, mais ce n'était pas son principal atout. Sans rapport avec sa situation matrimoniale, elle avait été détachée pendant plus de trois ans à la commission bancaire de la Banque de France. Les liens qu'elle avait entretenus et gardés après son départ s'étaient avérés être des atouts indispensables à la compréhension et la résolution de certains dossiers.

Baranes appréciait son sens de la mesure, sa diplomatie dans les contacts, la délicatesse avec laquelle elle parvenait à rendre possibles des solutions inespérées. Le relationnel était important, bien plus que la carte de police tricolore qui, certes, ouvre des portes mais ne délie pas forcément les langues. Avec Fabienne, les contacts professionnels étaient correctement suivis et assurés car elle avait ce don de faire oublier à quelle maison elle appartenait. Elle n'avait pas la tête de l'emploi et jouait les incrédules avec amusement.

C'est donc tout naturellement que la répartition des premières tâches s'était effectuée en fonction des compétences de chacun.

Après être revenu sur le contexte médiatique probablement influencé par la disparition de Bonnet, Baranes ne cacha pas aux enquêteurs les enjeux du dossier. Il précisa clairement qu'il ne partageait pas les orientations d'une enquête qui débutait à l'envers par l'interpellation de l'ancien ministre Daugat et qu'il n'appréciait pas non plus la place prise par la Cour des comptes.

Il les avait prévenus :

– Cette partie, il va falloir la jouer prudente, technique et discrète.

Il n'était pas question de partir les yeux fermés sur les conclusions à l'emporte-pièce du rapport de la Cour des comptes, pas plus que de se livrer à la chasse à l'homme. La priorité pour Baranes était d'amasser des billes, de collationner rapidement le maximum d'éléments avant qu'ils ne disparaissent.

L'association Terre-neuve était soupçonnée d'être le pivot du détournement selon l'institution budgétaire. Elle aurait reçu du ministère la presque totalité des fonds destinés aux rapatriés, vingt et un millions d'euros sur les vingt-neuf millions alloués par la Communauté européenne pour le réaménagement de programmes immobiliers destinés aux intégrations.

Elle avait pour présidente une vraie potiche : Éliane Lacourt, pensionnaire à la Comédie-Française.

– Il avait fallu la trouver, celle-là, s'était écrié Baranes ! Bon, après tout, ça vaut aussi bien que les dames pipi recrutées dans les grands hôtels !

Mais d'elle, la presse ne parlait point. Comme si recourir à un prête-nom ou à un faux nez dans une association publique était devenu banal. La cause était entendue ! Le véritable animateur de ce logo ne pouvait être que le ministre Daugat dont la disparition du directeur de cabinet ne pouvait qu'arranger les affaires.

Quant au mode opératoire du détournement, trop complexe pour être médiatisé, il s'en tenait à victimiser les rapatriés qui n'avaient pas tous compris en quoi ils avaient pu être lésés. Mais si la presse le disait, c'est que certainement cela devait être vrai.

Pourtant, le *modus operandi* était un classique de la comptabilité publique. Pour faire échapper une partie des fonds budgétaires au contrôle de la tutelle, il suffit de les transférer vers une association loi 1901, privée donc, contre laquelle les autorités de contrôle n'ont aucun pouvoir pour intervenir. À la moindre question, la présidente ne s'était pas gênée pour dire qu'elle n'occupait qu'un poste honorifique. C'était donc à l'abri des regards que les fonds transitaient et pouvaient être employés dans toutes les dérives.

C'est pour cela que Baranes avait privilégié dès le départ tous les moyens pour recueillir le maximum d'informations comptables et financières sur cette association avant de se lancer dans le genre humain. Son leitmotiv avait toujours été de suivre l'argent comme un flic de crim suivrait sa chèvre. D'où vient l'argent, où va l'argent ?

Bien sûr, ce n'était pas pour autant qu'il fallait se défaire des recherches liées aux personnes impliquées. Connaître leurs antécédents, leur environnement, le côté caché de chaque individu. Bref, le basique de l'enquête de police. Car, pour Baranes, pour comprendre les chiffres, il fallait aussi comprendre les hommes. Les relevés bancaires pouvaient révéler autant de surprises que les cartes de visite pouvaient comporter de mensonges. Le *Who's Who* n'était pas la bible du service, mais il était plus fréquemment consulté que les pages jaunes de l'annuaire. La face cachée des cols blancs était toujours leur face publique. Paraître pour mieux convaincre. L'enquête se devait d'éclairer leur autre personnalité. Aucune zone d'ombre ne devait subsister. Dans cette affaire, ils allaient être servis. Autant la personnalité du « ministre Daugat » ne semblait poser aucun problème, autant celle de son dircab Bonnet s'avérait des plus confuses.

Servan salivait déjà sur la mission qui allait lui être confiée. Il allait s'accrocher aux basques du mort et le faire ressusciter, mais il devait aussi jouer les petites mains pour les autres, assurer toutes les recherches, remonter les pedigrees, vérifier la réalité des personnes morales qui pourraient apparaître, sociétés, associations ou autres… Un travail qui lui convenait où il pouvait associer combines et techniques.

Calmart, lui, se voyait chargé de toute la partie comptable, comme à l'accoutumée. Il considérait la comptabilisation des chiffres comme son terrain de chasse et agissait avec la même ruse du guetteur en planque pour débusquer la moindre anomalie qu'il ne manquait pas d'interpréter comme une opportunité. Il s'attachait avec passion à dénicher les failles du système d'écriture et il avait souvent raison. Elles le conduisaient au jackpot, comme il disait.

Avec Fabienne, chargée de l'exploitation des données bancaires, c'était à celui qui le premier lèverait le lièvre. La paperasse n'allait pas leur manquer mais tous deux nageaient dans cet univers comme des poissons dans l'eau. Ils passaient des heures à recouper leurs recherches et à s'interroger sur ce que cachaient les erreurs découvertes.

Quant à Machoire, il était dégagé pour un temps du reste de ses dossiers, répartis dans les autres groupes, pour ne se consacrer qu'à la procédure de cette affaire. Le côté écrit du procès pénal n'est pas le plus excitant pour les auteurs ou les réalisateurs de polars, pourtant il est à la base de la réussite d'une affaire. « C'est trop con, disait-il, de se faire casser une procédure lorsqu'on s'est défoncé pour en apporter les preuves simplement parce que le rapport est mal torché. »

Les voir travailler en batterie sur un même dossier avait comme d'habitude l'inconvénient de faire tousser les autres groupes de la division. À les entendre, il n'y en avait que pour la brigade du chef.

La réunion terminée, Baranes et Machoire se retrouvèrent au tapis du coin, autour d'une partie de babasse, un vieux flipper américain, pour monter en toute discrétion la première opération.

– Qui commence ? s'enquit Baranes.

– À tout seigneur, tout honneur, lui répondit Machoire.

Les paroles s'envolent,
les écrits restent

L'opération projetée impliquait plus d'effectifs que Baranes n'en disposait et il avait eu du mal à obtenir tous les renforts qu'il aurait souhaités.

Ce jour-là, comme par hasard, la moitié des spécialistes de sa division avait été sollicitée pour prêter main-forte aux stups. À croire, s'il avait été un peu parano, que son Administration jouait contre son camp. Il était vrai aussi que, se refusant de communiquer, il s'était privé de la collaboration de ses collègues et n'avait pas anticipé ses besoins réels. Le secret dont il avait entouré cette opération avait fini par se retourner contre lui et il devait bien s'accommoder de ces maigres moyens.

C'est au petit matin, à l'heure où la nuit se termine, que le groupe de Machoire, renforcé de quelques éléments pris çà et là dans les autres groupes, s'était rassemblé dans le bureau de Baranes pour former les équipes.

Comme d'habitude, le patron se faisait attendre et Machoire n'avait pas réussi à le joindre. En le quittant, Baranes lui avait dit de ne pas l'appeler chez lui car il n'était pas sûr d'y rentrer. Il lui arrivait parfois de loger chez une amie dans le 17e arrondissement pour être, disait-il sans qu'on ne lui ait rien demandé, plus près du bureau. Machoire n'avait donc pu l'informer du résultat des premières vérifications. Un passage la veille au soir, effectué à l'adresse du siège social de Terre-neuve, avait permis de constater que l'association n'occupait plus les locaux. L'objectif était prioritaire et ce départ n'allait pas simplifier la tâche. Lorsqu'il l'apprit à son arrivée, Baranes se lança dans un chapelet d'injures à l'encontre de la Cour des comptes avant de grommeler qu'il allait falloir se bouger.

– Le bébé ne se présente pas bien, leur dit-il.

Les lieux occupés auparavant par l'association dans le 13e arrondissement de Paris étaient maintenant ceux d'une société d'import-export, ce que le syndic de l'immeuble avait confirmé. Les clés lui avaient été remises il y avait une quinzaine de jours par la présidente fantoche en personne et il ignorait sa nouvelle adresse.

Si le seul objectif de l'association avait été de faire écran à la dépense de fonds publics, elle pouvait très bien avoir cessé son activité en même temps que le gouvernement changeait. Mais il ne s'agissait là que de simples suppositions et l'essentiel restait de mettre la main sur ses archives. Baranes entreprit alors de modifier son plan et de constituer des équipes de deux chargées de taper partout afin d'élargir le périmètre des recherches. Ce qu'il fallait, c'était vendanger de la doc pour reconstituer l'histoire de l'association.

Une équipe se constitua pour se présenter dès l'ouverture de l'agence à la banque où avait été ouvert le compte avec pour mission de saisir le dossier du client et de déposer immédiatement une réquisition judiciaire afin d'obtenir la totalité des relevés bancaires et des pièces des mouvements.

Les banques n'aimaient pas être confrontées à ces saisies coercitives. Elles revendiquaient toujours leur bonne foi et argumentaient que le secret professionnel les empêchait de se défaire de quelque document que ce soit. En fait, peu d'agences disposaient de la totalité des informations qui remontaient, dès le moindre problème de leur client, à des services contentieux ou juridiques souvent délocalisés.

Lorsque le jeu en valait la chandelle, le droit de poursuite s'imposait. Dans le cas présent, vu les effectifs et les moyens dont il disposait et l'urgence relative, Baranes avait exclu d'envoyer une équipe récupérer les éléments. Ils attendraient le retour des réquisitions déposées. En revanche, il avait insisté pour que soient saisis les originaux d'ouverture des comptes. Des éléments souvent précieux sur le véritable titulaire, les cautions qui avaient pu être sollicitées ou les fiches de visite des coffres lorsque la banque en disposait étaient autant d'informations objectives pour « éclairer » le dossier, ouvrir des pistes sur de nouvelles adresses, donner parfois des téléphones qui seraient restés ignorés.

Un autre groupe reçut pour mission de se transporter chez l'expert-comptable afin d'y procéder aux mêmes opérations de collecte d'infos. Les experts-comptables eux aussi n'appréciaient que passablement la saisie des pièces appartenant à leurs clients. Mais c'était surtout la confiscation de leurs notes personnelles rédigées au moment de l'arrêté des comptes qui leur posait problème. Un expert-comptable est un professionnel du chiffre, pas du droit. Il porte toujours un regard réprobateur sur le travail des brigades financières et redoute, mais lui seul peut savoir pourquoi, son éventuelle mise en cause.

Fabienne, qui arborait toujours le sourire de la détente, s'était proposée pour cette délicate mission. Baranes lui en était reconnaissant car cette matinée lui coûtait énormément de sacrifices. En l'absence de son mari, parti en congrès à Londres, elle avait confié son jeune fils de cinq ans à sa voisine. Elle avait du mal à gérer son quotidien avec les exigences du service et avait tendance à culpabiliser.

Le métier n'épargnait pas la vie du policier et c'était encore plus problématique pour une femme de ne pouvoir concilier les imprévus avec la présence que réclamaient ses enfants. Trouver une nourrice pour cinq heures du matin lorsqu'on vous prévient à minuit n'était pas facile à gérer. Baranes le savait, comme le savait l'ensemble des fonctionnaires de P. J. dont le souci quotidien était de s'organiser pour répondre à l'obligation de disponibilité vingt-quatre heures sur vingt-quatre. On sait quand ça commence, jamais quand ça finit, encore moins où cela peut finir.

Deux autres enquêteurs étaient envoyés au bureau des renseignements généraux de la préfecture de police, chargée de la tenue du dossier administratif des associations.

– Attention, leur avait dit Baranes, vous risquez de faire chou blanc.

Il y avait, en effet, de grandes chances, compte tenu de la mise en cause de l'association dans une affaire publique, que le service de renseignements ait pu faire main basse sur le dossier.

– Ne vous démontez pas, avait ajouté Baranes, saisissez l'occasion pour connaître le nom du fonctionnaire qui a retiré le dossier. N'attendez pas qu'il vienne vers vous, ce n'est pas dans sa culture !

Le contenu d'un dossier était toujours une surprise, tant l'Administration pouvait être tatillonne avec les uns et laxiste avec les autres. En principe, les procès-verbaux des assemblées obligatoires et les budgets annuels devaient y être déposés. Il arrivait aussi d'y trouver des informations inattendues, comme des demandes de port d'armes ou d'autorisation de carnaval. Un foutoir documentaire que seule l'Administration française est capable d'engendrer.

Dans la masse des documents qui allaient être compulsés, Baranes espérait bien faire renaître Terre-neuve, localiser ses archives, cerner les comportements de certains de ses dirigeants, lever le voile sur ses activités.

C'était à Machoire et à Servan que revenait la charge d'éclairer leur personnalité. Il leur avait été confié le soin de perquisitionner leur domicile et leurs centres d'activité. Ils ne se faisaient aucune illusion quant au lieu de transfert de l'association Terre-neuve, persuadés qu'ils étaient que celle-ci n'avait jamais rouvert de local. Aux dires des voisins de palier de son ancien siège, Terre-neuve n'occupait qu'un petit réduit, ne recevait jamais de visiteurs, et la description de la seule personne qui y venait fréquemment était celle de Julien Bonnet. Rien de surprenant, car celui-ci en était aussi le trésorier.

Ces opérations simultanées faisaient parfois l'effet d'une bombe sur les témoins qui, même préparés aux assauts judiciaires, se trouvaient toujours surpris face à l'ampleur des moyens déployés. « S'ils savaient, les pôvres, se disait souvent Baranes, le mal qu'on peut avoir à monter une opération ! » Les hommes étaient toujours en nombre insuffisant, les véhicules manquaient, les moyens techniques pour communiquer brillaient par leur absence.

Les fonctionnaires de la financière étaient logés à la même enseigne que ceux de la criminelle. Mêmes moyens archaïques, mêmes moyens bricolés : scellés toujours à la bougie, cotations manuelles des pièces, calculettes prises sur les fonds personnels… Bref, l'équipement d'une brigade financière n'avait jamais été une priorité.

Une opération de police n'a rien à voir avec les fictions télévisuelles propagées par les séries américaines, même les plus documentées. Les opérations ont beau être bien préparées, il y a toujours des imprévus pour venir contrarier les plans et obliger à des changements de dernière minute. Ces feuilletons étaient à des années-lumière de la réalité. Seul l'effet de surprise peut jouer en faveur des enquêteurs. C'est de cet effet de surprise que Baranes entendait bien profiter pour garder la pression sur les cibles et obtenir le maximum d'éléments dans le temps immédiat de l'action.

Auditionner, c'est bien, mais saisir des écrits, c'est mieux. « Ne vous laissez pas enfermer par des déclarations, même généreuses, ou par de vastes promesses, avait-il dit aux équipes en concluant sur une autre de ses formules : "Les paroles s'envolent mais les écrits restent" ». Le fondement de l'enquête financière repose en fait plus sur les écrits que sur les aveux. Non seulement ils signent leurs auteurs, mais les écrits éclairent souvent sur leurs intentions coupables, ils révèlent les mobiles, trahissent leurs intentions cachées. En financière, l'essentiel, c'est le papier. L'humain passe après.

Officiellement, l'objectif était donc bien de mettre la main sur le maximum de documentation et de rassembler les originaux des pièces susceptibles d'étayer la version du dossier que la Cour des comptes avait dénoncée, mais, officieusement, les investigations en vue de la recherche de Julien Bonnet avaient commencé.

Servan s'en donnait à cœur joie. Il frappait à toutes les portes. Comme un chien terrier, son flair de fin limier l'avait déjà amené à la découverte du tipi de l'artiste. Bien sûr, l'appartement était vide. Il s'agissait d'un modeste studio dans une résidence luxueuse du 14e. Il s'était mis en tête qu'il tenait là une bonne piste pour remonter le garenne. Des « lapins », comme Baranes les baptisait lorsqu'il s'agissait de simples cols blancs, des « garennes » lorsqu'ils devenaient plus futés.

Pour sa part, Baranes s'était réservé la visite de la Cour des comptes. Il s'y rendit accompagné d'une femme capitaine d'un autre groupe, discrète et efficace, qui n'avait pas eu d'autre choix que de se désigner. Dans la division, on ne se bousculait guère pour l'assister, même si son côté désaxé déclenchait de grands moments auxquels tout le monde aurait voulu être.

Baranes avait le don naturel de mettre mal à l'aise ses interlocuteurs dès le premier contact. Il s'en servait pour marquer son territoire, la police, par définition personnelle agissant toujours en milieu hostile. Tout son art consistait ensuite à dégeler la situation à son rythme, à introduire de la chaleur dans les rapports humains pour finalement obtenir ce qu'il voulait. Ainsi force restait à la loi.

L'immeuble ne se distinguait en rien des autres immeubles de la rue. Il se situait derrière le Conseil d'État dont la plupart des auditeurs, comme les magistrats de Cour, sortaient de la même fabrique : l'ENA. Pas toujours garantes d'une bonne indépendance, ces promotions multiformes. Elles se transforment vite en ascenseur social pour les uns et en machine à broyer pour les autres. Le jour où l'école disparaîtra, peu de monde la pleurera !

C'est pourquoi, dès l'éclatement de cette affaire, Baranes s'était interrogé sur la rapidité avec laquelle les magistrats de la juridiction avaient été capables, en quelques jours à peine après le changement de gouvernement, de remettre au ministre des Rapatriés nouvellement nommé les éléments lui permettant de porter plainte et de déclencher dans un temps record ce qui devenait chaque jour le scandale Terre-neuve. Sauf à penser que les liens entre énarques du cabinet et énarques de la Cour des comptes avaient pu accélérer la procédure, il était en droit de se demander ce qui avait bien pu inciter la Cour à tant de précipitation.

Baranes préférait ne pas imaginer que cette affaire avait pu être orchestrée même si, sur ce point, il partageait les interrogations légitimes des amis journalistes de Maud. La pratique aurait voulu que la Cour des comptes se rapproche du procureur de la République auprès de qui elle aurait dû dénoncer les faits qui lui paraissaient délictueux et non les communiquer au ministre nouvellement élu dont il était à prévoir une quasi-exploitation. Le procureur général auprès de cette institution aurait dû intervenir en ce sens. Il aurait pu s'abstenir de laisser exploiter ses billes à des fins politiques.

C'est donc sans scrupule et sans remords, pour marquer la perte de confiance que lui avait inspirée cette pratique, mais aussi par curiosité et un peu de facétie, que Baranes avait décidé de se transporter auprès de la juridiction pour en avoir le cœur net ! Il n'ignorait pas les reproches qui lui seraient adressés par la suite puisque, dans ce genre d'institution, il était administrativement correct de s'entretenir au préalable.

L'enquêtrice qui l'accompagnait était d'une naïveté émouvante.

— Moi, lui avait-elle dit, je me serais contentée de leur envoyer un courrier pour qu'il me fasse déposer leur dossier.

Un peu comme Némo le recommandait.

— C'est la même chose, lui avait-il répondu avec un culot monstre. Je leur ai dit qu'il me le prépare et que je passais le prendre.

On sentait chez cette jeune capitaine une retenue forcée qui cachait mal son inquiétude.

— Ne flippez pas comme ça, l'avait-il rassurée, tout va bien se passer, même s'il est normal de ressentir une certaine appréhension.

Cela fait partie du charme du métier d'éprouver des sensations haletantes les quelques minutes qui précèdent une intervention. Tout réside ensuite dans la façon de gérer ce stress, chacun sachant qu'il allait s'estomper une fois le contact établi. C'est ce petit moment, où l'on est seul confronté à soi-même, sans partage possible, qui rend le job précieux. « Chut, ça bouge », comme disent les flics de la Crim, et chacun de ne plus entendre que les battements de son cœur.

Ce n'était pas la première fois que Baranes allait se frictionner avec des services de l'État. Ce qui avait le don de l'horripiler, c'est que, très souvent, ils se croyaient exonérés des assauts judiciaires. Ils se posaient alors en pauvres victimes d'un crime de lèse-majesté alors que même Louis XI, dans une France qui se reconstituait, avait subi les foudres des parlements qu'il avait érigés.

Aujourd'hui, la France reculait, elle restait attachée à son système féodal. Pas étonnant, après, d'entendre les détracteurs de la République la qualifier honteusement de « bananière ». Non, décidément, pénétrer par la contrainte dans les cercles fermés de la République ne posait aucun problème à Baranes. Il était même impatient. Impatient de savoir sur quoi la Cour avait bien pu se fonder pour conclure d'une manière aussi péremptoire au détournement de fonds par Terre-neuve sachant que l'association ne rentrait pas dans son périmètre de contrôle. Une question qui le turlupinait plus que les autres et dont il entendait bien obtenir des réponses du magistrat chargé du dossier. Un certain Aurillac.

Ils étaient à présent arrivés devant le bâtiment dans lequel Baranes pénétra le premier d'un pas ferme, suivi de sa collaboratrice. Deux battants en bois vitrés donnaient dans un vaste hall circulaire au fond duquel se dressait le comptoir d'où partaient de chaque côté des escaliers en pierre. L'accueil, un guichet de verre, faisait face à l'entrée. Aucune signalétique ne permettait d'identifier le moindre nom ou service. Voulu ou pas voulu, ce n'était pas fait pour faciliter leur arrivée : soit la Cour voulait s'afficher en exemple de restriction budgétaire, soit elle cherchait à cacher sa présence. Heureusement, une femme se tenait derrière le guichet. Une dame sans âge, aux cheveux ni blonds ni blancs, l'air ailleurs, pas plus réjouie que ça de recevoir de la visite.

— Si vous n'avez pas rendez-vous, vous voudrez bien remplir le formulaire en précisant lisiblement vos noms, la personne que vous souhaitez rencontrer et le motif de votre visite, leur dit-elle.

— Nous sommes attendus par M. Aurillac, tenta Baranes d'une voix sourde et lointaine comme s'il avait voulu masquer ses origines gasconnes.

— C'est bien ce que je dis, vous n'avez pas de rendez-vous et je vous demande de remplir le formulaire, répéta la femme avec fermeté avant d'ajouter : M. Aurillac nous a quittés la semaine dernière, il ne peut donc vous avoir donné rendez-vous.

— Où pourrais-je le trouver ? demanda Baranes.

— M. Aurillac vient d'être nommé directeur de cabinet du ministre des Rapatriés, répondit-elle d'un ton sec.

Baranes faillit s'étrangler, mais se garda bien de laisser paraître sa surprise. « On réglera nos comptes plus tard », se dit-il, ne perdant pas de vue l'objet de sa visite : mettre la main sur le dossier de la Cour !

L'intervention de l'assistante fut plus efficace. Futée, elle entreprit d'expliquer à l'hôtesse qu'ils souhaitaient rencontrer le successeur de M. Aurillac pour lui remettre un dossier confidentiel de la part du président de la région Ile-de-France. Un mensonge qui amusa Baranes, mais qui eût pour effet d'inciter la dame à transmettre la demande.

— Ben, vous, alors ! lui souffla Baranes à l'oreille dès que la femme eut pris son téléphone.

— M. Potier va vous recevoir, annonça-t-elle en raccrochant le combiné. Il vient vous chercher.

Lorsque Potier se présenta, Baranes s'empressa de rétablir la vérité. Si le magistrat comprit l'artifice utilisé pour le rencontrer, il marqua toutefois son étonnement de voir débarquer la police judiciaire pour se faire remettre sur-le-champ les pièces d'un dossier. Il était habitué à d'autres façons. De mauvaise grâce, il s'exécuta et les conduisit en silence à son étage. Il connaissait le dossier pour avoir participé au contrôle, mais avait décidé d'adopter un profil peu coopératif. Il les accompagna dans une réserve et leur désigna une armoire.

— C'est là ! Faites votre choix, leur dit-il sans cacher sa contrariété.

C'était souvent le revers de la médaille. Avec des méthodes coups de poing, il ne fallait pas s'attendre à des soutiens compréhensifs.

L'armoire contenait plusieurs boîtes d'archives et de nombreuses chemises suspendues renfermant, à la grande stupéfaction de Baranes, la presque totalité de la comptabilité de l'association Terre-neuve. Il y avait là les livres bancaires, des balances des comptes clients et fournisseurs, de nombreux classeurs renfermant des factures, des notes de frais, des billets d'avion, des talons de chéquier, bref, les derniers petits effets personnels d'une société en fin de vie. Que du bonheur à mettre sous scellés.

– Je ne savais pas, lui dit Baranes aussi sèchement que l'autre l'avait introduit, que la Cour servait de domiciliation à des associations.

– J'ignore ce que ces documents font ici, s'empressa de dire le successeur de M. Aurillac. Je les découvre avec vous.

Baranes ne broncha pas. Il décida de tout saisir en vrac d'une manière provisoire. Il se voyait mal passer la journée à compulser, puis numéroter, inventorier et décrire le fatras de papiers sur lequel il venait de mettre la main. La saisie définitive aurait lieu plus tard au service. Une mesure qui allait lui donner l'occasion de faire venir ce brave Aurillac devenu dircab en même temps que son successeur, le dévoué Potier.

Une passation de pouvoirs en quelque sorte. Rien que d'y penser, Baranes jubilait : « Il va aimer, il va aimer… »

Un homme averti en vaut deux

Némo avait téléphoné de très bonne heure à Baranes pour lui demander de passer le voir dès son arrivée au service, en tout cas avant neuf heures, car après il devait se rendre au cabinet. Baranes le devinait agacé et ce n'était pas pour lui déplaire.

Le dossier se présentait comme tous les dossiers à fort retentissement médiatique, embelli pour se maintenir dans l'actualité mais si fortement éloigné des réalités qu'il savait les autorités impatientes de pouvoir faire au plus vite la part du vrai. Il se foutait de leur curiosité comme de sa première chemise, ce qui le préoccupait ce matin, c'était le silence de Maud qui semblait prendre un plaisir malin à ne pas répondre à ces appels. Elle lui avait promis de le tenir informé de son approche de Levendeur. Lui seul devait être derrière cette action sur la disparition de Bonnet dont il ne croyait pas un mot d'autant que les gendarmes supposés être chargés de sa recherche ne s'étaient pas manifestés.

Les opérations entreprises la veille n'avaient pas permis de découvrir le moindre élément susceptible de le loger et cette évaporation des écrans radar le turlupinait. Il savait que son directeur ne partageait pas son inquiétude, c'est pourquoi ce besoin soudain de le rencontrer dans l'urgence ne lui disait rien qui vaille. Quel turbin envisageait-il encore de lui monter ?

Déjà, la veille, Némo l'avait copieusement vilipendé pour ne pas l'avoir tenu informé de son dispositif qu'il n'avait appris que dans la journée et, de plus, lors de la réunion des directeurs chez le ministre. Pensez donc s'il avait bonne mine. Mais la nuit était passée là-dessus, et c'était certainement de tout autre chose que son directeur voulait l'entretenir. Il avait bien fini par comprendre que Baranes ne se précipiterait pas sur ce pauvre Daugat, pas plus qu'il ne croyait que la vie de Bonnet était en danger. Son entêtement allait lui donner raison.

Némo voulait peut-être faire profil bas et tout simplement lui rappeler le bon fonctionnement du service ? Baranes y croyait à peine, mais Némo était capable d'utiliser n'importe quel prétexte.

Certes, la règle dans la grande maison imposait, pour une affaire sensible, que les opérations, lorsqu'elles étaient programmées ou envisagées, fassent obligatoirement l'objet d'une information. Le responsable devait rédiger un blanc. Un papier neutre, autrement dit sans en-tête, sans nom de rédacteur. La parfaite note anonyme destinée à informer ou à préparer le ministre aux soubresauts probables qui risquaient de secouer son ministère par l'éclatement d'un scandale ou la mise en cause d'une personnalité. Ça, c'était pour la version officielle.

Pour la version officieuse, plus feutrée, il s'agissait tout simplement que le ministre de l'Intérieur reste, comme le veut la tradition depuis Fouché, le ministre de la police le mieux informé de France : affaire judiciaire ou pas, c'était ainsi depuis 1810. Savoir ensuite ce qui était fait de cette information était une autre paire de manches.

De tout cela, Baranes s'en moquait un peu et rechignait à entrer dans le moule. Il considérait que ses fonctions ne relevaient pas d'un service de renseignements mais d'un service d'enquêtes judiciaires et d'investigations, et il s'asseyait allègrement sur les principes de son Administration. Malgré les quelques mémorables remontées de bretelles dont il avait été l'objet, cela ne l'empêchait pas de dormir et de continuer à faire sa mauvaise tête. En revanche, il savait qu'on lui ferait payer cher son franc-parler. « Ce n'est pas de naître libre qui posait un problème à l'homme, disait-il, c'est de continuer à vivre libre qui va lui en poser ».

– J'ai peut-être du nouveau pour vous, lui avait dit Némo à peine avait-il pénétré dans son bureau.

Le ton était à l'apaisement et plus rien ne laissait entrevoir la nervosité de la veille. Comme si aucun malaise n'avait existé. L'arc-en-ciel après la tempête en quelque sorte, mais Baranes ne quittait pas des yeux sa ligne d'horizon.

– Peut-être, moi aussi j'ai du nouveau, répliqua Baranes, sur un ton volontairement moins convivial, juste pour montrer qu'il n'avait pas l'intention de se laisser enfumer. Et de poursuivre : Il va falloir arrêter de me prendre pour un con et me dire comment le nommé Aurillac, conseiller à la Cour des comptes de son état, rapporteur du contrôle Terre-neuve se retrouve déjà par le fait du hasard promu directeur de cabinet du nouveau ministre des Rapatriés. Il y a des coïncidences auxquelles je ne crois pas ! « C'est quoi ce bordel ? » avait alors demandé Baranes.

Némo ne marqua aucune réaction. Pourtant, pour une fois, il semblait partager les remarques de Baranes. La récupération de cette affaire par le ministère des Rapatriés semblait évidente et portait en cela les dérives du pouvoir.

— Je suis comme vous, je n'ai appris cette nomination que ce matin, répondit-il d'un air peu convaincant.

— À jouer avec le feu, ils finiront par se brûler, lui lança Baranes.

— Je ne sais pas de quoi vous parlez ! Je vous ai fait venir parce que je me suis laissé dire que Bonnet ne serait pas mort et qu'il serait même bien vivant.

Némo savait très bien ce que Baranes voulait dire, mais il se refusait à engager le débat et voulait s'en tenir à sa fonction de serviteur de l'État, même si, bien placé qu'il était comme observateur, il n'ignorait pas à quel jeu jouaient les ministres qui avaient du mal à se défaire de leur action politique. L'affaire pouvait être l'occasion d'asseoir d'une manière durable leur position dans le paysage illusoire de la démocratie. Ses préoccupations semblaient être ailleurs et le regard de Baranes, dont il cherchait le soutien, ne lui facilitait pas la tâche.

Au contraire, Baranes buvait du petit-lait. Némo ne savait pas mentir et ses mimiques l'amusaient. Il se délectait de le voir s'empêtrer dans ses atermoiements. Cela devait être dur d'assurer le service, de vendre la soupe des autres et de passer des plats qui n'étaient pas prévus à la carte. Baranes se demandait quelle couleuvre Némo avait bien pu avaler pour avoir autant de mal à la digérer. Ses mots ne venaient pas. Il tournait autour du pot comme une mouche tourne autour du serpentin d'insecticide sur lequel elle finira par s'accrocher et mourir.

Cette affaire sentait le soufre et la manipulation.

Les efforts que déployait Némo pour passer un message à Baranes qui s'obstinait à ne pas vouloir comprendre relevaient tout simplement du surnaturel. Après s'être plusieurs fois malaxé le menton, Némo finit par se lancer dans des explications vaseuses : Bonnet redouterait des poursuites inéquitables, des représailles, et il se refuserait à être le bouc émissaire de cette affaire. Il ne voudrait pas porter seul le chapeau. Il avait des choses à dire et il voulait être sûr qu'on l'entende, mais, apparemment, il ne croyait pas en l'impartialité de Baranes ni en celle du magistrat.

Némo ne faisait pas mystère des informations qu'il détenait sur l'état d'esprit dans lequel se trouvait Bonnet qui, effectivement, était bien vivant. Il en appelait presque au sens civique de Baranes pour que celui-ci le considère comme un simple justiciable, prêt à s'expliquer mais assuré d'un traitement loyal comme s'il ne croyait pas à l'impartialité de la justice.

À peine avait-il trouvé le ton et le sens de sa musique qu'il fut interrompu par Cyclamen, la douce Antillaise qui lui servait de secrétaire. Elle avait choisi ce moment pour s'aventurer dans le bureau et proposer les offices du café assorti d'un petit mot qu'elle lui glissa discrètement sur le sous-main. À croire qu'elle avait senti l'embarras de son patron et accourait à son secours. Elle en était capable, pensait Baranes qui ne l'aimait pas du tout et elle le lui rendait bien. Il l'avait baptisée la « langue de son maître » tellement elle parlait comme lui, se comportait comme lui, se parfumait presque comme lui, comme d'ailleurs elle s'était parfumée pour tous ses autres prédécesseurs. Car les directeurs passaient, mais Cyclamen ne fanait jamais. Bref, en matière de serpent, celle-là n'était pas une couleuvre mais une vraie vipère.

Exhibant le billet que Cyclamen venait de lui remettre, Némo poursuivit :

— Tenez, ça continue… Bonnet devrait donner une interview à RMC au journal de neuf heures.

– Ça, pour une surprise, c'est une surprise ! feignit Baranes qui ne croyait pas du tout à une coïncidence et pensait même que sa visite avait pu être orchestrée pour lui faire entendre la voix de Bonnet.

Némo, joignant le geste à la parole, invita Cyclamen, qui allait s'en retourner, à allumer la radio qui se trouvait sur le meuble près de la porte de la sortie et à les laisser. Une aubaine, cette radio, estima Baranes : réglée de plus sur la bonne station ! « Il voudrait me faire prendre des vessies pour des lanternes qu'il ne s'y prendrait pas autrement », se dit-il.

Némo, embarrassé mais imperturbable, restait attentif aux moindres signes de Baranes qui, de son côté, avait compris le manège et se pinçait pour ne pas rire de la situation, se contenant pour ne laisser apparaître aucune réaction.

Baranes avait été témoin de pas mal de circonlocutions et de circonvolutions, de déstructurations cérébrales de tous ordres, même de métempsychoses avec transmigration de comportement et de pensées, bref, tout simplement des girouettes jouant du pipeau, l'instrument à vent favori de la grande maison. Mais là, il n'en revenait pas d'assister à une de ses meilleures orchestrations. La mise en scène et le mensonge dans la police faisaient partie des qualités indispensables à la réussite d'un bon patron, mais il fallait reconnaître à Némo cette supériorité sur Baranes à mieux maîtriser sa carrière que son métier.

La pub se terminait pour laisser place au speaker qui annonça l'entretien accordé par Julien Bonnet à Yvan Malfait, grand rapporteur de cette station périphérique plus proche du pouvoir que de ses auditeurs.

Chaque profession renferme en son sein un nombre infime de parias et de brebis galeuses. Malfait faisait partie de cette catégorie. Il n'honorait pas sa profession et le fait que Bonnet en fuite ait pu le choisir comme porte-parole en disait assez long sur les alliances malsaines entre presse et pouvoir politique.

D'une voix rauque, monocorde, comme s'il avait du mal à trouver sa tonalité, un homme se présenta comme étant Julien Bonnet. Ses premiers mots furent hésitants, inaudibles presque. Le journaliste, connu pour ne pas être contrariant, tenta de le mettre à l'aise et lui demanda d'expliquer sa disparition, que quelques-uns auraient souhaitée, et son retour, que d'autres pouvaient redouter, et les raisons de la sortie de son silence.

— Je suis parti pour me protéger, répondit Julien Bonnet en prenant peu à peu de l'assurance. J'ai fait l'objet de menaces et j'ai eu très peur pour ma famille et pour moi-même et la meilleure façon que j'ai trouvée pour nous protéger était de fuir, pas pour éviter de répondre aux questions qui pourraient m'être posées, mais pour mettre fin au harcèlement dont j'ai fait l'objet avant que cette affaire éclate. Aujourd'hui je veux m'expliquer.

— Vous avez bien conscience que votre fuite peut aussi s'interpréter comme un aveu ? poursuivit le journaliste.

— J'y ai pensé, mais je ne veux pas porter le chapeau d'une affaire dont je ne suis pas responsable. Je ne suis pas à l'origine de la création de Terre-neuve. Je ne conteste pas que des fonds publics ont été transférés à l'association, mais je n'en suis pas le décideur. J'ai agi sur ordre et sur les instructions de M. Daugat, mon ministre, à qui je n'ai fait qu'obéir. C'est lui qui a proposé la constitution de Terre-neuve et qui en a composé le bureau. La présidente est une de ses amies personnelles. Je me suis contenté en tant que trésorier d'effectuer les transferts d'argent qui m'étaient demandés et qui ont toujours été justifiés, c'est pourquoi je ne comprends pas aujourd'hui cette polémique sur des détournements qui me semblent ne relever que de la simple imagination de la Cour des comptes.

— Nous savons qu'il s'agit de sommes importantes. Avez-vous des explications sur les raisons de l'intervention de cette association ?

— J'ai reçu de nombreuses menaces pour m'empêcher de parler et m'obliger à remettre des documents. J'ai décidé de ne pas me taire et d'écrire ce que je sais au juge d'instruction et notamment sur les importants retraits en espèces qui suivaient les virements. Je remettais l'argent au chef de cabinet qui tenait ensuite un livre de caisse. Toutes les dépenses étaient supposées être justifiées et c'est vers lui que les contrôleurs auraient dû se retourner. Au lieu de cela, ils se sont obstinés à s'acharner sur moi, à vouloir me rendre même pécuniairement responsable de sommes dont ils se sont refusés à rechercher la destination.

— Savez-vous à quoi ou à qui étaient destinés ces fonds ? continua le journaliste, toujours soucieux de mener son entretien avec complaisance.

Nul ne pouvait en douter : questions et réponses étaient préparées, y compris leur enchaînement.

— C'est tout ce que je peux dire. Je rédige un écrit que j'adresserai prochainement au juge. Je lui détaille date par date le montant des retraits et il sera plus facile ensuite d'en rechercher les emplois. Le chef de cabinet est un homme honnête qui a dû comptabiliser l'ensemble des mouvements. On trouvera facilement les bénéficiaires et on s'apercevra que je ne me suis pas enrichi. Ces fonds devaient être destinés à des dépenses d'intérêt général dont le passage par l'association permettait uniquement de ne pas avoir recours à la lourde procédure des marchés publics. Il s'agissait le plus souvent de faire face à des dépenses d'urgence.

— On parle de montants abyssaux… enchérit le journaliste.

— Je préfère ne pas entrer dans les détails. Globalement, cela concerne presque cinq millions d'euros.

Sans transition, le présentateur donna la page sportive avec le classement des clubs de division I du championnat de France. Lyon reste le leader… Les Girondins, toujours en milieu de tableau.

— Bon ! La bonne nouvelle, c'est qu'il n'est pas mort, réagit Baranes.

— Et la mauvaise, répliqua Némo, c'est qu'il risque de nous donner du fil à retordre !

— Parlons-en ! Juste avant cet intermède musical, vous m'expliquiez que vous vous étiez laissé dire que Bonnet était bien vivant. Sans vous obliger, j'aimerais connaître l'origine de ces sources si vous voyez ce que je veux dire ? Après tout un homme averti en vaut deux, non ?

Baranes avait voulu mettre des formes et prendre quelques précautions à l'égard de son directeur qu'il ne voulait pas placer dans l'embarras pour obtenir ne serait-ce qu'un embryon de réponse. Il lui fallait juste de quoi ouvrir une piste et lui permettre de mettre la main sur ce garenne qui commençait passablement à l'agacer.

Pour Baranes, tous les cols blancs étaient appelés à devenir un jour ou l'autre de potentiels repris de justice, des « gibiers de potence » aurait-on dit autrefois, mais moins dangereux que des fauves, à peine plus dangereux qu'un rongeur des champs. Bonnet présentait tous les signes du parfait garenne.

Les délinquants politiques ont en commun cette faculté de penser que le monde va les comprendre et leurs pairs les soutenir. Sauf que Bonnet n'appartenait pas au monde politique et c'était sans doute là son regret. Il surfait sur la vague des hommes de pouvoir sans se douter que la caste à laquelle il aurait aimé appartenir le considérait comme un gueux. Cet intermède journalistique n'y changera rien.

Il y avait quelque chose d'irréel dans son interview, tant sur la forme que sur le fond. Venu on ne savait d'où, Bonnet était réapparu, comme ça, au moment même où l'évidence des faits commençait à contredire les commentaires. Du pain béni pour tous ceux qui souhaitaient voir cette affaire envenimer le paysage politique. Savait-il qu'il ne pouvait être que l'instrument d'une récupération ?

Sur le fond, il n'apportait aucune réponse aux interrogations. Dire que les mouvements suspects d'argent public avaient transité sous le couvert du chef de cabinet du ministre ne le dégageait pas pour autant de toute responsabilité et ses propos avaient peu convaincu.

Baranes restait stupéfait. Il n'en revenait pas d'avoir assisté à cette mascarade médiatique. Il fallait avoir entretenu des rapports préalables avec le suspect pour lui offrir un tel podium et avoir aussi bénéficié de complicités pour l'organiser. C'était tout de même phénoménal de voir l'impuissance de l'État à mettre la main sur un témoin primordial alors que la presse était arrivée, sans difficulté semble-t-il, à le localiser.

Plus surprenante encore, l'attitude de sa hiérarchie qui semblait avoir joué de concert pour en avoir été informée. Une hydre à deux têtes : l'une qui connaît et l'autre qui ignore. Il n'attendait pas de son directeur que celui-ci l'éclaire. Il souhaitait simplement qu'il comprenne que le message qu'il venait de lui passer, loin de l'avoir rassuré, l'avait renforcé dans son jugement : ça puait !

Plus que jamais Baranes allait devoir se méfier de sa propre Administration dont les intérêts politiques s'accommodaient mal de la chose judiciaire.

Némo, qui lisait dans ses pensées, se refusait à apporter de l'eau à son moulin. Au moment où il s'apprêtait à lui répondre, la ligne rouge s'alluma.

– On verra ça plus tard, lui dit-il. Laissez-moi.

Il y avait des jours où Baranes aurait aimé être une petite souris planquée à l'autre bout du fil.

Un clou chasse l'autre

Il y avait longtemps que Baranes n'avait pas fumé un si bon cigare. À peine revenu dans son bureau, il avait retiré du bas de son tiroir la boîte en cèdre rouge contenant les quelques cubas qu'il conservait jalousement dans une humidité qu'il avait du mal à maîtriser. Cela faisait bien plus de dix ans qu'il avait arrêté de fumer des Marlboro. Mais fumer un bon cigare s'assimilait plus à de la dégustation qu'à de la consommation.

En sortant du bureau de Némo, il avait eu besoin de s'isoler. Il fallait qu'il se détende pour éviter d'exploser. Bonnet aurait été retrouvé, comme ça, par le fait du hasard au bénéfice sans doute de renseignements qui auraient échappé au service, mais pas à Némo, semblait-il ! Oui, le parfum de la moiteur des îles allait le calmer.

Le cigare cubain avait la particularité de faire tomber ses colères. Le temps de la combustion y était sûrement pour quelque chose. Déguster un cigare exige un réel abandon de soi et requiert de la patience. Il ne faut pas être pressé pour arriver au dernier tiers, celui où la chaleur exprime la puissance des arômes. Les coudes sur le bureau et les mains jointes, Baranes avait fait le vide. Son esprit était libre et, les yeux fermés, il savourait pleinement les saveurs. Peu à peu, ce vide intemporel devenait un espace de pensées vagabondes, plus posées. La concentration pouvait reprendre le pas sur la colère.

Maud ne l'avait pas appelé. Savait-elle que la presse était entrée en contact avec Bonnet, et, si oui, pourquoi autant de mystère de la part des journalistes ? Le temps passait et Baranes ne trouvait pas d'explications à cette entourloupe qui le sidérait. Ils étaient pourtant nombreux à douter comme lui de la disparition de Bonnet, mais maintenant personne ne semblait s'étonner.

De retour dans son bureau, il avait réglé la radio sur d'autres stations périphériques. Aucun des commentateurs ne s'offusquait, tous avaient mordu à l'hameçon et avaient sauté à pieds joints dans le marigot des explications vaseuses. Baranes enrageait. Il tirait frénétiquement sur son cigare devenu trop chaud et inefficace, lequel amorçait un début d'amertume avec la salive. L'odeur qui envahissait le couloir produisit sur Machoire le même déclic que pouvait produire sur Jolly Jumper la fumée blanche d'un campement apache dans le canyon. En deux temps, trois mouvements, Machoire se retrouva dans le bureau de Baranes qui se mit à lui relater par le détail son entretien sulfureux avec Némo.

Le plus intrigant, et Machoire partageait cette idée, était cette prémonition subite de leur patron. Ils le savaient incapable de la moindre initiative et le supposaient entièrement aux ordres, mais pas au point de se compromettre. Pourtant, Némo venait de prendre des risques en faisant entendre à Baranes la voix de Bonnet dont il ne pouvait ignorer qu'elle allait être diffusée. Il créait le doute et la stupeur.

Le milieu dans lequel se trouvait Bonnet avait-il été infiltré ? Tout était toujours possible, mais Baranes croyait peu à cette pratique. Il était inimaginable que son Administration puisse agir dans son dos et, par ailleurs, la brigade ne disposait pas d'hommes préparés à ce type de missions.

Une opération d'infiltration ne trouve son intérêt que dans la qualité des renseignements qu'elle est tenue de fournir. Elle se prépare avec le service enquêteur et le milieu où elle s'opère doit être parfaitement maîtrisé, faute de quoi elle a peu de chances de réussir. L'infiltré lui-même risque non seulement d'être exposé mais aussi d'être manipulé en transmettant des informations contreproductives. À la différence de l'indic, l'infiltré est un agent du service et Malfait n'avait pas cette qualité. Il n'en était pas un.

Non, Némo exécutait bien une commande : celle de faire passer un message à Baranes et de s'assurer ensuite que celui-ci l'avait bien reçu. En faisant trop, il prenait le risque de produire l'effet contraire à celui recherché. Certes, Bonnet, d'un ton pathétique, laissait suer sa peur, mais, au-delà, il martelait une version qui n'avait pour but que de laisser entrevoir une implication probable des politiques sur lesquels il faisait peser de lourdes menaces.

Sans l'avoir dit, il fallait s'attendre à une suite, un mauvais feuilleton que Malfait allait alimenter.

Mais, menaces ou pas menaces, dorénavant, Bonnet se planquait bien. De son repère, il semblait vouloir une nouvelle fois manipuler son monde. C'est à cette manipulation que Némo, peut-être malgré lui, venait de succomber.

Quant au message de Bonnet, il était clair ! Après avoir tenté dès le départ d'orienter vainement l'enquête sur l'ancien ministre Daugat, voilà que maintenant l'ex-pseudo-assassiné passait au pignon supérieur. S'était-il rendu compte qu'en attaquant bille en tête son ministre, la ficelle paraissait trop grosse ? Toujours est-il que, perfidement, il commençait à introduire de la réalité dans sa version des faits. En s'appuyant sur ses relations avec le chef de cabinet, sans nommément le désigner, il jetait le discrédit sur celui-ci, tout en l'impliquant mais sans l'impliquer.

Un artiste, ce Bonnet, qui allait presque jusqu'à justifier l'injustifiable : l'existence d'une caisse noire dont la gestion était assurée par un homme de confiance. Un voleur honnête en quelque sorte ! Julien Bonnet avait bien changé de braquet. Un clou chasse l'autre.

— Arrêtons-nous sur le fond, reprit Baranes qui se leva et, après s'être saisi du seul crayon marqueur disponible, de couleur verte, se mit à griffonner sur son whiteboard. Se voulant pédagogue, il entreprit d'exposer son analyse.

— Ici, le budget de l'État, d'où sort le pognon, j'y reviendrai. Même si l'argent n'a pas d'odeur, le fric est un cadavre, il sent et il va falloir suivre son odeur et prendre le temps d'en relever tous les indices. Une chance pour nous, c'est que la comptabilité publique soit plus contraignante. Elle implique plusieurs degrés d'opérateurs qui seront autant de témoins ou de complices.

Il dessina un premier rond en haut du tableau à l'intérieur duquel il inscrivit « BUDGET » en lettres capitales. En appuyant fortement sur le crayon, il le souligna d'un, puis d'un deuxième et d'un troisième trait.

— *You capit* ? lança-t-il à Machoire. Là, l'association Terre-neuve. On ne connaît qu'elle, l'appeau, le miroir aux alouettes. Certains voudraient nous faire croire qu'un monde les sépare des services de l'État. Ce sera à nous de démontrer que Terre-neuve et le ministère ne font qu'un. On rentre dans le système français avec sa pléiade d'agences nébuleuses en tout genre et d'associations opératives.

Baranes se pinça le nez. L'expérience lui avait appris à se méfier des philanthropes et des humanitaires généreux, souvent engagés dans des causes tellement honorables que parfois ils préféraient entourer leurs actions de la plus grande discrétion. Une attitude qu'il avait du mal à comprendre, comme il avait du mal à comprendre comment Terre-neuve, dont la vocation sociale au profit des immigrés était si évidente, avait pu être inconnue jusqu'à ce jour du grand public, voire des immigrés eux-mêmes.

Il traça un carré en dessous du rond à l'intérieur duquel il écrivit « ASSOS », puis relia le rond au carré par une flèche descendante. Là encore, il insista fortement sur le crayon et prit son temps pour descendre le trait et marquer la flèche.

— BUDGET-ASSOS, insista-t-il en pointant le dos du crayon tantôt sur le rond BUDGET, tantôt sur le carré ASSOS.

Il répéta plusieurs fois son geste en détachant les mots : BUDGET-ASSOS, BUDGET-ASSOS…

— On est bien d'accord, ajouta-t-il. Toute la difficulté va résider dans la recherche de l'emploi des fonds par l'ASSOS, la sortie du BUDGET ne posera pas de problème. C'est là toute la faiblesse du système français comparé aux associations anglo-saxonnes qui sont plus transparentes. En France, les justifications se font *a posteriori*, si tu vois ce que je veux dire.

Pour ne pas interrompre Baranes dans sa démonstration, Machoire acquiesça d'un simple mouvement de tête.

— Là, la CAISSE NOIRE. C'est là où va le pognon, commenta Baranes en traçant tout en bas du tableau un triangle à l'intérieur duquel il dessina le symbole de l'euro qu'il relia au carré de l'ASSOS par des pointillés.

— ASSOS-EUROS, martela-t-il plusieurs fois avec le dos du marqueur, allant du triangle au carré et du carré au triangle comme il l'avait fait précédemment du rond au carré.

Le triangle n'avait pas été choisi par hasard. Baranes avait pour habitude, lorsqu'il annotait les rapports ou notes de synthèse, de porter un point d'exclamation à l'intérieur d'un triangle pour signaler les passages déterminant des enquêtes.

La recherche de la caisse noire allait être une priorité. Cette gabegie de fric avait bien une finalité. Mais pas de nom. Si les murs ont des oreilles, les fenêtres peuvent avoir des yeux.

— Simple, en fait, mais il manque les fusibles, releva Machoire.

Baranes s'empressa de dessiner deux ronds plus petits, qu'il plaça, l'un entre le ROND et le CARRE, l'autre entre le CARRE et le TRIANGLE. Dans le premier rond, il écrivit « 1 » et dans le second rond, il écrivit « 2 ».

— Inutile d'éveiller des soupçons et d'indiquer en toutes lettres de qui il s'agit, des curieux pourraient mal interpréter ce qui pour l'instant ne doit rester que des hypothèses de travail, précisa-t-il.

— Le 1, tu l'auras compris dit Baranes à Machoire, une paupière fermée en signe de sous-entendu, c'est le contrôle financier. Personne ne nous fera croire que les virements au profit de l'association ont été effectués sans contrôle, même *a posteriori*. Mieux ! Rien ne dit qu'il n'a pas été procédé préalablement, pour abonder les lignes budgétaires, à des transferts d'articles, voire de chapitres. C'est con à dire, mais si les procédures avaient été respectées, il y aurait eu moins de chance d'évaporation. Tu crois réellement que les cinq cent soixante-quinze députés vont se prendre la tête lors de l'examen de lois budgétaires rectificatives ? Ils s'en remettent aux explications de politique générale, point-barre. Ils donnent un blanc-seing à l'exécutif, et après ils s'étonnent des déficits budgétaires. La méthode n'est pas nouvelle et elle n'est pas près de changer. Remarque, ajouta-t-il, ce n'est pas mieux dans le privé. Ce n'est pas en cours d'exécution qu'ils fabriquent les justificatifs, mais à la clôture des exercices.

— Si je comprends bien, il y aurait un loup dans la bergerie, lui répondit Machoire. Un peu comme si le jour d'un braquage les caméras de la chambre des coffres étaient en panne, d'où l'implication obligatoire de l'ordonnateur public selon toi, de plein gré ou à son insu. Mieux, à son insu de plein gré !

— C'est ça, fait le malin et continue à penser qu'on est chez les Bisounours. Je te conseille plutôt de te mettre en tête le nom de tous ces zozos, répliqua Baranes. Quelque chose me dit qu'ils ne vont pas tarder à se manifester.

— En 2, devine ? Nos amis de Tracfin. Ce n'est pas la peine d'imposer aux banques des obligations de révélations si ce n'est pas pour les exploiter. De deux choses l'une : ou les retraits d'espèces n'ont pas été dénoncés par le ou les banquiers de l'assos, ou nos amis se sont assis dessus. En tout cas, on en aura le cœur net, poursuivit Baranes. Tu mets tout de suite Fabienne sur le coup. Il va falloir faire vite, car là encore, je ne sais pas pourquoi, mais j'ai comme le sentiment qu'après cette sortie organisée de Bonnet, on va nous demander d'enclencher la descente chez cet ex-chef de cabinet, leur nouvelle coqueluche que nous ne connaissons ni d'Ève ni d'Adam.

— Comprends-moi, je ne jette pas la pierre à Tracfin, ajouta Baranes comme pour se justifier. Je veux seulement comprendre comment des retraits massifs d'espèces n'ont pas figuré sur les écrans radars.

Un temps, la conversation glissa sur la réelle utilité de Tracfin. L'organisme, dépendant du ministère du Budget pour surveiller les flux financiers, avait vu le jour en 1993 après les accords de Bâle où tous les pays du G7 avaient affirmé leur volonté de lutter contre l'argent sale et le blanchiment. Un sentiment généreux sur le papier mais dans les faits le combat était loin d'être gagné. La France s'était bien dotée de cette structure rattachée au ministère des Finances et ses fonctionnaires étaient aguerris aux mouvements financiers, mais, au palmarès des pays anticorruption, elle n'occupait que la vingt-septième place. C'est dire le manque de volonté des politiques à vouloir lutter efficacement contre ce fléau et le cas de Terre-neuve, association progouvernementale, était symptomatique.

— C'est peut-être aussi dans le manque de moyens du suivi de leur travail qu'il faut chercher les raisons du peu d'efficacité des résultats, commenta Machoire.

Il n'avait pas tort. Tracfin n'était pas un service actif, il n'était qu'un centre de surveillance. La douane, comme la police, ne disposait pas de service spécialisé pour lutter contre la grande délinquance financière et les politiques ne voulaient entendre dans l'argent sale que celui provenant du milieu mafieux, comme si l'argent public était au-dessus de tout soupçon de manipulations.

— Sûr ! confirma Baranes. On ne devra pas s'attendre à beaucoup de soutien mais cela ne doit pas nous empêcher d'essayer. À force, ils finiront bien par comprendre.

À peine avait-il fini sa phrase que sa ligne directe clignota. Il se saisit du combiné et écouta sans mot dire Némo déblatérer son chapelet. Il en profita pour tirer goulûment les dernières bouffées de son cigare encore juste incandescent. Il était devenu tiède et le goût amer qui persistait maintenant était d'à-propos.

Baranes se contenta de répondre : « J'y penserais. »

— Tu vois, dit-il à Machoire en reposant le combiné, quand on parle du loup, on lui voit le bout ! Il n'a pas tardé. Il me demande quand est-ce que nous pensons interroger M. Amiel, parce qu'il s'appelle Amiel, ce brave chef de cabinet.

— Tu continues de penser qu'il en sait plus qu'il ne t'en dit ? Tu crois sincèrement qu'il s'exécute et ignore vraiment où se trouve Bonnet ? demanda Machoire, encore dubitatif.

— Je le crois complètement aux ordres, c'est tout ! Il est d'une autre génération, celle où l'on ne posait pas de questions, parce que poser une question, c'était déjà contredire. Némo n'ose ni contredire ni contrarier le ministre ou les membres de son cabinet. Il est reconnaissant du poste qu'on lui a donné. Je préfère penser qu'il vit l'après-Algérie comme une récompense et non comme une revanche, mais peut-être suis-je encore naïf, l'avenir nous le dira.

— Et tu vois la suite comment ? s'inquiéta Machoire.

— Justement, on ne va pas les lâcher, lui répondit Baranes. Si l'on veut conduire cette enquête comme il se doit, il faut rapidement se sortir des sentiers vers lesquels ils veulent nous conduire. Je dis « ils », poursuivit-il, car je reste convaincu que tout ça tourne autour de ceux qui manipulent Bonnet, car Bonnet est manipulé. J'en suis sûr, ou alors il est très fort et c'est lui qui manipule les autres. J'ignore donc de qui il s'agit, de quel bord ils peuvent être et pourquoi ils agissent ainsi. Je me refuse à tirer des plans sur la comète. Toutes les pistes et toutes les hypothèses sont ouvertes. Plus vite on l'aura serré celui-là, plus vite on saura où on met les pieds. Donc, objectif premier : l'alpaguer.

— J'en connais au moins un qui doit savoir où il l'a vu, déclara Machoire. Ce journaliste qui l'a interviewé, il a bien fallu qu'il le rencontre, non ?

— J'allais t'en parler, lui répondit Baranes.

— On ne peut pas le cueillir, sauf à voir avec le juge, mais je n'y suis pas favorable. Qu'il continue son boulot, ce journaliste de merde. Malfait, il porte bien son nom, mais qu'il continue, ce Malfait !

— C'est Bonnet qu'il faut prendre et, après tout, on peut aussi se laisser mener. On verra jusqu'où il est capable d'aller. Par contre, lui filer au cul avec une petite vérif appuyée nous servirait peut-être. Tu vois à qui je pense pour faire son entourage ? ajouta Baranes.

— Je pense comme toi, dit Machoire. Je lui en parle dès son retour, au vieux Servan.

On ne prête qu'aux riches

Maud avait fini par se manifester, mais elle s'était peu étendue au téléphone. Elle avait été aussi surprise que Baranes d'entendre Bonnet se livrer au cours d'une interview et n'avait aucune information sur le sujet. En revanche, elle souhaitait le rencontrer au plus vite dans un endroit anonyme et discret, mais elle ne pouvait être libre que le lendemain.

Baranes allait devoir attendre. Il mourrait d'impatience de partager ses doutes, d'autant qu'il espérait qu'elle finirait par savoir ce qui s'était passé, peut-être même apprendre où Bonnet s'était retiré. Maud était habile pour débusquer les infos et rien ne pouvait être gardé secret longtemps. Un jour ou l'autre, tout se savait. Par expérience, il en était convaincu. Il faudra seulement que Maud soit prudente parce qu'en se mettant entre les mains de la presse, Bonnet alimentait aussi le milieu des nobles causes qui se nourrissait souvent de basses querelles.

Maud était bien placée pour le savoir. Leurs relations n'étaient plus un mystère pour personne, mais la tension journalistique autour de cette affaire était telle qu'elle préférait ne pas s'exposer et ne rien changer à son emploi du temps. Cet après-midi-là, elle avait envisagé une visite professionnelle au musée du Jeu-de-Paume où se tenait une exposition temporaire sur le monde industriel et la peinture, ce qui convenait parfaitement à Baranes pour qui la peinture était plus qu'un art, une passion et un loisir que la surcharge de travail l'obligeait à délaisser.

– Pourquoi reporter au lendemain ce que l'on peut faire le jour même ? avait-il approuvé. L'idée de renouer avec les pinceaux, tout au moins imaginer pouvoir enfin le faire, était à cet instant d'une grande opportunité.

Baranes vivait les expositions comme l'expression de ses propres œuvres. Il aimait y rechercher ce qu'il aurait voulu lui-même traduire. Un peu comme le spectateur qui entre dans la peau du personnage d'un film et se glisse dans le rôle auquel il s'identifie le mieux pour oublier un temps sa propre identité et être transporté dans un nouveau monde. Du rêve éveillé.

Chez Baranes, la peinture et les émotions étaient liées. L'influence de l'une sur les autres était puissante et, précisément en ce moment, il sentait se libérer avec force les troubles maudiens depuis longtemps refoulés. Plus que jamais, il décida d'en poursuivre le siège.

Cela faisait des mois qu'il n'avait pas exposé, et les pinceaux lui manquaient. Il avait remisé ses chevalets depuis un certain temps et ne participait plus avec ses collègues de la palette de la Cité au concours annuel de la préfecture de police. Il portait un regard nostalgique sur les toiles, mais ses sentiments à l'égard des peintres restaient inchangés. Il leur était profondément respectueux, et reconnaissant, pour le témoignage qu'ils apportaient sur leur époque.

La galerie du Jeu-de-Paume, situé au jardin des Tuileries, n'était pas la plus fréquentée malgré sa richesse en tableaux impressionnistes. Baranes s'y était beaucoup rendu par le passé à l'occasion d'une enquête qui l'avait conduit à en compulser les archives pour y suivre les mutations d'œuvres qui n'étaient pour certains propriétaires qu'un moyen discret de blanchiment. Si l'art attirait de nombreux érudits, il offrait aussi la possibilité d'un placement financier sur un marché pas très regardant et permettait à des capitaines d'industrie, sous le couvert de mécénat, d'afficher une image loin de la réalité. Des peintres comme Utrillo l'avaient vite compris. Leurs toiles, dont ils étaient souvent les propres faussaires, avaient inondé les places financières soit pour être données en garantie de prêts fiduciaires, soit pour servir de monnaie d'échange.

Pour Baranes, une affaire en rappelait souvent une autre. C'est ainsi que, traversant la place de la Concorde, lui vint à l'esprit sa rencontre avec Léonor Fini qui ne demeurait pas très loin de là, rue de Rivoli. Argentine d'origine, Léonor Fini jouait avec son âge mais surtout avec les prêts d'argent comme les chats, dont elle était sans doute le meilleur portraitiste, avec une pelote de laine. Au bord de la ruine, la dame avait signé autant d'épreuves d'artiste que le nombre de lithographies qu'elle avait fait imprimer. Une femme sensible, débordant d'érotisme, qui l'avait marqué par son détachement de la vie, dont elle se moquait du sens. Elle lui avait donné l'impression d'être immortelle.

Il était arrivé en avance au musée et était déjà dans la première galerie quand Maud arriva. Il se tenait concentré devant un tableau de Brueghel, *La Tour de Babel.* La toile avait été peinte vers 1560. Le souci du détail de ce peintre flamand était remarquable et, sur le chantier du plus grand building du monde de l'époque, on pouvait observer les trente-trois métiers des constructeurs de cathédrales. Baranes avait toujours vu dans cette toile les ravages issus de l'incompréhension et la vastitude des dégâts occasionnés par un travail absurde. Mais le tableau illustrait aussi une telle organisation du travail que l'on pouvait se demander si Brueghel n'avait pas cherché à peindre quelque chose de plus spirituel comme l'impossible ascension vers l'au-delà.

— Tu sais qu'il s'agit d'une œuvre inachevée ? lui souffla chaudement Maud dans l'oreille.

— La montée vers les cieux restera toujours une œuvre inachevée, répondit-il. Construire encore plus haut n'a jamais fait qu'entretenir les illusions de ceux qui pensaient pouvoir rencontrer Dieu. L'espoir fait vivre, poursuivit-il en entonnant avec mélancolie le refrain de la chanson de Guy Béart, *L'Espérance folle* : « Viens, [...] c'est l'espérance folle... qui carambole et tombe du temps... [...] Aux sommets des montagnes... mâts de cocagne des cieux inconnus [...], viens... »

— Tu ne changeras pas ! lui dit-elle. C'est plus fort que toi, il faut toujours que tu te comportes comme un impie. C'est curieux : ce que j'aime en toi, c'est aussi ce que je déteste : tes dérisions, tes allusions, tes sous-entendus. Tu peux être perfide et dérangeant. Cela m'amuse et m'irrite, mais cela irrite plus les autres que cela ne les amuse. Tu ne te fais pas que des amis avec tes façons de dire.

— Je sais, rétorqua-t-il, mais ceux qui me reprochent ma façon de dire sont ceux qui ont aussi de curieuses façons de faire. On en a la preuve. Il faut tout de même avoir du culot ou se sentir vraiment impuni pour oser lancer comme ça des défis et récupérer au vu et au su de tout le monde celui que la justice recherche. Pis, quand je pense que tout ça n'est peut-être que du folklore médiatique…

— Tu as sans doute raison, mais cela pourrait te jouer des tours, insista Maud. J'ai rencontré Levendeur et on ne peut pas dire qu'il t'aime, celui-là. C'était avant la diffusion de l'interview de Bonnet. J'ai essayé de le rappeler depuis, mais je n'arrive plus à le joindre.

— Tu m'étonnes ! Il se planque dans son terrier, le garenne, le maître de radio cancan. Il ne sait pas faire autre chose qu'intriguer et me déblatérer. Tu ne m'enlèveras pas de l'idée qu'il joue sur des appuis, sur leur réseau recomposé uniquement dans l'intérêt de la protection du secret d'État, parce qu'ils pensent toujours être les hussards de la République.

— Je vois que tu continues à faire une fixette et à ne pas le porter dans ton cœur. Prends garde, Levendeur peut être dangereux. Il m'a dit de te dire que la vie était courte et que tu devrais en profiter. Je ne sais s'il faut prendre ses propos comme une menace ou un avertissement. Toujours est-il qu'il m'a assuré ne pas savoir où se trouvait Denise Marigot, la compagne de Bonnet. En fait, l'information sur la plainte pour disparition qu'il a transmise à l'agence lui a été remise par un vieil ami dont il ne m'a pas donné le nom. Il sait que tu le crois impliqué et il répète qu'il te réserve un chien de sa chienne.

Maud poursuivit :

— Il est peut-être batailleur et excessif, mais je l'ai quitté avec un mauvais pressentiment. Il dit que ta propre hiérarchie te classe comme quelqu'un d'incontrôlable et il semble être bien informé sur toi. Bref, pour lui, tu as peut-être des protections politiques, mais tu ne serais qu'un stakhanoviste, conclut-elle.

— C'est bien connu, on ne prête qu'aux riches, lui répondit Baranes en lui tapotant la joue en signe d'affection pour la rassurer. Mais, dis-moi, tu ne crois pas qu'il s'agit plutôt de menaces déguisées pour nous empêcher de nous approcher trop près de lui, nous impressionner ou tout simplement nous faire peur ? Car je ne vois pas d'où il tient ses renseignements. Bon, je vais quand même me tenir sur mes gardes.

Leurs regards se posèrent sur les commentaires du musée qui figuraient à côté du tableau, qu'ils lurent avec attention : « Une légende populaire faisait du roi Nemrod le constructeur d'une tour assez haute pour atteindre le ciel et raconte comment Dieu le punit en semant la confusion des langues parmi ses ouvriers, au point de rendre impossible l'achèvement de la tour ».

– Tu vois, reprit Baranes en achevant la lecture, on n'approche pas Dieu sans risquer sa colère. Mais comme Brueghel, nous reconstruirons ailleurs notre tour de Babel. En implantant en Flandre son monde imaginaire, Brueghel a voulu tordre le cou aux superstitions et démontrer qu'il ne fallait jamais renoncer. Levendeur vit dans un monde qu'il n'a pas quitté depuis la guerre d'Algérie, poursuivit-il. Il se croit encore au temps de l'OAS et voit partout le complot des forces judéo-communo-socialo-maçonniques. Il sera vite rattrapé par la réalité, tu verras !

– Je te rejoins sur un point, dit-elle, celui des menaces. Mon rédac chef a reçu une lettre anonyme le mettant en garde contre mes relations suivies avec toi. L'auteur te qualifie de « prévaricateur ». Ça ne me perturbe pas, mais j'ai préféré te voir pour te le dire. Cet homme entretient un climat délétère et cherche à te nuire.

« Prévaricateur » n'était pas pour déplaire à Baranes s'il s'agissait d'enfreindre la loi divine ou la simple morale. En revanche, il l'avait amer de penser qu'on pouvait lui prêter d'autres intentions que la recherche de la vérité. Autrement dit, en ne voulant pas se soumettre, il faisait un acte politique.

– Je ne pense pas être en dehors du sujet lorsque je te dis qu'ils sont d'un autre temps, répondit Baranes. Cette génération de nos aînés qui sont encore pour quelques années aux manettes a la nostalgie du passé. Ils ont grandi avec la haine du communisme entretenue par la guerre d'Indochine qui a eu pour effet, comme plus tard l'Algérie, de voir intégrer certains civils dans les corps de la fonction publique à titre de récompense. S'entendre dire aujourd'hui que je transgresserais les règles par ceux qui ont toujours agi en marge de la République ne manque pas de sel !

Baranes avait du mal à se défaire de sa colère et Maud dut déployer beaucoup de patience pour le ramener au calme. Tout en conversant à mots feutrés, elle l'entraîna dans la salle où le Parlement en feu de Turner était exposé. Une œuvre majeure de couleurs, de contrastes et de formes que cet *Incendie de la Chambre des lords et des communes*. Placé sur un plan horizontal, rougeoyait au loin le Parlement en feu face à une Tamise calme sur laquelle flottaient de majestueux navires marchands sous un ciel londonien chargé de fumée. La tension causée par cette toile était immense.

Bien que toujours préoccupé, Baranes avait fini par se laisser emporter par la splendeur du tableau. Ils en restaient tous deux bouche bée. L'auteur portait à la fois le témoignage du spectaculaire incendie de la Chambre des lords tout en développant une technique de peinture de premier plan. Les imposants navires à quai rendaient presque belle cette catastrophe légendaire. Aussi stupéfiante soit-elle, la maîtrise des éléments par l'artiste ne les détourna pas de leur conversation :

— Tu crois réellement qu'il y a un lien entre le passé et le présent ? interrogea Maud.

— Je ne l'exclus pas. On va laisser se dérouler le fil d'Ariane et on verra à l'arrivée. Mais si tu observes bien, ils sont tous de la même génération. De là à penser qu'ils ont un lien entre eux, il n'y a qu'un pas. Je crois sincèrement que ce journaliste a été sciemment mis sur la piste de Bonnet.

— C'est pour ça aussi que je voulais te voir, reprit Maud. Au sujet du « grand rapporteur » comme tu l'appelles. Selon mes confrères, il n'a jamais travaillé pour cette station. Yvan Malfait était chroniqueur en Algérie dans une feuille ultranationaliste. Après son retour en France, il aurait intégré *Rivarol*, le journal polémique d'extrême droite. Personne ne sait ensuite où il a travaillé, il ferait des piges sous des pseudos.

De quoi mettre de l'eau au moulin de Baranes !

La presse engagée avait servi par le passé à propager l'esprit nationaliste et les journalistes revendiquaient depuis le droit d'opinion, à l'image de Camille Desmoulins, un maître pour les uns, tout au plus un disciple de Danton pour les autres. « Quant à la véracité, avait écrit l'un d'eux en reprenant Stendhal, elle ne vaut qu'en ce qu'elle touche leurs sentiments personnels ».

— Tu vois bien qu'ils ont des points en commun, conclut Baranes. Ils sont tous au service du même ennemi, les mauvais penseurs. Quand tu vois le torchon dans lequel ils écrivent, tu devines de suite de quelle école ils sortent.

— Si je trouve comme toi la méthode discutable, lui répondit Maud, il faut reconnaître à Malfait qu'il lui était difficile de ne pas saisir l'occasion. Je te rappelle que Mauriac a écrit qu'il concevait « le journalisme comme une transposition, à l'usage du grand public, des émotions et des pensées quotidiennes suscitées en nous par l'actualité ».

— Tu ne m'enlèveras pas de l'idée que même d'actualité, cette interview a un goût de propagande.

Puis, voulant mettre un terme momentané à cette discussion, Baranes lui prit les deux mains et la fixa dans les yeux :

— Tu es libre ce soir ? lui demanda-t-il, passant ainsi du coq à l'âne.

— Si tu me gardes les filles, oui ! lui répondit-elle d'un sourire narquois.

— Ça pourrait se faire, mais plus tard. Tu ne voudrais pas m'accompagner le mois prochain à une postiche ? insista-t-il, confiant.

Sans attendre sa réponse, il l'entraîna d'un pas décidé dans la dernière salle de la visite : une aile postimpressionnisme aux divers peintres inclassables. Baranes s'arrêta longuement devant les boulevards Montmartre de Camille Pissarro. Une peinture qui sentait la suie des cheminées, la boue des ruelles, le crottin des chevaux. L'artiste donnait vie à sa toile.

— Il sait créer, dit-il, rien ne sort du tube. Ah ! si je pouvais juste connaître le secret de ses bleus verdis, lança-t-il à Maud qui s'apprêtait à répondre à son invitation.

— C'est pour la journée ton concours de peinture ou bien il faut partir la veille ?

— La veille serait mieux, lui répondit Baranes d'un clin d'œil entendu. Il commence le samedi à huit heures pour se finir à dix-sept heures. Expo à l'hôtel de ville en suivant.

— Et les enfants ?

— Pas de problème. Je réserve deux chambres : une pour les jeunes et une pour les vieux.

Elle marqua un temps sa surprise et éclata de rire, d'un rire communicatif qui gagna Baranes, qui s'esclaffa à son tour.

— On en reparle ! finit-elle par dire. Bon, plus sérieusement, on fait quoi de cette lettre anonyme ?

— On fait exactement ce qu'elle recommande : on prévarique. Je continue à les embrouiller, sans les informer, à me trouver chaque fois là où ils ne m'attendent pas et toi, tu persistes auprès de Levendeur. Tu le harcèles. Tu en joues, quoi ! Il nous faut loger la petite Marigot si on veut mettre la main sur Bonnet.

— Allez ! file, avant que des pensées libidineuses ne me prennent à ton sujet, conclut-il.

Prudence est mère de sûreté

« Terre-neuve, à fonds perdu » avait titré *Le Monde* du mercredi qui publiait des extraits de la lettre de Julien Bonnet. La manchette de cette une aurait mieux trouvé sa place dans l'hebdo satirique qui sortait le même jour que dans le quotidien du soir. Mais rien ne semblait avoir filtré sur la façon dont Malfait était entré en relation avec Bonnet alors qu'il y aurait eu tant à dire.

Les journalistes ont cela en commun qu'ils ne s'attaquent pas à leurs sources, même si elles sont directement liées à des crimes ou des délits, et ils savent que l'autorité judiciaire ne peut porter atteinte à ce secret. Ça démangeait pourtant Baranes de violer ce principe.

Hervé Lejeune, comme les autres journalistes, n'avait manifesté aucun état d'âme. Chargé de la rubrique société de son journal, il commençait là un feuilleton à plusieurs saisons et laissait entendre qu'après ce premier article il y en aurait d'autres. C'est dire que savoir où se trouvait Bonnet et comment on était arrivé à le contacter n'était pas sa préoccupation première. Non, ce qu'il voulait, c'était tenir en haleine ses lecteurs et amorcer la pompe d'une longue série. Si tel devait être le cas, il est clair que le « fugitif » réussissait un coup de maître : prendre la main sur les événements et ne plus les subir. La presse semblait décidée à lui ouvrir ses colonnes.

Après l'interview, Bonnet avait décidé de distiller sa version au compte-gouttes par voie de lettres qu'il disait adresser au juge Le Goff mais qui, perfidement, se trouvaient déjà dans la presse. Peut-être même que le juge n'en avait pas été rendu destinataire. Baranes, comme Machoire, s'était précipité dès la sortie en kiosque de l'édition du soir pour découvrir la teneur des propos du dircab et mesurer l'étendue des commentaires qu'ils allaient susciter.

Une fois n'était pas coutume, Némo, qui avait prévenu le premier Baranes, lui avait demandé de ne pas se presser mais de lui faire passer une note sur le contenu judiciaire de l'information. Toujours égal à lui-même, son supérieur. En d'autres termes, Némo souhaitait être informé des intentions du juge après la parution de cet article. Savoir si le poisson avait mordu à l'hameçon, c'était vraiment continuer à les prendre pour des andouilles. Cela tombait bien car Machoire et Baranes devaient rencontrer le magistrat ce matin-là.

Machoire attendait son patron chez Victor, le café-tabac en face du Palais, entre la préfecture de police et la boutique d'apparats républicains. Le rendez-vous des troisièmes mi-temps judiciaires où se côtoyaient malfrats et baveux, poulets et curieux, touristes et badauds. Un monde surréaliste qui le laissait de marbre. Il faisait une babasse. Se dandinait des fesses et se battait comme un lion pour maintenir le singe sur le baobab et le contraindre, par quelques adroites contorsions du bassin, à attraper le maximum de bananes qu'un jeune garçon ébouriffé ne lui envoyait pas toujours avec adresse. Jusque-là, il avait pas mal réussi puisque le compteur affichait neuf prises. Trop occupé qu'il était à maîtriser la machine, Machoire n'avait pas vu arriver Baranes. Il voulait avoir raison du singe qui le narguait. Lorsque Baranes s'approcha de lui par-derrière, il se mit à beugler contre le tilt que venait de lui signifier le vieux chasseur.

— On a le temps d'en faire une ? demanda-t-il, encore agité.

— Je veux bien ! Ce n'est pas au vieux lion que ce petit singe va apprendre à faire la grimace lui, jeta Baranes, assez content de lui.

Chacun à un angle du flipper, se donnant parfois des coups d'épaule qui les déséquilibraient, ils se mirent à gesticuler de gauche à droite sans se soucier du monde qui les entourait. À chaque perte de boule, ils en profitaient pour faire une courte pause et échanger leurs premières impressions.

— Tu en penses quoi ? interrogea le premier Baranes.

— J'en pense que c'est un drôle de bonhomme. Un professionnel de la manip qui use de propos tordus plutôt évasifs mais qui n'apporte rien sur le fond, lui.

— Moi, je pense qu'il ouvre des portes, qu'il lance certainement des messages dans l'intention de trouver des appuis. Il pratique peut-être même du chantage, va savoir, rétorqua Baranes en lançant la dernière bille.

Leur flipper terminé, ils se dirigèrent vers la galerie financière de l'instruction.

Machoire avait un peu les boules… car le garde républicain qui filtrait les entrées du Palais l'avait rejeté sous prétexte qu'il y avait trop de véhicules de police dans la cour de la Sainte-Chapelle. Il avait dû aller se garer à l'Hôtel de Ville. Baranes avait eu droit au même renvoi. Pensant pouvoir négocier une place, il s'était fait retoquer à son tour et avait eu des mots avec le militaire qui venait de laisser entrer sous son nez un collègue de la Cité d'en face. Comme salut, l'autre lui avait levé un doigt !

— Retiens-moi ou je vais lui mettre un plomb, avait-il dit à Machoire en se dirigeant vers le garde qui leur fit signe de passer aux contrôles.

Une querelle de clochers en quelque sorte. La rivalité des services ne se manifestait que sur Paris, entre les offices relevant du ministère et les brigades relevant de la préfecture de police, mais rien sur le fond ne les opposait réellement, tout au moins en matière financière. En criminelle, les choses étaient différentes car le théâtre des opérations était plus ouvert et il était fréquent que les services aient à travailler, sans le savoir, sur les mêmes bandes ou les mêmes réseaux, mais les « seigneurs du 36 », comme les appelait Baranes, étaient chez eux partout, et au Palais comme ailleurs.

Hubert Le Goff les attendait. Il connaissait bien Baranes et devinait à son faciès empourpré qu'il avait dû se faire refouler par la garde et qu'il digérait mal les privilèges de ses collègues de la PP.

— Où en est-on, commandant ? lança le juge pour entrer dans le vif du sujet et laisser le temps à Baranes de se remettre.

Visiblement, il ne souhaitait pas donner plus d'importance aux missives reçues.

Machoire ne se fit pas prier pour répondre. Il se mit à lui rendre compte des opérations de perquisition qui avaient été réalisées simultanément. Malheureusement, comme ses collègues n'avaient pas encore eu le temps disponible pour entreprendre l'examen des documents, il eut du mal à dresser un état des lieux. À part lui et

Fabienne, il ne pouvait investir d'autres ressources humaines. L'autre moitié de son groupe, déjà en retard sur les affaires, continuait à prêter main-forte aux stups.

Baranes se réjouissait de la façon dont le commandant abordait l'affaire par le côté matériel. Cela avait toujours pour effet avec les magistrats de remettre les pendules à l'heure. La police ne pouvait donner que ce qu'elle avait et il fallait que la justice s'arme de patience. Le temps de l'enquête n'était pas celui des médias. Le juge le savait et n'accordait qu'un intérêt relatif aux suppositions journalistiques, tout en regrettant le peu d'avancée des investigations qu'il aurait souhaité plus rapides. Les commentaires ne favorisaient pas l'émergence de la vérité. Bien au contraire, ils contribuaient souvent à perturber les souvenirs des témoins dont certains avaient du mal, lorsqu'ils étaient ensuite auditionnés, à faire la part des choses entre ce qu'ils avaient lu et ce qu'ils avaient vécu.

Les enquêteurs, comme le juge, avaient appris depuis longtemps à gérer l'urgence. Après tout, dans les affaires financières, il n'y avait pas mort d'homme, comme le répétait souvent l'Administration. C'était, en effet, la position de l'Intérieur sur les moyens donnés aux brigades financières : « Vous pouvez attendre. » Sûr que la protection des activités économiques et des deniers publics ne faisait pas partie des priorités politiques. À croire que dans sa mission régalienne de protection des personnes et des biens, l'État se refusait à classer parmi les biens les richesses économiques du pays.

Baranes n'en rajouta pas. Il préféra intervenir pour compléter l'exposé sur les pièces de l'association Terre-neuve découvertes à la Cour des comptes et qui n'étaient pas pour l'instant exploitables en procédure puisqu'il n'avait fait qu'une saisie provisoire. Il ne se faisait de toute façon aucune illusion sur leur contenu, sachant par expérience que la comptabilité ne pouvait refléter que les opérations que l'on voulait y inscrire. Toutefois, sur ce point, le juge avait des raisons de s'inquiéter du retard apporté à l'exploitation, car même une opération douteuse, dès lors qu'elle avait engendré un flux financier, affectait un certain nombre de comptes et les traces laissées ouvraient autant de pistes sur lesquelles les enquêteurs allaient devoir se lancer. Il y avait de quoi se préoccuper du manque de moyens et Machoire avait bien fait de poser cela en préalable.

Ne pouvant apporter un premier éclairage sur le fond, Baranes préféra s'en tenir à la découverte.

— Il faudra bien comprendre comment ces documents sont arrivés là, dit-il.

— Je vous l'accorde, renchérit le juge, qui en profita pour ajouter à ce sujet que le nommé Aurillac, l'ex-magistrat de la Cour des comptes, était intervenu auprès du procureur de la République pour se plaindre des méthodes de Baranes, un prévaricateur qui tirait déjà des conclusions hâtives.

— Vous avez dit « prévaricateur », monsieur le juge ? C'est curieux, c'est justement le quolibet dont m'affuble Levendeur. Quand je dis qu'ils appartiennent au même clan, je ne dois pas me tromper beaucoup, répondit Baranes qui reprit une nouvelle fois sa théorie des alliances.

Pour lui, si Bonnet était réapparu, c'était par le jeu de complicités, les mêmes qui, peut-être, avaient été à l'origine de sa fuite dès l'éclatement du scandale, les mêmes avec lesquelles il devait entretenir des relations de longue date, partager les mêmes valeurs et, pourquoi pas, les mêmes destinées. Ils avaient en commun cette pratique de l'intimidation et du chantage, poussée parfois jusqu'à la calomnie. Le juge l'écouta sans intervenir, puis le rassura en lui disant qu'il s'agissait de propos sans importance.

— Revenons à notre stratégie, reprit Le Goff. Si vous ne disposez pas des moyens en l'état pour exploiter les papiers, consacrez-vous à la recherche des témoins et à la chasse à l'homme. Je ne vais pas me précipiter pour vous délivrer un mandat d'amener contre Bonnet et encore moins un mandat d'arrêt, poursuivit-il, cela serait vous priver des facultés de pouvoir l'entendre et ce serait trop bête.

Ils étaient tombés tous les trois d'accord : priorité était donnée de s'assurer de la personne de Bonnet qui ne pouvait continuer à mener sa barque comme il l'entendait. Deux pistes étaient à exploiter : sa maîtresse, Denise Marigot, sur laquelle les services n'avaient rien trouvé, pas même une carte d'identité, et ce Malfait, l'unique journaliste supposé l'avoir rencontré pour l'interviewer.

— Le plus facile serait d'approcher Levendeur pour remonter à cette fille, lança le juge, mais je n'ai pas de monnaie d'échange à lui proposer. Il m'a bien assuré de son concours si j'avais besoin de lui, mais je m'en méfie comme de la peste et préfère garder des relations purement procédurales.

— Je vous comprends, reprit Machoire, mais le dernier à avoir vu ou eu contact avec notre oiseau est Malfait.

— Rien ne sera entrepris sur le journaliste à l'exception d'une demande de copie de la bande, dit le juge.

— Vous pourriez vous en charger, lui souffla Baranes.

Hubert Le Goff ne releva pas, il était passé à autre chose, préoccupé de ne pouvoir mettre sur pied les orientations de l'enquête faute d'analyse des premiers éléments recueillis. Il se refusait, tout comme Baranes, à se laisser entraîner là où Bonnet semblait vouloir les amener. Certes, un jour ou l'autre, il allait bien falloir vérifier les dires du trésorier de Terre-neuve, mais certainement pas pour recommencer le travail de contrôle administratif déjà entrepris. Il souhaitait connaître l'approche du commissaire qui ne se fit pas prier pour développer sa stratégie avant même que cela lui soit demandé.

— Il n'est pas question de se laisser entraîner sur un audit complet de l'association Terre-neuve comme la Cour des comptes l'aurait souhaité, mais il n'est pas question non plus de procéder ponctuellement à la vérification des allégations fantaisistes avancées pour l'instant par Bonnet, dit Baranes.

— D'autant plus, acquiesça le juge, que nous en sommes déjà à la deuxième, voire troisième, version.

Et d'expliquer que dans la lettre reçue la veille, il ne s'agissait plus de cinq millions d'euros retirés en espèces comme déclaré dans son interview, mais de sept millions.

— La presse s'est aussi fait l'écho de manifestations somptueuses organisées à Auch. Des fêtes anniversaires pour la nomination de ministre de Daugat. Il était le maire d'Auch, précisa le juge.

— Selon *Le Monde*, Julien Bonnet évoque également le financement d'un centre de formation destiné aux enfants de harkis dans l'Allier, ajouta Baranes. Si l'on se met à courir derrière chacune de ses révélations, qu'il distribue avec parcimonie au gré des effets médiatiques recherchés, on n'en sortira pas.

— Exact, il suffit de lire les commentaires de Lejeune, intervint Machoire qui s'était gardé jusque-là d'intervenir.

— Il ne faut pas non plus se précipiter aveuglément sur les voies ouvertes par les journalistes d'investigation, même s'il semble qu'ils disposent d'éléments que nous ignorons pour l'heure, le reprit Baranes. Je propose de rester technique et de partir des lignes budgétaires abondées exclusivement à la cause des rapatriés et de n'enquêter que sur les dépenses qui ne seraient pas conformes à cette imputation. Si les mailles du filet s'avéraient trop grandes, on pourrait toujours revenir sur certaines opérations et notamment celles mises en avant par la presse. En pratiquant ainsi, on reste prudent et l'on ne s'expose à aucune critique, affirma-t-il.

— Autrement dit, vous pensez pouvoir mettre en évidence toutes les écritures anormales et enquêter dans un premier temps uniquement là-dessus, résuma le juge. Mais comment comptez-vous procéder ?

— Facile, mais pas rapide, répondit Baranes. On part du déblocage des fonds et on remonte à leur emploi en vérifiant toutes les destinations qui n'auraient pas donné lieu à la fourniture *a posteriori* de justificatifs comme le précisait l'ordonnance de paiement.

— Je vous laisse à votre métier, conclut Le Goff, un peu largué et mettant ainsi fin à la démonstration de Baranes qui devenait intarissable sur le sujet dès qu'il l'abordait.

— Pour en revenir aux commentaires de Lejeune, reprit Machoire qui ne lâchait pas, son interprétation des retraits d'espèces ouvre la boîte de Pandore.

Le journaliste avançait l'hypothèse selon laquelle le chef de cabinet, chargé de la gestion des fonds secrets, pouvait être le seul à manipuler les sommes en espèces. La caisse ainsi alimentée était couverte par le secret-défense et Bonnet, le sachant parfaitement, ne prenait aucun risque à le dénoncer. Il savait qu'il serait impossible d'obtenir la justification de l'emploi des sommes retirées en espèces.

Baranes restait perplexe face à cette argumentation :

— S'il peut être opposé le secret-défense à la destination donnée aux sommes en espèces, il allait être difficile par contre de cacher leur origine. Toutes les sommes en espèces, sauf à provenir de la fausse monnaie, sortent obligatoirement d'un compte, indiqua Baranes qui ajouta : Je vois mal le secrétaire général du gouvernement cacher une ligne de crédit votée par le Parlement.

— On va vite le savoir, assura le juge. J'ai convoqué à sa demande le nommé Amiel.

— Vous m'enlevez une épine du pied, monsieur le juge,

— Que cela ne vous empêche pas d'être prudent ! répondit ce dernier à Baranes.

— Prudence est la mère de notre sûreté, s'amusa Baranes.

La police nationale, née de la fusion de l'ancienne Sûreté nationale et de la police de Paris n'avait pas mis moins de trente ans à se constituer.

Alors, prudents, les flics de la Centrale, cela faisait partie de leur culture. Ils allaient y aller en marchant sur des œufs.

Il n'est pire eau que l'eau qui dort

Ce Bonnet commençait à chauffer les oreilles des enquêteurs. Cette façon qu'il avait de faire parvenir par la Poste ou par porteur anonyme ses commentaires distillés sur l'affaire Terre-neuve qui continuait à fasciner les médias ne pouvait durer. Il avait récidivé avec Malfait. Un soir, au journal de 20 heures, il avait osé accorder une nouvelle interview à visage masqué. Il entretenait sa posture de victime et se disait toujours menacé. Un comble pour un maître chanteur dont les propos n'avaient d'autre but que de s'assurer le concours et le soutien d'acteurs haut placés en les terrorisant. La presse n'y voyait pas de subornation mais, bien au contraire, le début d'une vérité.

Pourtant, le décorticage de ses propos rendait le dossier de plus en plus confus. À chaque intervention, soit Bonnet revenait sur ses premières affirmations, soit il jetait de nouvelles accusations, pour la plupart invérifiables. Il était d'un cynisme percutant et avait compris que, pour se sortir d'une affaire impossible, il convenait de susciter rapidement une affaire dans l'affaire et, si nécessaire, une autre affaire dans la nouvelle affaire afin que plus personne n'y comprenne rien.

Baranes enrageait de ne pouvoir mettre la pression sur le journaliste qu'il soupçonnait d'être le complice de ces manœuvres, mais il se gardait de l'approcher. Le juge pensait qu'il n'attendait que ça pour créer une polémique qui lui permettrait de revenir sur le devant de la scène : malgré son exploit, Malfait restait un journaliste de seconde zone. En revanche, Baranes aurait bien voulu que Servan s'accroche plus rapidement à ses basques. Il souhaitait le faire suivre, le filocher par alternance, mais, vu le manque de moyens, il ne pouvait courir deux lièvres à la fois, et loger Denise Marigot restait sa priorité.

Cela tombait bien car, à force de harceler Maud, elle avait fini par obtenir quelques renseignements de Levendeur qui s'était mis à baver, mais du bout des lèvres. Denise Marigot pourrait séjourner place des Vosges, à Paris, sans plus. Il disait ne pas l'avoir revue depuis le départ de Bonnet avec qui elle vivait dans son appartement du 16e. Enfin un début d'espoir, car tous les fichiers étaient restés muets, y compris celui de l'Urssaf. Cette fille n'avait ni identité, ni domicile localisé, ni travail connu.

Il y tenait, Baranes, à Denise Marigot, car chercher la femme, c'était attaquer la proie par son point faible. Ce n'est pas tant que les hommes veulent protéger les femmes, mais ne rien faire les fait passer pour des lâches. Or, il ne fallait pas être grand clerc pour comprendre que Bonnet souffrait d'un ego surdimensionné : après lui, le reste du monde, sauf la femme, Denise Marigot.

— Une chance d'être à la financière, avait dit Baranes à Servan. Vous allez planquer dans l'un des plus beaux endroits de Paris, la place des Vosges. Savez-vous pourquoi elle est appelée ainsi ?

— À cause de son architecture, je suppose, se risqua Servan.

— Pas du tout, rien à voir avec sa construction. C'est Napoléon qui l'a baptisée ainsi en hommage au département des Vosges qui fut le premier à payer l'impôt. Je peux vous assurer que depuis ses habitants ont vite oublié et l'origine du nom et de payer normalement leurs impôts !

Tout cela faisait une belle jambe à Servan qui s'était levé à cinq heures. Une heure que les fonctionnaires de PJ appréciaient, celle où l'on se sentait seul dans un univers dilaté, un espace inoccupé où tout pouvait advenir. Le calme matinal entretenait l'espoir d'un avenir qui n'appartient qu'à ceux qui se lèvent tôt.

Mais c'était pour des raisons pratiques que Servan avait préféré se rendre avant l'aube sur la place des Vosges, il voulait se positionner avant que ne s'agite la vie. L'endroit était peu propice au montage d'une surveillance technique, mais il avait l'habitude de s'accommoder des environnements difficiles. Le stationnement quasi permanent réservé aux riverains de la place des Vosges avait juste permis d'implanter le soum emprunté avec son chauffeur au groupe de la fausse monnaie : un Caddy Volkswagen blanc, des plus anonymes, aménagé en labo. Un véhicule dont le double vitrage des portes arrière et des deux portes latérales se prêtaient bien à la vidéo et à la prise de clichés photographiques. Mission délicate, d'autant que la cible n'était pas connue.

Selon Maud, il s'agissait d'une belle Antillaise d'une trentaine d'années.

— Avec ça, débrouillez-vous, leur avait dit Baranes qui n'oublia pas de répéter : Chercher, c'est bien, mais trouver, c'est mieux.

— Cela ne devrait pas poser de problème, avait répondu Servan. Il ne doit pas y avoir beaucoup de femmes dans ce quartier à se lever aux aurores pour aller au job.

— Travailler ne fait pas riche, avait rétorqué Baranes reprenant l'expression d'un de ses amis qui la lâchait à l'envi, même sans raison.

La place des Vosges n'était pas le quartier commerçant le plus fréquenté de la capitale. De telle sorte que la petite fourgonnette jurait un peu dans l'alignement des berlines.

C'est à l'opposé de la place, à la sortie de la rue des Pyramides, que Servan avait choisi de garer la Lancia que Baranes lui avait confiée. Il s'agissait de son véhicule de service, et non de fonction comme certains patrons avaient tendance à l'oublier, différent des Laguna traditionnellement attribuées aux commissaires ou aux Peugeot 307 réparties en pool dans les groupes d'enquête.

Baranes y tenait à son véhicule. Il marquait à la fois la spécificité du service et le rang hiérarchique qui, dans la police, se mesurait en cylindrée. La guerre des chevaux était perpétuelle dans la grande maison, à tel point que tous les signes distinctifs des véhicules étaient retirés pour éviter les conflits.

Les vitres légèrement fumées et argentées reflétaient plus le décor extérieur qu'elles ne laissaient entrevoir les occupants. De ce fait, si l'on distinguait Servan au volant, on ne pouvait apercevoir Luc Prieur, le jeune gardien de la paix qui le secondait. Prieur aimait bien faire équipage avec Servan : il savait occuper les temps morts en les enrichissant de conseils et d'anecdotes tirées de son expérience, et Dieu sait que l'attente pouvait être longue…

La surveillance faisait partie des techniques qui ne s'enseignaient pas mais s'apprenaient sur le tas. La méthode était aussi vieille que la police.

– On a encore une chance, avait dit Servan au jeune Prieur. Le patron nous a demandé de lever le dispo après neuf heures, mais imagine qu'il faille rester là jusqu'à son interpel ? La surveillance s'inscrit dans la durée. On sait quand elle commence, mais on ne sait jamais quand elle finit et pas la peine de chercher à joindre ta meuf. Ici, ta maîtresse, c'est le service.

Ce n'était pas ce qui posait problème à Prieur qui était certainement l'un des agents le plus disponible du groupe. Il avait surtout besoin d'affiner son sens de l'observation et d'apprendre à se concentrer sur la cible, à ne pas se disperser comme il avait tendance à le faire.

Pour le bon déroulement de l'opération, les deux véhicules avaient réglé leur Storno sur la fréquence 110, également prêtée par la fausse monnaie. La division financière ne disposait que de peu de moyens classiques, la surveillance n'étant pas son point fort. Les enquêteurs savaient qu'ils ne devaient pas se faire « détroncher », mais ils manquaient cruellement de ficelles et n'étaient pas assez vicieux pour savoir se transformer en caméléons. De plus, ils étaient peu habitués à communiquer par le langage des signes et avaient tendance à bavarder sur les ondes. Machoire avait été chargé de les discipliner. Il s'était collé au pupitre directeur. Le seul appareil qui rattachait l'extérieur à la grande maison et qui se trouvait dans le bureau de Baranes. Le pupitre permettait d'intervenir sur toutes les stations et de suivre les fréquences en temps de trafic. Il avait la main sur tous les autres postes qu'il pouvait déconnecter ou raccorder selon les besoins et suivait tous les dialogues qui pouvaient s'échanger sur le terrain. Pour l'heure, tout était calme. Le pupitre restait muet. Il n'est pire que l'eau qui dort.

– Ça roupille ? les asticotait Machoire pour maintenir la vigilance.

Non, ils ne dormaient pas. Les fonctionnaires avaient reçu pour mission de flasher une Antillaise aux heures de sortie des domiciles pour aller au boulot, de six à neuf, et aux heures de retour, de dix-huit heures à vingt heures. Si possible, de repérer l'immeuble et de faire le tour des popotes pour tenter de la loger.

– Faire plus, évidemment, pour ceux qui ont des affinités avec leurs neurones ou quelque chose entre les deux oreilles ! avait lâché Baranes qui croyait peu aux résultats d'une planque sur une personne dont il ne savait rien.

La surveillance statique, car dans un premier temps le but était d'identifier et non d'interpeller, n'empêchait pas les enquêteurs de faire preuve d'imagination pour aller au-devant du gibier, même si plus d'information manquait. Servan objectait que la plus belle femme du monde ne peut donner que ce qu'elle a, un adage qu'il se plaisait souvent à utiliser tellement il correspondait au ridicule manque de moyens.

Zoé 1, l'indicatif donné au soum, annonça :

– Mouvement au 18.

L'endroit n'étant pas visible de la Lancia, Servan se garda de répliquer. De sa position, il n'entrevoyait aucune âme qui vive.

– Tiens-toi prêt, se contenta-t-il de dire à Prieur qui se dandinait déjà sur son siège.

Les faibles lumières jaunâtres des lampadaires n'éclairaient plus grand-chose et leur portée se confondait avec les nuances de l'aurore qui commençait à percer.

L'attente n'aurait pas été longue si déjà la fille pointait son nez mais, compte tenu du peu d'éléments qu'ils possédaient, toute apparition de femme pouvait s'apparenter à Denise Marigot. Ils avaient beau observer, ils n'entrevoyaient toujours rien.

La place, aménagée sous Henri IV, était conçue en carré avec des immeubles pratiquement identiques de chaque côté. Tous de la même hauteur ou presque, en briques rouges, avec les bordures des portes en pierre taillée. Les immeubles semblaient être posés sur ces arches, caractéristiques de l'architecture du XVIIe siècle, qui formaient des galeries où les commerces bourgeois avaient ouvert leurs premiers pas-de-porte. Telles que les entrées étaient disposées, les fonctionnaires avaient du mal à lire les numéros. Soit ils étaient dans l'enfoncement des portes, soit ils tombaient derrière les piliers des arcades.

Il ne fallait pas espérer pouvoir scruter les côtés opposés, car l'imposante statue équestre du roi Louis XIII au milieu des jardins de la place empêchait toute vision. Cette statue, détruite sous la Révolution, avait été reconstruite là pour rendre son côté royal à la place la plus branchée de l'époque. Il se dégageait un charme fou de cet endroit et, lorsque la lumière du petit jour vint éclairer les façades, le jeune Prieur se mit à rêver à l'appartement qu'il pourrait habiter. La hauteur des fenêtres laissait deviner la grandeur des pièces, aussi larges que profondes, traversantes pour sans doute donner sur une cour intérieure selon l'architecture classique de ces îlots d'immeubles.

— Tu te fais du mal, lui avait dit Servan.

— Putain ! Ça me change du 9.3. On n'avait pas les mêmes clients. Ils doivent avoir du blé, les phoques qui crèchent ici ! Je me demande si un jour de leur vie ils ont pioncé à Bobigny, en bordure d'autoroute, là, sur la plus grande avenue urbaine.

— Tu sais, à l'origine, c'étaient des HLM, des bâtiments publics construits pour loger les servants du roi, les palefreniers des conseils généraux d'aujourd'hui. Ils faisaient déjà les trente-cinq heures, mais les trente-cinq heures de sommeil ! Tu vois maintenant qui y habite et tu as une idée de ce que c'est devenu en quelques décennies, entreprit Servan qui soudain dut cesser ses commentaires.

À quelques mètres d'eux, une Safrane noire venait de s'arrêter au milieu de la chaussée. Elle était arrivée sans bruit, presque au point mort pour n'éveiller personne. Le chauffeur en descendit pour ouvrir la porte arrière à un homme d'apparence plus très jeune, en costume sombre, ganté et chapeauté, qui jaillit de la galerie, du 18 sans doute. Il devait se cacher derrière une arche et avait attendu le dernier moment pour s'engouffrer prestement à l'arrière de la voiture. À l'évidence, il cherchait à ne pas être vu. Cet excès de discrétion attira l'attention de Servan qui, à peine la Safrane était-elle repartie, s'empressa de noter le numéro. On ne sait jamais.

– Tu le connais ? s'enquit Prieur.

– Non, mais quelque chose me dit que son attitude n'est pas très catholique. Autant être là pour quelque chose, non ? ajouta-t-il avant de reprendre la conversation là où l'arrivée de la Safrane noire l'avait interrompue :

– C'est devenu assez rupin par la suite, de nombreux artistes vivent ici maintenant. Certains ministres de la gauche aussi, ainsi que le maire de Paris. Le plus marrant, ajouta-t-il, c'est qu'Henri IV n'aurait jamais habité le pavillon central qui avait été construit pour lui. La légende dit qu'il était assez queutard et qu'il y aurait seulement installé ses domestiques et hébergé ses aventures galantes. « Queutard », c'est d'ailleurs le surnom que lui donnait son cocher parce qu'Henry IV développait tellement qu'il a cru jusqu'à cinquante ans que son sexe était un os !

Vu comme ça, le quartier devenait plus familier au jeune Prieur. Il imaginait les galants s'engouffrant au petit matin dans les carrosses, les pompes à la main, les jabots de chemises sous le bras, un peu comme ce vieux beau que le chauffeur était venu cueillir.

– Ça bouge pour Zoé 2, se mit à crépiter la radio.

Une femme, jolie, brune, typée, d'une trentaine d'années, à lunettes fines, bien roulée dans une robe rouge droite, se faufilait dans la rangée de voitures. Elle s'arrêta devant une Golf blanche dont elle ouvrit la malle, y déposa, semble-t-il, un cabas, puis se dirigea vers la portière conducteur. Ils ne pouvaient pas la louper.

C'est ce moment que choisit le petit Luc pour matraquer comme un fou avec le Nikon à répétition. Dehors, de derrière un pilier où il s'était posté pour doubler la mitraille de Prieur, Servan aperçut son collègue qui se trouvait dans le soum.

Le calme revenu, Servan fit savoir au pupitre que « le pigeon était dans la boîte ».

– D'où sort-elle ? s'étonna-t-il à haute voix.

– *Yo no sé*, eut-il pour réponse. Elle est sortie des arches pratiquement au même endroit que le bonhomme au chapeau.

La planque s'est poursuivie jusqu'à neuf heures comme Baranes l'avait demandé. Il y eut peu de mouvements, d'autant que les commerces n'ouvraient qu'à dix heures.

Aucun autre cliché ne fut pris. Le dispositif du soum fut levé tandis que Servan et le jeune Luc se mirent à explorer les noms figurant sur les boîtes à lettres du 18, puis du 16 et du 20 au 24. Il s'agissait des numéros situés entre les quatre arches d'où la fille était sortie. Ce ne fut pas spécialement facile pour eux, car ils devaient pénétrer à l'intérieur de chaque immeuble pour accéder au tableau des noms qui figuraient devant chaque sonnette. Les vérifications effectuées ne leur permirent pas d'identifier la moindre trace d'une Denise Marigot.

— Ce n'est peut-être pas elle ? interrogea Prieur.

— On ne peut pas avoir la baraka tous les jours, répondit Servan qui avait toutefois pris soin de relever tous les noms du 18, avec discrétion comme le leur avait demandé Baranes, ce qui voulait dire sans taper les concierges.

De retour au service, Servan espérait bien faire parler enfin les fichiers, au moins celui des cartes grises. À défaut, il savait que Baranes ne le lâcherait pas et qu'il aurait à se peler tous les noms du cadastre des 18, 16, 20 à 24 de la place des Vosges, avec une seule obsession, trouver la trace de Denise Marigot.

À chaque jour suffit sa peine

Calmart avait fait un travail remarquable. Cela faisait plus de quinze jours qu'il passait ses après-midi chez le trésorier-payeur du ministère des Rapatriés. Là d'où les fonds étaient partis avant qu'ils ne soient détournés.

Avec méthode, il avait listé tous les chapitres budgétaires relatifs aux programmes des retours d'Algérie, toutes populations confondues : les Français expatriés, les Européens, les pieds-noirs, les harkis, les engagés militaires algériens, les « damnés de la terre » pour reprendre le titre de l'excellent ouvrage de Franz Fanon préfacé par Jean-Paul Sartre. Calmart avait dénombré pas moins de deux cent dix opérations pour lesquelles il avait consulté les archives puis constitué les dossiers. On trouvait ainsi des programmes liés aux transports, au logement et à l'hébergement, à la formation et à l'emploi, à la santé et aux couvertures sociales, même les opérations culturelles avaient donné lieu à des financements encadrés.

Sur le papier, l'intégration des rapatriés de toute origine était organisée, mais sur le papier seulement, car les situations sur le terrain étaient loin d'être parfaites. De nombreuses associations s'étaient constituées pour dénoncer les gaspillages et le recul de l'État face à ses engagements.

La règle voulait que le comptable public, avant paiement de toute opération, procède au contrôle de la qualité de l'ordonnateur ou de son délégué, autrement dit de celui qui avait engagé la dépense, tous les décideurs publics ne disposant pas de la signature financière. Il devait aussi s'assurer de la disponibilité du crédit sur la ligne utilisée et de l'exacte imputation de la dépense au bon chapitre selon sa nature ou son objet mais, en revanche, ne disposait d'aucun pouvoir ni moyen pour en vérifier la réalité. De plus, la comptabilité publique n'autorisait le paiement que d'une créance certaine, valide, seule à même de donner le caractère libératoire au règlement. Or, Bonnet n'avait fait régler que des avances budgétaires qui n'avaient pas leur place dans cette procédure qui ne pouvait connaître que des paiements définitifs de prestations exécutées, justifiées par la certification du service fait. Ainsi, la preuve de l'exécution de la prestation n'était jamais fournie.

Calmart avait bien décortiqué la procédure employée. Il était sorti des règles purement administratives dénoncées par la Cour des comptes pour ne s'arrêter qu'à l'examen de ce qui avait été pratiqué. Il avait vite compris que la combine de Bonnet avait consisté à ne se faire payer que des acomptes et à ne jamais réclamer le solde du paiement d'une opération, ce qui le dispensait de produire ensuite les justificatifs du fameux service fait. Cette déviance n'aurait dû être qu'occasionnelle, alors que ses vérifications établissaient que la pratique était habituelle.

Sur les deux cent dix opérations ayant donné lieu à des paiements, seulement soixante-quatre d'entre elles étaient correctement justifiées. Toutes les autres, soit les deux tiers, devenaient suspectes et posaient alors le problème d'une défaillance du contrôle interne.

Baranes l'avait déjà supposé et c'est bien ce que les magistrats de la Cour des comptes lui reprochaient, d'avoir tiré des conclusions hâtives, et ce, de manière péremptoire. Pourtant, les premières vérifications de Calmart portaient leurs fruits et commençaient à lui donner raison.

Le respect de la règle était une chose, l'habitude de la contourner en était une autre. On était sorti des arcanes administratifs pour pratiquer une gestion déraisonnée. Les documents comptables et les pièces écrites, tels que devis, factures pro forma, contrats, correspondances, notes manuscrites, qui avaient été saisis ne laissaient planer aucun doute sur la méthode.

Calmart avait dû faire appel à un chauffeur du pool pour rapatrier au service ce qu'il convenait dorénavant d'appeler des « preuves matérielles » d'une infraction pénale et non plus les justificatifs administratifs d'une opération budgétaire. Une masse de documents, de registres et de listings qu'il avait sommairement décrits et placés dans des chemises ouvertes était là pour en témoigner. Il ne restait plus, pour leur donner un contenu judiciaire, qu'à finaliser les scellés en opposant sur les chemises le cachet de cire sur la ficelle qui reliait les documents les uns aux autres. Une tâche manuelle qui n'inspirait pas beaucoup de volontaires. Pratiquée le plus souvent à la petite cuillère, chauffée à l'aide d'une bougie sur laquelle la cire en bâton est fondue, il faut ensuite, avec l'aide d'un collègue qui tient les liens, déposer rapidement la cire pour y imprégner le cachet « police judiciaire » avant que le tout ne refroidisse. Des travaux manuels réalisés avec des moyens rudimentaires qui en disent long sur la considération du travail des enquêteurs.

En affaires financières, les saisies constituent une besogne ingrate. Elles interviennent au terme de longues opérations de perquisitions et de recherches, de lecture et d'examen de documents qui ont déjà duré de nombreuses heures et peuvent s'éterniser très tard dans la nuit. Fastidieuses, ces opérations réclament de la part des enquêteurs une attention sans relâche, et une concentration infaillible afin qu'aucun élément, aussi anodin soit-il, ne soit laissé de côté dans l'éventualité où il prendrait de l'importance par la suite.

Le jeune Calmart avait vite compris l'astuce. Il classait les documents dans des chemises au fur et à mesure de leur découverte. Sa méthode avait pour inconvénient de multiplier les scellés et d'augmenter considérablement le volume des saisies. Il s'en rendit rapidement compte lorsqu'il ne trouva personne au service pour lui prêter main-forte alors qu'il aurait pu se constituer sur place une main-d'œuvre gratuite avec les témoins.

Fabienne, avec qui Calmart partageait le bureau, était entrée dans une colère noire lorsqu'elle l'avait vu revenir avec tout son barda. Où comptait-il entreposer ce volume de paperasse ? La salle d'archives du service étant encombrée, les documents allaient demeurer dans leur bureau tout le temps que durerait l'enquête. Fabienne avait vraiment matière à râler. Qui plus est, il avait besoin pour exploiter tous ces documents qu'elle dégage aussi son plan de travail encombré par d'autres dossiers. Les armoires étant pleines, ils ont dû confectionner des étagères de fortune sur les fenêtres où les dossiers inactifs furent empilés.

Quant au dossier Terre-neuve, il avait maintenant envahi tout le bureau. Calmart était pressé de faire parler les chiffres. Il avait entrepris de rechercher dans les livres de l'association l'affectation des fonds versés à son profit par la comptabilité publique. Il voulait en quelque sorte raccrocher les wagons et frétillait déjà d'impatience.

C'est toujours avec une certaine appréhension que les enquêteurs spécialisés, comme les chercheurs, ont hâte de vérifier leurs hypothèses. Seulement, voilà ! Baranes avait procédé à une saisie provisoire des archives de l'association lors de son transport à la Cour des comptes et les documents étaient inexploitables tant qu'ils n'avaient pas fait l'objet d'une saisie définitive.

Pour mettre en forme ses constats, Calmart allait donc devoir attendre. Il n'était pas question d'aller fureter à l'aveugle et de courir le risque de se faire casser une procédure, ce que n'auraient pas manqué de rechercher des avocats, plus préoccupés de la forme que du fond.

Pour que les documents entrent définitivement en procédure et puissent être exploités, il fallait que Lucien Aurillac, le magistrat de la Cour des comptes devenu aujourd'hui le nouveau dircab des Rapatriés, accepte de se rendre dans le service de police pour participer à leur inventaire. Après tout, c'était bien à lui que les documents de Terre-neuve avaient été remis, c'était donc à lui de les restituer.

Lucien Aurillac fut donc invité à se présenter au service, mais il fit tout pour tenter de s'y soustraire. Il multiplia les incidents sur la méthode de Baranes, à qui il continua de reprocher ses amalgames douteux quant à sa nomination de directeur de cabinet du nouveau ministre des Rapatriés. Baranes, lui, prétendait qu'Aurillac était gêné aux entournures pour justifier comment les archives de Terre-neuve s'étaient retrouvées dans les armoires de la Cour des comptes. Un langage de sourds divisait les deux hommes ; chacun, enfermé dans son rôle, campait sur ses positions.

Après s'être plaint à plusieurs reprises des propos de Baranes auprès du procureur, Lucien Aurillac avait fini par comprendre qu'il ne pourrait échapper à son audition. Il était alors intervenu auprès de Némo pour déplacer le rendez-vous ou tenter de le fixer à son bureau. Baranes n'ayant jamais cédé, il avait finalement accepté son audition fixée au mercredi suivant.

– Il ne viendra pas, avait parié Baranes. C'est le jour des questions à l'Assemblée nationale et les dircabs des ministres doivent rester cloués à leur bureau.

Toujours est-il que les rapprochements d'écritures que souhaitait faire Calmart n'avaient pu être commencés dans la foulée et que l'enquêteur mourrait d'impatience de savoir comment Terre-neuve avait pu justifier tous ces paiements.

Il s'agit d'investigations longues et complexes qui consistent à rechercher à partir d'un flux financier l'imputation qui lui a été donnée. L'écriture dans un poste mal approprié peut être révélatrice d'une intention coupable et permettre de confondre son auteur. C'est la découverte de cet élément qui motivait Calmart.

L'écriture volontairement erronée, lorsqu'elle est découverte, signe le forfait de son auteur. Les comptables qui se livrent à de telles manipulations ont souvent de vrais talents de magicien, mais il leur est difficile, par exemple, d'invoquer la simple erreur lorsqu'ils ont comptabilisé en dépenses EDF le montant d'un chèque libellé à leur ordre. La recherche n'est pas simple car tous les postes comptables peuvent recevoir une écriture erronée soit par gonflement, soit par mauvaise imputation.

La comptabilité ne renferme pas de compte plus névralgique qu'un autre qui permettrait des dissimulations. Tous les comptes, selon le secteur économique ou la nature des activités déployées, peuvent être l'objet d'un tripotage. Les enquêteurs le savent bien et c'est pourquoi ils se livrent à cet examen avec intérêt et passion.

Dans l'enquête financière, la pratique du chiffre est aussi palpitante qu'une planque sur un voyou dans une enquête criminelle. La tension atteint souvent son comble avant la découverte des manipulations. S'ensuit un grand relâchement, que le résultat soit satisfaisant ou décevant.

Les pistes offertes au chasseur sont vastes et multiples, mais gare à l'enquêteur s'il ne s'oblige pas à une certaine rigueur. Il va être vite dépassé tellement les informations à vérifier sont nombreuses et complexes.

Baranes venait justement de recevoir du juge le procès-verbal d'audition de témoin du nommé Amiel, l'ex-chef de cabinet mis en cause par Bonnet pour sa gestion calamiteuse des fonds secrets en espèces. Il s'était défendu comme un beau diable et n'avait opposé le secret-défense que pour la destination donnée aux fonds, comme c'était à prévoir. Il s'était largement épanché sur l'origine des sommes en espèces mais il contestait qu'elles lui aient été remises par Bonnet.

— À aucun moment Julien Bonnet ne m'a remis des espèces pour alimenter les fonds secrets ou la caisse des primes du cabinet.

Et de poursuivre :

— Il s'agissait d'enveloppes remises en fin de mois à chacun des membres du cabinet du ministre. Une tradition républicaine, avait-il expliqué.

Puis d'ajouter avec beaucoup d'aplomb :

— Ces sommes m'étaient remises par le secrétaire général du gouvernement. Je n'ai jamais signé de chèques de retrait sur un compte joint comme Bonnet semble m'accuser de l'avoir fait. J'ignorais d'ailleurs l'existence d'un tel compte.

À l'appui de sa déclaration, Jean Amiel avait fourni les justificatifs de ce qu'il avançait pour les périodes concernées. Par date, et par montant, le témoin produisait un bordereau de remise des sommes en espèces par le secrétaire général du gouvernement chargé de l'alimentation des fonds secrets. Ces dernières étaient tirées d'une manière lisible sur le budget du Premier ministre et retirées auprès du caissier de la Banque de France. L'origine des sommes en espèces circulant au cabinet était clairement tracée et il ne pouvait y avoir de confusion avec les retraits opérés sur le compte de l'association Terre-neuve. Julien Bonnet ne cherchait qu'à enfumer. Alors, à quoi avaient bien pu servir les sommes en espèces retirées du compte de Terre-neuve si elles n'avaient pas alimenté les fonds secrets ?

Il était grand temps de se plonger dans le dossier et d'y faire entrer d'une autre manière Julien Bonnet sur qui, dorénavant, tous les soupçons s'orientaient.

L'enquête concernant sa personnalité allait apporter un premier éclairage. Né en Algérie, d'un père médecin militaire, il avait été élevé dans une ambiance de casernement et, après une classe préparatoire dans un lycée jésuite de Nantes, il avait intégré l'école de Saint-Cyr. Il s'était marié à sa sortie, comme de nombreux autres jeunes aspirants officiers, avec une Bretonne rencontrée lors d'un bal de promotion.

Les états de service de Bonnet montraient qu'il avait toujours eu un penchant pour la gestion et les affaires économiques. Longtemps détaché par le ministère de la Défense auprès d'une ONG internationale, il aurait déjà eu maille à partir avec la justice pour des problèmes financiers. L'association dont il avait été le trésorier et qui avait pour objet « la réalisation d'opérations de sensibilisation et d'information sur le développement, sur le plan économique, scientifique, culturel et technique » aurait en fait financé des voyages de parlementaires et enregistré un déficit de quelques milliers d'euros que le ministère de la Défense avait préféré combler. C'est ce qu'il ressortait d'une lettre du président du Sénat de l'époque qui remerciait le ministre de la Défense et que Calmart s'était empressé de joindre à la procédure. Il avait de l'avenir, ce petit jeune.

Lorsque Baranes prit connaissance du cursus de l'impétrant, il resta stupéfait devant tant d'amateurisme de la part de ce gouvernement qui avait embauché un dircab sans s'être renseigné sur son passé. Comment un oiseau comme Bonnet avait-il pu se retrouver numéro deux du ministère des Rapatriés ?

Baranes préféra y voir la main de militaires avisés. Des hommes, avant d'être des soldats, en manque de gouvernance. Des hommes qui, sous un gouvernement de gauche, avaient dû chercher à garder « le pied dans la porte » d'un ministère sensible depuis la fin des événements d'Algérie de 1962. Baranes voyait plus ce scénario se profiler que celui d'un renvoi d'ascenseur pour quelques services financiers rendus par Bonnet dans le cadre de ses anciennes fonctions.

Quoi qu'il en soit, un long travail restait à faire ; mais à chaque jour suffit sa peine.

Mauvaise herbe croît toujours

Némo était toujours d'aussi mauvaise humeur. Cyclamen avait préféré prévenir Baranes et le préparer à se faire remonter les bretelles.

Il se demandait bien ce que pouvait encore lui vouloir le patron qu'il venait de quitter il y avait à peine une heure. Il lui avait dressé un compte rendu fidèle de l'entretien avec le juge et brossé rapidement les trajectoires de l'enquête, mais s'était peu étendu sur l'audition du chef de cabinet que lui avait fait parvenir le juge. S'agissant des fonds secrets et de la confusion entretenue avec les frais d'enquête, il avait préféré ne pas en rajouter, mais il était prêt à en débattre si le big boss le souhaitait.

Après ça, il était en droit d'espérer un certain répit, mais allez savoir comment le nommé Amiel avait-il interprété et traduit son audition ?

Visiblement, Némo avait de nouvelles choses à lui dire et dès qu'il eut pénétré dans son bureau, il comprit à son air renfrogné qu'un nouvel incident risquait de les opposer. Némo se leva et alla se planter devant lui :

— Vous n'auriez rien oublié de me dire par hasard ? demanda-t-il.

— Non, je crois que l'on a fait le tour, répliqua Baranes.

— Vous pouvez alors m'expliquer ce que foutait Servan au service de sécurité du ministère à fouiller dans les poubelles et à interroger les gardiens ?

Baranes était à mille lieues de savoir ce que lui voulait son supérieur. Mais là, il en restait scotché. Qu'avait encore bien pu faire Servan pour lui attirer une nouvelle fois les foudres du service ?

— Ça alors ! Je n'en sais fichtre rien, je ne vois pas à quoi vous faites allusion, répondit Baranes, interloqué.

— Servan, c'est bien un gars à vous, non ?

Oui, c'était un gars à lui, mais ce que ne savait pas Baranes, c'est que le Gaston Servan, après avoir fait chou blanc pour tenter de localiser Denise Marigot, n'avait pas voulu rester sur un échec. Avant de rentrer au service, il avait décidé de faire un bref passage devant chez Malfait, le journaliste sur le retour, qu'il avait fini par loger. Une initiative personnelle car la mise sous surveillance de ce palmipède ne lui avait pas été ordonnée.

Mais bien lui en avait pris, non seulement de le loger mais aussi de le filer, car à peine s'engouffrait-il dans la rue de Charonne, qu'il vit « sa » cible sortir du parking de son immeuble au volant d'une Clio style agricole, ni propre ni sale. Pile, poil ! Il aurait voulu le faire exprès qu'il n'y serait pas arrivé. Il suffisait maintenant de rester derrière la poubelle et de la suivre tout naturellement. L'instinct du chasseur avait repris le dessus. Servan aurait aussi voulu alpaguer son gibier mais il savait que là, il dépasserait les limites. Il en était passablement frustré, mais s'était résigné à endiguer sa désobéissance…

— On le colle au cul ! murmura le petit jeune qui, lui, prenait goût au grand air.

Ce que fit l'équipage. À aucun moment ils n'eurent l'impression d'avoir été détronchés et ils purent suivre Malfait sans embarras dans une circulation devenue très dense. Il pouvait les conduire n'importe où, Servan s'en foutait, il avait décidé de se laisser mener à la découverte des habitudes de vie de celui qui pouvait être la clé d'un mystère, et, pour lever l'énigme, il pensait qu'observer Malfait sans être vu apporterait un début de réponse.

— La meilleure façon de se planquer, c'est de se montrer, lança Servan qui se rapprocha si près de Malfait qu'il crut un instant l'avoir accroché.

Ils arrivèrent sans problème jusqu'à la place de la Bastille. Malgré les embouteillages traditionnels, ils ne pouvaient pas perdre de vue leur lapin tant ils continuaient à le coller. Malfait prit la direction Hôtel de Ville et remonta toute la rue de Rivoli. Arrivé place de la Concorde, il se dirigea vers l'Étoile puis tourna rapidement à droite pour prendre l'avenue Matignon.

— Il nous ramène vers la maison, dit Servan en riant.

Il ne croyait pas si bien dire. Malfait semblait avoir entamé une chasse au stationnement dans les abords du ministère de l'Intérieur. Il était difficile de trouver un emplacement public dans une zone pratiquement occupée par les véhicules de police banalisés, facilement reconnaissables car ils étaient les seuls à attirer les papillons déposés rageusement par les quelques pervenches qui arpentaient les trottoirs au quotidien. La guerre des services…

Après avoir tourné un peu dans le quartier du ministère, il avait fini par stationner son véhicule rue du Cirque. Pas très loin de lui, et après avoir discrètement annoncé la couleur au chasseur, les deux policiers garèrent la Lancia sur l'emplacement livraison de l'hôtel Bristol. Ils attendirent un certain temps. Malfait ne semblait pas pressé de descendre de sa carriole.

Si l'attente devait se prolonger, ils auraient eu à bouger. Mais, comme s'il les avait entendus, le journaliste sortit de son véhicule, remonta la rue, traversa la chaussée et longea le trottoir jusqu'à la rue Miromesnil. Là, il marqua un temps d'arrêt, regarda sa montre et entra par le portail Beauvau.

Servan n'en revenait pas : la garde ne lui avait pas rendu les honneurs, mais c'était tout comme. Malfait venait de pénétrer dans l'enceinte du ministère de l'Intérieur en quasi-habitué. Servan aurait pu suspendre ici sa filoche et regagner le service, mais c'était mal le connaître. Il n'aimait pas le travail mal fait.

« Que peut bien venir faire ce tordu au ministère ? » se demanda-t-il. Il décida d'attendre quelques instants avant de lui emboîter le pas pour lui laisser le temps d'accomplir les formalités d'entrée auprès du service de garde. Il avait bien l'intention d'aller aux nouvelles.

Lorsque Servan pénétra dans le petit hall, le guichet était vide. Le gardien situé à l'extérieur des grilles l'avait laissé entrer non sans que Servan lui ait distinctement montré son badge. Servan profita du peu de temps qu'il resta seul dans la petite cabine pour jeter un œil rapide sur le registre des visites et s'aperçut qu'en regard de Malfait, l'agent avait écrit « cabinet » suivi d'un nom qu'il eut du mal à lire.

Le registre mentionnait l'attribution du badge visiteur, mais pas toujours la personne visitée.

Le badge était le sésame qui permettait de circuler librement dans l'enceinte. Un badge lourd de symbole. On aurait pu y voir une cible de tir. En fait, il s'inspirait de la crypte de la cathédrale de Chartres. Il était remis au visiteur contre le dépôt de sa pièce d'identité qui était placée dans l'un des petits casiers en bois accrochés au mur, juste en dessous du portrait officiel du président de la République.

Servan aurait bien voulu s'emparer de la pièce d'identité de Malfait, mais, au moment où il s'apprêtait à le faire, le gardien regagna sa loge. Servan sortit et se dirigea vers la cour d'honneur, comptant bien découvrir chez qui Malfait se rendait à défaut de savoir pourquoi. Le hall était un péristyle, un carré bordé de colonnes, orné dans un coin d'un bureau Empire où siégeait un huissier avec tout son appareil. La chance sourit à Servan : le seul copain qu'il avait en ces lieux était un voisin de banlieue et il occupait les fonctions d'huissier appariteur. Ce jour-là, le voisin se tenait à l'accueil, revêtu de sa queue-de-pie noire, col blanc cassé et collier argenté.

Il fut assez surpris de voir arriver Servan. Ce dernier, sans se dégonfler, l'entraîna dans un coin à l'embrasure d'un couloir et lui demanda à voix basse de lui indiquer chez qui s'était rendu le cloporte qui venait de rentrer. L'autre retourna à son pupitre et, après avoir consulté le billet renseigné par le visiteur, lui indiqua qu'il s'agissait de Jean Gordes, un commissaire à la retraite qui occupait les fonctions de conseiller spécial du ministre. Gordes n'était pas un inconnu pour Servan. Il faisait justement partie de ces agents de la Sûreté d'Alger reconvertis dans le renseignement qu'il ne pouvait quitter. Une religion en quelque sorte, un sacerdoce, signe d'un dévouement intangible à l'autorité.

Servan ne s'étendit pas sur le caractère discret de sa visite mais redoubla d'amabilité pour soutirer à son pote le billet « écrit de la main » de Malfait. Cela pourrait servir s'il fallait un jour avoir la preuve de leur rencontre. Puis il interrogea son copain pour savoir s'il avait déjà vu le bonhomme, s'il se souvenait de fréquentes visites, si Malfait était un habitué des lieux. C'était la première fois que l'huissier voyait Malfait, mais il n'occupait pas ce poste habituellement. Il n'était là aujourd'hui qu'en remplacement d'un collègue et il conseilla à Servan d'aller jeter un œil sur le registre tenu au secrétariat du service de sécurité situé au deuxième étage de l'immeuble Penthièvre. Pour y accéder, il lui recommanda de ressortir et de se présenter à l'entrée du garage central.

Le ministère de l'Intérieur était un vrai dédale de couloirs, d'immeubles, de passerelles et de galeries souterraines, à deux pas du palais de l'Élysée. Il formait à lui tout seul un quartier du 8e arrondissement de Paris entouré de plusieurs rues disposant de plusieurs entrées. L'ensemble n'avait aucun secret pour Servan qui pouvait y déambuler les yeux fermés comme seul un initié pouvait le faire. L'hôtel Beauvau, comme on l'appelait, était une bâtisse construite au XVIIIe siècle qui n'était devenu le siège du ministère de l'Intérieur qu'en 1861 après avoir été occupée sous Napoléon III par le ministère de l'Intérieur, de l'Algérie et des Colonies.

On disait qu'il était habité de nombreux fantômes, mais les anciens préféraient parler de « cadavres ». Il avait été aussi occupé par la police allemande pendant la Seconde Guerre mondiale et une cellule de la Gestapo située dans l'immeuble Cambacérès portait encore le témoignage de son passage. D'un simple hôtel particulier lors de sa construction, il était devenu au fil des ans un immense caravansérail qui avait accueilli progressivement dans les immeubles adjacents de nombreux services actifs de la police nationale. À une époque, la division financière y avait ses bureaux, plus proches du pouvoir et de la gamelle : un restaurant administratif qu'il aurait pu traverser pour rejoindre le garage mais il préféra contourner le pâté de maisons. Moins il serait vu, mieux cela vaudrait !

Lorsqu'il se présenta au deuxième étage de la rue Penthièvre, dans le petit bureau étroit qui servait d'entrée au service de sécurité, Servan se trouva nez à nez avec une femme officier de paix du genre plutôt pète-sec. Ses blagues de quatre sous habituelles supposées faire diversion, au mieux l'amadouer, ne la déridèrent pas d'un poil. Un peu décontenancé, il eut du mal à l'embrouiller sur les raisons de sa présence dans son service. Quand il finit par lui dire qu'il était à la recherche de renseignements sur une personne ayant rendu visite à un membre du cabinet, elle lui demanda s'il ne se moquait pas d'elle.

Le ton étant vite monté, Servan n'eut d'autre solution que de lui indiquer qu'il agissait dans un cadre judiciaire et la menacer de sortir sa commission rogatoire pour feuilleter les registres ou de les emporter si elle persistait à refuser de le voir les consulter sur place. Il aurait préféré ne pas en arriver là, mais tout gros malin qu'il était, il n'avait pas trouvé chez cette fille les arguments pour la faire coopérer de bon cœur.

De mauvaise grâce, elle se plia à sa demande mais, droit dans ses bottes, elle exigea de Servan la remise d'une réquisition écrite. Elle esquissa une moue condescendante à le voir téléphoner sur-le-champ à Dominique, la secrétaire du service, pour lui demander de faxer le document. Pendant ce temps, il fit dérouler sur l'écran les visites du cabinet sur les trois mois précédents. Il s'en fit faire un tirage, et invita l'officier de paix à signer sous la mention qu'il venait de rajouter sur le double de la réquisition « pour valoir remise spontanée ». Furieuse, elle lui jeta :

– Vous ne manquez pas d'air !

Servan sentit bien que derrière sa colère, elle aurait voulu connaître la personne qu'il recherchait et qu'elle se savait desservie par sa propre attitude. Lui se savait en position forte. Il se garda bien de lâcher le nom qu'elle attendait et lui sourit de toutes ses dents pour la remercier. Il jubilait.

Revenu à son véhicule où l'attendait le jeune Luc qui commençait à s'impatienter, il prit juste le temps d'examiner avec empressement le document obtenu à l'arraché. Malfait y figurait à deux reprises : les 14 et 22 mai. Comme par hasard : la veille exacte des passages de Bonnet à la radio. Servan ne croyait pas trop aux coïncidences et se dit qu'il tenait là un début d'explications. Trop content de pouvoir exploiter son filon, il se mit en tête de remonter maintenant le vieux Gordes.

Baranes ne pouvait savoir tout cela puisque Servan ne lui en avait pas rendu compte et qu'il n'était pas revenu au service. Il avait pensé, dans sa petite tête embrumée par l'action, pouvoir agir seul, épater ses collègues et leur faire la pige. « Crétin », lui aurait répondu Baranes si Servan lui avait parlé de son plan.

— Vous voyez, lui dit Némo, de quoi on a l'air lorsqu'on n'est pas informé, et ce Servan, il est comme vous, il n'en fait qu'à sa tête, une mauvaise herbe qui croît toujours.

Servan ne perdait rien pour attendre.

— Je me renseigne et reviendrai vers vous, répondit Baranes qui se leva pour prendre congé.

— Restez ! lui dit sèchement Némo. Je n'en ai pas encore fini avec vous. Une lettre anonyme vous mettant en cause m'est parvenue ce matin.

— Comme quoi, il y a vraiment des jours sans… Mais il n'y a pas de fumée sans feu non plus… Intéressant, une lettre anonyme ! Elle dit quoi ?

— On vous accuse de ne pas jouer le jeu ou, plus exactement, de jouer votre jeu et non pas celui de votre fonction. En d'autres termes, vous roulez pour on ne sait qui. Je dois dire qu'avec des coups comme celui de Servan qui enquête dans notre propre maison, je commence aussi à m'interroger sur vous, ajouta Némo. Tenez, lisez, dit-il à Baranes en lui remettant une feuille mais en se gardant l'enveloppe.

La missive manuscrite lui rappela textuellement celle décrite par Maud, reçue par son chef de service. On reprochait à Baranes ses prévarications et des contacts qu'il entretenait à des fins intéressées. On l'accusait tout bonnement de corruption. La preuve de ses intérêts allait être prochainement faite, et si son Administration ne mettait pas fin à son comportement, d'autres s'en chargeraient.

— Gardez, c'est une copie, lui dit Némo.

Baranes froissa le papier qu'il jeta dans la poubelle de son supérieur et se retira non sans se dire : « La mauvaise herbe ne va pas croître longtemps ».

Qui dort dîne

Baranes était arrivé en avance à la Tour Montlhéry, à deux pas des Halles. Il avait préféré ne pas se prendre la tête pour chercher à stationner dans un endroit où les places sont aussi chères la nuit que le jour et s'était rendu dans une remise tenue par un de ses contacts.

Il était à peine dix-neuf heures et il avait donné rendez-vous à Hervé Lejeune à vingt heures, ce qui lui laissait du temps pour s'entretenir en aparté avec la tenancière sur les ragots qui pouvaient circuler autour de son affaire. Les lettres anonymes ne l'inquiétaient pas outre mesure, mais il aurait bien voulu en connaître l'auteur, ou, plus exactement, s'entendre confirmer ce qu'il pensait déjà.

La Tour Montlhéry était le resto fliqué branché de la capitale, pas loin parfois de ressembler au salon Louis XV du ministère de l'Intérieur. On y croisait un grand nombre de préfets ou de patrons, tous services de l'État confondus, ainsi que des douaniers, des inspecteurs des impôts, des officiers de renseignements, qui se mélangeaient à une clientèle de cadres d'entreprise ou d'entrepreneurs à la recherche d'une combine ou d'une certaine approche du pouvoir. La clientèle assez hétéroclite qui se retrouvait entre habitués faisait le bonheur des propriétaires des lieux.

À la pêche aux cartes de visite, on ne ressortait jamais bredouille de chez Denise, la femme du patron. Elle avait le sourire paisible, le genre de sourire qui met tout de suite à l'aise alors qu'en pénétrant dans la taverne, un peu sombre, on se demande où on met les pieds.

Lui, un Auvergnat débonnaire, collectionnait les coiffes administratives en tout genre. Sa fierté était d'accrocher casquettes et képis à une poutre au-dessus du comptoir comme d'autres pouvaient punaiser sur un mur des cravates coupées pas forcément avec l'autorisation de leur propriétaire. Il y avait ainsi des dizaines de couvre-chefs de presque tous les pays du monde. Un musée à la gloire des pouvoirs régaliens. C'était sa façon de servir l'État.

L'endroit était simple et chaud. Lorsqu'on y pénétrait, on ne pouvait s'imaginer que derrière cette façade modeste se trouvait une gigantesque boutique. De l'entrée en couloir à l'immense salle rectangulaire de restaurant au fond, on se sentait chez soi. Les murs blancs étaient décorés de photographies anciennes, représentant le plus souvent des métiers traditionnels du terroir, et les longues tables en bois étaient recouvertes d'un tissu à petits carreaux rouges et blancs protégé d'une nappe en papier sur laquelle reposait le couvert de porcelaine blanche.

Mais attention ! Chez Denise, il ne s'agissait pas d'une simple nappe en papier blanc gaufré. Il s'agissait de l'impression sur fond blanc d'une lithographie de Loresy symbolisant en noir et rouge des chevaux fous se mouvant dans un espace imaginaire. Un artiste peut être inconnu de beaucoup, mais pas de Baranes qui aimait se retrouver à sa table, en fond de boutique, pour échanger avec lui quelques propos sur ses dernières « gribouilles », comme il les appelait. Il avait la plume souple et stylée. D'un trait, sans lever la main, il était capable de reproduire sur la nappe les convives qui l'entouraient.

Une de ses gribouilles les plus connues, mais aussi des plus anonymes, et c'était bien dommage, était le logo de la police judiciaire. Le logo de la PJ ne pouvait pas avoir été inventé ailleurs que chez Denise. Loresy lui avait donné une forme effilée, à la Salvador Dali, où s'entrecroisaient entre dessin et sculpture les profils respectifs d'un tigre et de Georges Clémenceau. Le tigre, parce que la police judiciaire est née des premières brigades mobiles rapides comme un tigre, et Clémenceau qui en fut le créateur et dont le tempérament trempé et le faciès découpé n'étaient pas sans rappeler celui d'un fauve. Il ne fallait pas y voir autre chose que la reconnaissance d'une police naissante à un homme qui allait lui donner ses lettres de noblesse.

Chez Denise, Baranes était chez lui.

Ajoutez à cette ambiance le goût et l'odeur d'une cuisine typiquement familiale et régionale et se trouvaient réunis en un même lieu l'art culinaire et l'art pictural.

— Ici, tout est symbole, s'appliquaient à répéter les serveurs en tablier noir qui, d'un geste maîtrisé, vous servaient une réalité qui allait bouleverser l'esprit.

Moins fort sur les vins que sur les plats, le chef vous proposait en un tour de carte toutes les spécialités du grand Sud-Ouest. Baranes avait une faiblesse pour le foie poêlé à l'ancienne qu'il préférait au pot-au-feu gascon, la réputation de la maison qui ne lésinait pas sur la quantité.

Denise, dans son tailleur saumon Chanel, mais que Baranes s'amusait à imaginer en tablier de cuisine en train de dégoupiller quelques bouteilles de piquette, s'approcha de lui pour lui souffler à l'oreille :

— On dit que tu fais fort.

— Raconte, s'émoustilla Baranes, soudain impatient.

Bien qu'il n'y eût personne à cette heure-ci au comptoir, Denise conserva un ton bas comme si des oreilles étaient restées dans les képis qui pendaient au-dessus de sa tête.

— Ils disent que tu t'attaques sans biscuit à des gros poissons. Que tu joues une carte politique en refusant d'entendre ce que Bonnet dénonce, celle de couvrir la gauche, de minimiser leurs conneries car tu espères leur retour. Bref, pour eux, tu es un connard de jaune qui couvre ses frères et que tu ferais bien de faire attention à toi. Fais gaffe, ils sont capables de te monter un turbin, avait-elle ajouté.

— Tu crois réellement qu'ils en ont encore les moyens ? À part proférer des menaces, je ne vois pas comment ils vont pouvoir arrêter le train qui s'est mis en marche ! répliqua Baranes, un rien agacé.

— Non, ils ont la rage. Ils pensent que Bonnet, sans doute un des leurs, allait faire exploser la marmite, dévoiler les combines d'une gauche corrompue, mais voilà, tu sembles être un obstacle sur leur chemin.

— Tu sais de qui il s'agit ? interrogea-t-il.

— D'anciens officiers en retraite ou en réserve qui gravitent autour de Levendeur. Celui-là, depuis qu'ils lui ont remis la Légion d'honneur pour ses engagements patriotes, il a pris le melon, dit-elle. Je ne le vois plus rôder dans les parages, comme si nous n'étions plus des gens fréquentables, mais il ne manque pas de m'envoyer son entourage.

— Si ce soir il devait y avoir de la visite, évite de me les mettre à côté. Si je pouvais d'ailleurs manger dans l'arrière-salle, ça m'arrangerait. J'attends une petite sœur pour le dessert. Et un peu d'intimité me plairait.

Baranes avait longuement insisté pour que Maud se joigne à eux. Elle connaissait bien Lejeune, qu'elle appréciait, mais elle préférait ne pas participer à leurs querelles qu'elle qualifiait de poker menteur lorsque le débat portait sur la confidentialité des sources. Elle avait accepté de les retrouver en fin de repas pour déguster le baba au rhum maison, arrosé d'une potion acidulée de Négrita chaud. Du « pain trempé dans de l'aphrodisiaque » pour reprendre la chanson de Jean Ferrat.

Baranes consultait la carte des vins lorsque Hervé Lejeune se présenta. Il était vêtu de sa sempiternelle veste de chasse qui ne le quittait jamais et, avant de s'asseoir, il déposa sur la table son petit carnet à spirale et un crayon publicitaire. Pour le mettre en condition, Baranes avait riposté en sortant de sa veste un mini-enregistreur, puis avait lâché :

— Tu ne crois tout de même pas que je t'ai fait venir pour te rencarder ?

— Non, lui avait répondu Lejeune, je sais que tu vas me mettre un plomb. Comme d'habitude.

Cela faisait maintenant presque vingt ans que les deux compères se côtoyaient.

Hervé Lejeune, avant de devenir journaliste, avait été rédacteur dans un organe mutualiste dont Baranes était le trésorier. Il connaissait bien son commissaire et devinait qu'il avait des choses à lui dire. Il le sentait bouillonnant de rancœur, ou frustré d'explications. La suite lui dirait quoi choisir...

En premier lieu, effectivement, Baranes lui reprocha longuement cet article sur les fonds secrets. À ses yeux, il présentait deux gros errements essentiels. D'abord, il donnait du sens à la lettre et du crédit à Bonnet. En dehors d'affirmations gratuites et incontrôlables, la version de Bonnet ne reposait sur rien de crédible. Le journaliste aurait dû prendre les précautions d'usage avant de se lancer dans des commentaires à l'emporte-pièce. Au lieu de cela, non seulement il laissait entendre que les malversations dénoncées pouvaient être avérées, mais, en plus, il y apportait des pseudo-arguments qui enfonçaient le clou.

— Ton papier, c'est tout sauf du journalisme d'investigation, affirma Baranes.

— Je donne de l'info, rétorqua Lejeune.

— Je n'ai pas la prétention de t'apprendre ton travail, mais le journalisme d'investigation a l'obligation d'apporter des éléments recoupés et corroborés. Toi, tu interprètes, tu commentes, tu donnes ton avis. Je n'ai rien contre, mais ne me dis plus jamais que tu es différent d'un simple chroniqueur ou d'un journaliste d'information qui n'ose pas dire qu'il défend en fait ses opinions. Tu manifestes aussi tes propres convictions.

Cette discussion-là, Baranes et Lejeune la cultivaient depuis longtemps.

— Lorsque tu mènes ton enquête et que tu conclus sur des résultats partiels, tu deviens aussi critiquable que le juge qui cherche lui-même ses preuves pour les considérer comme irréfragables après. Si tu veux être positif, dis-moi plutôt comment tu as obtenu le document, conclut Baranes.

Lejeune était un peu surpris de cette demande car les deux amis avaient pour habitude de garder chacun leur source. Ils étaient en effet convenus qu'en dehors de s'échanger des infos aux seules fins de recoupement, ils se refusaient à se torpiller leurs contacts et, bien entendu, à se pirater des documents. Demander aujourd'hui à Lejeune de balancer sa source le plaçait un peu dans l'embarras et contrevenait à leur principe.

— Je te le demande comme un service personnel, ajouta Baranes.

Lejeune avait du mal à comprendre en quoi la source était plus importante pour Baranes que l'info. Ils s'apprêtaient à en débattre lorsque Maud fit son apparition. Elle ne pouvait pas mieux tomber. Les deux hommes s'étaient tus, ils se regardaient silencieux, un peu désolés de devoir mettre un terme à leur entretien. Mais ils savaient qu'ils n'en resteraient pas là !

— Je sens que j'arrive au mauvais moment, remarqua-t-elle.

Elle connaissait bien Baranes pour savoir qu'il était contrarié et se demanda si sa présence n'était pas prématurée. Elle proposa de rejoindre le bar afin de leur laisser le temps de finir leur conversation.

— Reste, tu tombes bien, lui dit Hervé Lejeune. Baranes essaie de m'arracher le nom du porte-papier de Bonnet. Tout Paris le connaît, mais il veut l'entendre de ma bouche. À ton avis ?

Maud ne se démonta pas.

— S'il est si connu que ça, je ne vois pas ce qui t'empêche de le donner, rétorqua-t-elle.

Et Maud d'expliquer ce que Baranes n'avait pas encore évoqué avec Lejeune. Le climat délétère et les relents nauséabonds et inquiétants de ce dossier qui prenait une allure dangereuse. Elle relata les lettres anonymes et autres menaces dont elle faisait l'objet du seul fait de ses relations avec Baranes. Ce n'était pas le côté intime d'une liaison naissante qui était en cause, mais la dénonciation d'une coalition audacieuse.

— Il faut savoir ce que l'on veut, dit-elle. Ou l'on accepte de se laisser intimider et manipuler, ou l'on affiche notre détermination à se serrer les coudes : presse, police, justice, nous sommes tous concernés.

— C'est vrai que la ficelle tendue par Bonnet était un peu grosse, admit Lejeune. Mais toutes les rédactions ont publié son courrier et j'avais alors le devoir de faire pareil. Je me suis interrogé sur les raisons qui avaient poussé maître Levendeur à me remettre une copie du document et je voulais de toute façon vous en parler.

L'avocat prenait une place que tous avaient du mal à comprendre. Ses positions dépassaient parfois celles d'un simple défenseur et tous se demandaient s'il n'était pas directement impliqué dans ce dossier.

Chacun y allait de son analyse sur l'homme, ses précédents, ses ambitions, ses nouvelles raisons d'espérer.

Ce qui apparaissait maintenant évident, c'était le changement de comportement de Levendeur depuis la réapparition de Bonnet. Après avoir passé son temps à prétendre que son client était un bouc émissaire en danger, voilà que, maintenant, Levendeur l'encourageait à parler aux risques de le laisser s'enferrer et de se mettre lui-même en difficulté. Comment expliquer sinon le retournement de ce corbeau du barreau qui, après avoir dit ne rien connaître de ce dossier, tentait maintenant de lâcher quelques informations pour victimiser Bonnet et retourner l'opinion publique en sa faveur ? Lors de ses interventions, il avait appuyé avec insistance sur les retraits de sommes en espèces opérées par Bonnet au seul profit des fonds secrets.

— Cherchez à qui profite le crime ! aurait-il dit à Lejeune. Comme si les fonds secrets n'avaient existé que sous ce gouvernement !

Pour Baranes, qui n'excluait pas que Bonnet pouvait être un agent double, c'était « parle toujours, tu m'intéresses ».

Il était tard, et Lejeune, après avoir promis qu'il allait ouvrir dorénavant son troisième œil, leur souhaita, non sans sous-entendus, une nuit de conseils et de sensations. Maud avait rosi et marqué un pincement de lèvres relevé avec gourmandise par Baranes.

— Ne te lèche pas les babines, lui avait-elle dit, je rentre.

Mais Baranes, malicieux, s'était fait déposer et n'envisageait pas de rentrer en fiacre.

— À cette heure-ci, répondit-il, soit je couche chez toi, soit tu me ramènes.

Après avoir longuement hésité, elle finit par le raccompagner. Baranes demeurait en lisière du bois de Vincennes, à Nogent-sur-Marne. En chemin, elle avait voulu poursuivre la conversation sur l'aspect politique du dossier, mais Baranes, un peu éméché, n'avait de cesse que de connaître la couleur de son « intime bout de coton ». Gentiment, elle retira plusieurs fois sa main gauche qu'il faisait remonter sur sa cuisse mais elle prit plaisir à se laisser masser le bas du cou. Elle aimait sentir ses doigts remonter sous ses cheveux et redescendre le long de l'arête dorsale. Sa main tournait négligemment vers son larynx cherchant l'os hyoïde du pouce et de l'index tandis que le petit doigt s'égarait vers un sein.

– Ménage-toi ou tu vas avoir du mal à t'endormir, dit-elle en s'avançant vers lui. Et, déposant un chaud baiser sur ses lèvres, elle lui ouvrit la portière.

À peine était-il descendu qu'elle disparut dans la nuit.

Beaucoup de bruit pour rien

Aurillac avait fini par se présenter. Il avait certainement été convaincu par Némo de se déplacer pour compulser la masse des archives de Terre-neuve qui ne pouvait être transportée à son bureau et avait reçu l'assurance qu'à aucun moment on ne chercherait à le mettre en cause dans ce dossier.

Hautain, il faisait partie des clients que Baranes n'aimait pas particulièrement. Ceux qui, sous le couvert de leurs fonctions, de leurs relations ou de leur argent, considéraient qu'ils étaient chez eux partout, qu'ils avaient des droits sur tout et que la République leur devait reconnaissance. Grands serviteurs de l'État, nombreux de ces apparatchiks tenaient les autres fonctionnaires pour leurs sujets.

Baranes ne voulait être le sujet de personne. Un brin provocateur, il n'hésitait pas à engager jusqu'au clash une partie de bras de fer pour mesurer leur force, car force devait rester à la loi. Mais fallait-il encore savoir de quelle force il s'agissait.

Némo avait fini par le persuader de mettre toute sa rancœur dans sa poche un mouchoir par-dessus et de recevoir Aurillac comme si de rien n'était. Un témoin comme les autres, le nouveau dircab !

Baranes avait alors demandé au brigadier Coty de s'en charger avec Fabienne. Histoire de casser un peu plus le bonhomme en le mettant entre les mains d'un sans-grade, c'est en tout cas comme ça qu'il le ressentirait, qui plus est entre les mains d'une femme de caractère afin de contrarier sa misogynie.

La procédure de saisie avait duré l'après-midi entier. Comme c'était à prévoir, l'inventaire des archives de Terre-neuve avait été fastidieux. Pour la plupart, les pièces avaient été fourrées dans les cartons sans tri préalable, et il fallait les classer selon un ordre exploitable.

Aurillac, comme les enquêteurs, fulminait contre les dirigeants de Terre-neuve qui auraient dû avoir le souci d'un meilleur rangement. Cela dénotait en tout cas l'intérêt qu'ils avaient porté à la gestion administrative de l'association.

Fabienne s'était appliquée à décrire avec précision la nature exacte des documents, les périodes qu'ils recoupaient. Michel Coty les plaçait au fur et à mesure dans une chemise à scellé ouverte dont il faisait signer la couverture au témoin Aurillac qui n'en pouvait plus d'assister à cette mascarade alors qu'il avait tant à faire. En presque trois heures, pas moins de soixante-dix scellés avaient été constitués.

En revanche, et c'était fort dommage, il manquait les journaux de banque et les talons des chéquiers, ce qui allait priver les enquêteurs d'une source d'information importante. Ces données avaient aussi l'avantage de faire gagner du temps à l'enquête. Sans elles, il allait falloir réclamer aux banques l'ensemble des relevés et les copies des chèques pour reconstituer les écritures. Baranes avait pour habitude de dire que l'absence de ces documents n'était jamais due au hasard. En effet, il n'était pas rare de constater que les mentions portées sur les talons se trouvaient sans rapport avec celles portées sur les chèques.

Mais le plus long restait à faire. Sans pour autant les citer une par une, il convenait de lister les nombreuses lettres, factures, les courriers et les notes en tout genre, dont les dates, les montants, les noms de personne ou d'entreprise qui pouvaient y figurer allaient s'avérer à un moment ou à un autre utiles à l'enquête. Autant d'indices qui, lors de leur saisie, ne permettaient pas de penser qu'ils constitueraient un jour des preuves. Cet ensemble constituait la scène du crime pour les enquêteurs. Certains documents ne semblaient d'ailleurs revêtir aucune forme d'intérêt. C'était souvent lors de leur exploitation que leurs informations allaient trouver une utilité judiciaire, mais avant, il convenait de relever avec minutie l'ensemble des données et de les inscrire dans un fichier bidouillé comme ils pouvaient afin d'en permettre plus tard le recoupement.

Parents pauvres de la police nationale, ou laissées volontairement dans l'oubli parce qu'elles dérangeaient, les brigades financières enregistraient un retard considérable en matériel d'équipement informatique, mis à part les micro-ordinateurs nécessaires à l'enregistrement des dépositions. Hormis ce matériel basique, le service ne disposait d'aucun logiciel spécifique aux missions d'analyse de données chiffrées, de logiciels de recherche ou de simples tableurs. Sans le culot insolent de Baranes, les fonctionnaires continueraient à inscrire à la main, sur des fiches cartonnées et des bandes de papier interminables, des informations parfois inexploitables faute de pouvoir être retrouvées. La chance avait voulu que, lors d'une enquête antérieure, Baranes ait dû s'intéresser aux conditions d'achat de matériels d'armement de la police nationale. Il avait constaté que les armes achetées par les services techniques avaient été enregistrées en matériel de sport et de plongée. Une occasion inespérée pour Baranes car, lorsque le préfet chargé de ces dépenses lui avait expliqué qu'il ne s'agissait que d'une simplification administrative, Baranes l'avait un peu forcé à comptabiliser en documentation juridique l'achat d'un logiciel de reconnaissance d'écriture et le matériel à scanner qui allait avec. En quelque sorte, Baranes lui avait demandé de mettre ses explications en pratique au profit de son service. Depuis, ce matériel, qui plaçait le service à la pointe du progrès, avait été baptisé « Beretta », du nom de l'arme comptabilisée en masque de plongée.

Les enquêteurs étaient enfin arrivés au bout de leur tâche d'inventaire et de saisie. Il restait maintenant à entendre comme témoin le sieur Lucien Aurillac, et Baranes avait demandé à Machoire et Fabienne de s'y atteler.

L'entretien aurait pu se dérouler dans le local d'audition, une pièce sans fenêtres et aux glaces sans tain qui avait l'avantage d'être complètement anonyme contrairement aux bureaux des enquêteurs parfois trop personnalisés. De plus, ce local *ad hoc* était équipé d'un matériel permettant l'enregistrement et le transfert pour écoute vers n'importe quel autre poste du service. Malheureusement, il aurait fallu y transporter la masse considérable de papiers accumulés puisque certains pouvaient s'avérer nécessaires à la conduite de l'audition. Il avait donc été décidé que la déposition se ferait dans le bureau de Fabienne, un espace peu confortable, à la surface réduite par les dossiers qui s'empilaient du sol au plafond. Le seul plan de travail disponible restait ses genoux.

Aurillac marqua sa surprise en découvrant ces conditions de travail qu'il était loin d'imaginer, sans rapport avec les décors de la République dans lesquels il évoluait. Lui faire prendre conscience des réalités, c'était un peu la vengeance des enquêteurs. Faire comprendre à tous ces énarques épargnés par le manque de moyens, plus aptes à tailler les budgets des autres que les leurs, la triste réalité des conditions de travail des fonctionnaires sur le terrain. Les enquêteurs prenaient souvent une petite revanche jubilatoire lorsque venait le moment de leur faire découvrir le local de garde à vue. Pas un de ceux qui y étaient passés, du notable argenté au politique encore influent, n'avait quitté le service sans promettre qu'il « ferait quelque chose ». Aurillac comme les autres avait dit : « J'en parlerai en haut lieu. » Mais, dès la porte franchie, ils oubliaient vite le matériel pour s'en prendre aux mauvais comportements des agents : des tortionnaires qui les traitaient comme des criminels, eux qui n'avaient tué personne.

Mais cette journée passée avec les enquêteurs avait ouvert les yeux de Lucien Aurillac sur le quotidien du policier. Il avait partagé leurs problèmes, entendu parfois leurs soucis personnels, et avait constaté qu'ils prenaient beaucoup sur eux pour accomplir leur mission. À la surprise générale, il était apparu comme un homme ouvert, prudent et raisonné, dont le sens du service public avait impressionné le commandant Machoire. Il n'avait pas hésité à maltraiter le rapport de la Cour des comptes et à clarifier les formules administratives lapidaires qu'il contenait à l'image du rapport public qu'elle publiait chaque année. Il reprit les opérations suspectes dont il décrivit le mode opératoire, comme s'il donnait un cours :

— En comptabilité d'engagement, la dépense publique doit se justifier *a posteriori*, c'est-à-dire que des acomptes peuvent être versés sur simple présentation de devis ou de mémoire provisoire. Le seul fait de ne pas réclamer par la suite le solde des opérations ayant fait l'objet d'une demande d'acompte, pour des travaux de rénovation d'un centre de formation ou l'organisation de fêtes anniversaires, par exemple, dispense l'association Terre-neuve de produire au contrôleur financier les justificatifs des dépenses. Rien n'oblige l'Administration à revenir là-dessus. L'ordonnance de paiement n'est pas appuyée sur une attestation du service fait mais sur un simple devis, alors que le fournisseur a remis depuis bien longtemps sa facture. Pour justifier le défaut de remise de la facture, il est systématiquement indiqué au trésorier-payeur que les opérations concernées par les paiements sollicités revêtent un "caractère particulièrement confidentiel", et que les documents y afférents, tels que les marchés, les appels d'offres, les lettres de commande, les factures, les contrats ou bien les conventions, ne peuvent alors être joints en justificatifs.

Pour Lucien Aurillac, cette méthode des acomptes qui n'étaient finalement jamais justifiés était la porte ouverte à tous les abus, et Bonnet n'avait plus de limites.

Ses déclarations étant conformes avec celles constatées par les premiers travaux de l'enquête, Machoire avait le sentiment que cet homme disait vrai, qu'il était sincère et que Baranes l'avait jugé un peu trop vite.

Aurillac n'avait pas apprécié les reproches de pantouflage que Baranes avait formulés à son égard et qui lui étaient revenus aux oreilles. Il s'était fermé par réaction, n'ayant jamais quitté l'Administration pour enfourner les pantoufles d'un cadre du privé.

Il avait rejoint le cabinet du nouveau ministre des Rapatriés à la demande de son président qui avait voulu profiter de l'émoi provoqué par cette affaire au sein de ce ministère pour tenter de « remettre les choses dans l'ordre ». À aucun moment il n'avait envisagé d'embrasser une carrière politique si diriger un cabinet devait être considéré comme tel.

Pour ces raisons, Machoire, un brin psychologue, avait pensé qu'il était temps de réparer ensemble les dégâts causés par la fausse opinion de Baranes, voire que le patron présente ses excuses pour son jugement hâtif, et améliorer ainsi les relations. En fait, il y avait eu beaucoup de bruit pour rien.

Lorsqu'il frappa à la porte de son bureau, il n'eut pas à attendre longtemps. Baranes leur ouvrit et les invita à s'asseoir avec lui autour de la petite table ronde qui se trouvait dans un coin de la pièce.

– Pensez-vous que votre mission au cabinet pourrait se prolonger lorsque ce dossier sera terminé ? interrogea Baranes à brûle-pourpoint.

Aurillac ne fut pas déstabilisé par la question, seulement surpris qu'elle lui soit posée ainsi.

Il ne comptait pas rester plus longtemps qu'il ne le fallait auprès de Rémi Marcellin, le nouveau ministre des Rapatriés, avec lequel il admettait ne pas avoir d'atomes crochus. Contrairement à ce que l'on pouvait croire, ce n'est pas à cause de son esprit partisan ou engagé, ajouta-t-il, car ce n'est pas lui qui était à l'origine de l'exploitation de ce scandale. Et il précisa, sans que personne ne le lui demande, que les manipulations venaient de personnes proches du ministère de l'Intérieur, pour ne pas dire du ministre de l'Intérieur lui-même.

— Vous comprendrez bien que ma fonction première de magistrat a été de m'opposer à toute exploitation politique de ce dossier, conclut-il avant de lancer : « Maintenant, la balle est dans votre camp. »

Baranes n'en revenait pas de la façon dont Aurillac, pourtant directeur de cabinet d'un ministère, pouvait se démarquer à ce point de la politique de son ministre. Cependant, il ne souhaita pas s'étendre sur le sujet et ne manifesta aucun étonnement, préférant aborder les circonstances dans lesquelles il était entré en possession des archives de l'association.

— Pourquoi diable la Cour des comptes a-t-elle été rendue destinataire des archives de cette association dont elle n'avait que faire ?

Aurillac ne releva pas. Il poursuivit sur sa lancée et décrivit Bonnet, qu'il avait connu à l'occasion de sa mission, comme étant à ce moment-là en mal de confidences, un homme pas bien dans sa peau.

Un soir, Bonnet avait insisté pour l'inviter au restaurant. Il désirait l'entretenir de problèmes personnels qui le préoccupaient depuis le déclenchement de cette affaire. Il était accompagné d'une femme. L'amie avec qui il vivait. Aurillac lui avait trouvé une mauvaise mine. Bonnet était anxieux, nerveux, et avait du mal à s'exprimer. Il lui fit part de son inquiétude sur la mise en cause dont il pourrait faire l'objet devant la cour de discipline budgétaire de l'État. Il redoutait de devoir porter le chapeau, qu'on s'en tienne aux faits sans rechercher les causes.

— On n'en est pas là, lui avait répondu Aurillac, et ils s'étaient quittés là-dessus, promettant de se revoir.

Ce n'est que quelques jours après qu'il reçut les cartons d'archives apportés par l'amie de Bonnet qu'il n'avait pas revue depuis. Il ignorait son nom. Il se souvenait juste de son prénom : Marie-Danièle.

— Vous sauriez toutefois la reconnaître ? lui avait demandé Baranes.

Machoire, qui comprit vite où le boss voulait en venir, revint quelques minutes plus tard avec la photo de la belle Antillaise captée place des Vosges. La surprise fut totale !

— Mais ce n'est pas elle, s'esclaffa Aurillac. Je connais très bien cette fille. C'est Lucie Leprince. Elle est attachée au contrôle financier du ministère.

Là, pour le coup, c'était au tour de Baranes et de Machoire de rester sans voix.

Il y a loin de la coupe aux lèvres

Le dossier avait fait un grand pas, mais pas forcément un bon pas en avant. La photo que les enquêteurs avaient un peu trop vite attribuée à Denise Marigot, la maîtresse de Bonnet, était en fait celle de Lucie Leprince, attachée d'administration centrale, adjointe au contrôleur financier du ministère des Rapatriés. Pour une surprise, ce fut une surprise ! À quoi pouvait bien jouer Bonnet ?

— On se pose, leur avait dit Baranes une fois la découverte digérée.

L'arrivée dans le dossier d'un fonctionnaire chargé du contrôle des dépenses, passage névralgique de la comptabilité publique, changeait la donne et l'implication de Lucie Leprince ne laissait augurer rien de bon.

Tout système comporte des points faibles et il n'était pas à exclure que Bonnet ait pu tenter de faire entrer le ver dans le fruit. Le groupe avait rejoint Baranes dans son bureau pour tenter de démêler l'embrouille. Deux choses étaient irréfutables.

La première : la photo de la jolie créole. Elle avait bien été prise place des Vosges à l'endroit même signalé par maître Levendeur comme étant le quartier où logeait la maîtresse de Bonnet et pouvait correspondre au signalement qu'il en avait donné. Peut-être que Maud aurait dû présenter la photo à Levendeur pour s'en assurer, mais cela aurait été l'exposer que de le lui demander.

La deuxième : la maîtresse de Bonnet pouvait ne plus être Denise Marigot comme ils l'avaient pensé mais Lucie Leprince, ou les deux, car, après tout, il avait bien pu courir deux chèvres à la fois. Pourtant, de l'avis de ceux qui le connaissaient, Bonnet n'était pas un coureur, tout juste un charmeur, mais avec un sens de la perversion développé.

— Pour l'instant, avait dit Baranes, on va se focaliser sur Lucie Leprince, plus facile à remonter que Denise Marigot contre laquelle on ne dispose d'aucun élément. On s'occupera d'elle plus tard.

Certes, il pouvait aussi s'agir d'une pure coïncidence que ces deux femmes logent dans le même périmètre de la place des Vosges, mais Fabienne n'y croyait pas trop, pas plus que les autres d'ailleurs.

Ce qui, cependant, restait surprenant était que le véhicule dans lequel Lucie Leprince s'était engouffrée ressortait au nom de l'association Terre-neuve, toujours immatriculée dans les locaux abandonnés du 13ᵉ arrondissement. À partir de là, ils tenaient plus qu'une simple hypothèse, une vraie piste de travail.

Les vérifications effectuées au cadastre pour tenter de retrouver une quelconque habitation au nom de Marigot ou de Terre-neuve aux 16, 18, 20 et 24 de la place des Vosges n'avaient rien donné. Sauf à taper l'ensemble des logements sous couvert d'un institut de sondage, Baranes voyait mal comment cette femme allait pouvoir être identifiée.

Ils envisageaient de monter une nouvelle surveillance dans le secteur et de retourner ensuite au cadastre pour y rechercher une Leprince, car les éléments connus sur Denise Marigot étaient inexploitables. Elle pouvait habiter Fontainebleau comme elle pouvait aussi ne pas y habiter.

Pour comble de malchance, les gendarmes n'avaient enregistré aucune plainte au nom de Marigot comme l'avait affirmé maître Levendeur dont le rôle de manipulateur se confirmait de jour en jour. Denise devenait ainsi une étoile filante, une invention, un leurre pour les mettre sans doute sur une mauvaise piste !

La seule façon qu'il leur restait pour avancer était d'interpeller Lucie Leprince sur son lieu de travail. Compte tenu des nouvelles relations qu'il venait de nouer avec Lucien Aurillac, le directeur de cabinet du ministère, Baranes préféra le prévenir avant de débarquer. Grand bien lui en prit car Lucie Leprince n'était plus réapparue au contrôle budgétaire depuis le départ de Bonnet. Elle avait demandé une disponibilité après avoir obtenu dans un premier temps un congé sans solde.

Tout semblait devenir clair. Bonnet ne s'était pas acoquiné avec la première venue mais avec celle dont il pouvait bénéficier de quelque soutien, si ce n'était davantage.

Baranes se félicita d'avoir eu un peu de flair en interrogeant Aurillac. Un déplacement en force dans son service n'aurait eu pour effet que de lui mettre la puce à l'oreille si elle y comptait encore quelques bonnes relations. Les contrôles dans les services ont souvent pour effet de ressouder les liens entre les agents et il n'était pas exclu qu'à l'issue de l'inspection de la Cour des comptes, Lucie Leprince se soit découvert de nouveaux amis si elle n'en comptait déjà. Pour les mêmes raisons, il était difficile de consulter son dossier administratif.

Le seul élément la concernant dont Lucien Aurillac disposait personnellement se rapportait à une vieille note de service relative aux permanences sur laquelle elle figurait avec deux numéros de téléphone : un fixe et un mobile. C'était déjà beaucoup, avait souligné Baranes. Immédiatement identifié, le mobile était attribué au ministère des Rapatriés et le fixe correspondait à Daniel Leprince, 17, rue Michelet à Bois-le-Roi, un petit village proche de Fontainebleau.

– Nous y revoilà ! avait fait remarquer Machoire pour qui la piste de Fontainebleau prenait du sens et redevenait vraisemblable.

Mais c'était déjà la fin de l'après-midi et il n'y avait pas de temps à perdre. Dix-sept heures étaient le plus mauvais moment de la journée pour sortir de Paris et se rendre en Seine-et-Marne, à une cinquantaine de kilomètres. Pour éviter un déplacement inutile, Machoire était entré en contact avec la gendarmerie locale qui avait bien voulu effectuer un repérage. La maison n'était fréquentée que le week-end et les voisins n'avaient vu personne depuis au moins deux mois.

– On n'a pas trop le choix, avait relevé Machoire. Il va falloir casser en espérant y trouver quelque chose. Il est inutile de faire brancher une ligne qui ne donnerait rien.

Point de vue partagé par Baranes qui n'affectionnait pas particulièrement les écoutes téléphoniques, « sources à problèmes et très gourmandes en effectif », habitudes criminelles qu'il désapprouvait quelque peu et le service n'avait pas les moyens d'y affecter un enquêteur.

La surveillance des conversations, lorsqu'elle a pour but d'interpeller un auteur a son utilité, mais lorsqu'il s'agit de la transformer en preuves, elle devient rapidement fragile et sujette à trop d'interprétations.

— Il vaut mieux se bouger le cul et battre le fer tant qu'il est chaud, décida Baranes, et, joignant le geste à la parole, il tendit les clés de sa caisse au brigadier Coty que le jeune Calmart se proposa d'accompagner.

Gaston Servan comprit vite qu'il n'était pas du voyage. Puisqu'il avait fait preuve d'initiative place des Vosges, il était bon pour y retourner une deuxième fois à une heure tout aussi matinale.

Mettre la main sur Lucie devenait une priorité, mais il y avait loin de la coupe aux lèvres, même si Baranes croyait beaucoup en cette opération. C'était bien par ce bout-là qu'il avait choisi de mordre le dossier à contre-courant de la presse qui continuait à se répandre en hypothèses sur le financement politique dont on ne savait plus pour le compte de quel parti.

Il serait toujours temps de décortiquer les chiffres. Dans l'immédiat, il fallait mettre la main sur un témoin au centre des faits capable de les conduire à Bonnet dont la disparition n'occupait plus les unes.

À lire les manchettes apolitiques, l'affaire ne concernait que le financement de la gauche, à lire la presse engagée, cela ne visait que le parti de droite qui préparait déjà les présidentielles mais, en revanche, le secret-défense était à toutes les sauces.

Les quais de la Seine, par la voie Georges-Pompidou, étaient plus que gavés. L'équipage avait du mal à se frayer un chemin dans une circulation qui ne laissait aucune possibilité d'ouvrir une troisième voie que Coty aurait bien voulu inaugurer. Tant que la Lancia n'avait pas pénétré sur le périphérique, il était inutile, pensait-il, de sortir les équipements spéciaux avec le deux-tons. Mais, lorsque Coty, qui pilotait la voiture plus qu'il ne la conduisait, entendit venir sur une voie qu'il n'aurait pas imaginée un véhicule banalisé toutes sirènes hurlantes, il ne put s'empêcher de s'engouffrer derrière, profitant de l'occasion. Malgré une conduite appuyée, ils mirent tout de même plus d'une heure à atteindre la bretelle de sortie de l'A6. Ils entreprirent ensuite, dans la discrétion, de se diriger vers la petite commune de Bois-le-Roi en longeant la Seine. Le seul plan en leur possession était celui trouvé dans le vide-poche du véhicule de Baranes : le guide Michelin, son rouge et ses étoilés.

— Fais ce que tu peux avec ça pour repérer le quartier, avait demandé Coty au jeune Calmart.

Un seul resto était signalé, Les Bacots, du nom des habitants de Bois-le-Roi, village agricole du Gâtinais aux lourdes fermes d'un autre âge, qui devaient traverser la Seine en bac pour se rendre à Paris.

Pour prendre la rue Michelet, à la sortie du bourg, ils longèrent un long mur en moellons qui semblait entourer une vaste propriété. Ils passèrent devant son portail en fer forgé rivé à deux magnifiques colonnes de pierre à la tête desquelles trônaient des grenades éclatées.

Calmart pouffa lorsqu'il lut l'inscription qui figurait sur un panneau de bois rongé par le temps qui avait été fixé sur le portail.

Les grilles étaient fermées par un cadenas accroché à une vieille chaîne rouillée :

— À chacun son histoire, dit-il.

Arrivés au 17 de la rue Michelet, ils constatèrent, comme les gendarmes le leur avaient signalé, que tous les volets étaient clos.

Ils avaient pensé pouvoir requérir deux voisins pour les assister dans la fouille de la maison, mais, malheureusement, le quartier était aussi désert qu'une cour de récréation pendant les congés scolaires. À croire que tous avaient déserté la commune comme après l'invasion hitchcockienne des oiseaux. Le serrurier, qui les attendait sur place à la demande de Machoire, leur proposa d'appeler Nicole, l'employée de mairie.

— Va pour Nicole, lui avait répondu Coty, mais il nous faudra aussi trouver quelqu'un d'autre.

— Et moi, je ne peux pas faire l'affaire ? s'enquit le serrurier.

— Pas de témoin pris dans l'équipe, c'est la règle, lui répondit Calmart.

— Parlez-moi d'une règle, vous ! S'il faut ameuter tout le village ! protesta le serrurier qui ne semblait pas disposer à appeler quelqu'un d'autre.

— C'est comme ça depuis Napoléon, lui lança Coty, rigolard.

Nicole, l'employée de mairie, venait d'arriver accompagnée du garde champêtre. Elle semblait effectivement très bien connaître le serrurier, lequel dans un temps record avait introduit tout ce petit monde à l'intérieur d'une vaste pièce qui faisait office de salon, cuisine et salle à manger. Une pièce de maison de campagne, vaste et pratique, dont les occupants étaient partis sans trop se soucier du rangement. Au fond, une porte s'ouvrait sur un couloir qui desservait trois chambres et une salle de bains avec W.-C. séparés. Marcel, le serrurier, avait déjà investi les lieux. Un escalier conduisait à une mezzanine donnant sur un grenier.

Coty et Calmart commencèrent une perquisition minutieuse dans les règles prescrites par le Code de procédure pénal. Enfin, presque ! La visite du rez-de-chaussée avait été rapide car, à part quelques linges de maison, les tiroirs ne contenaient aucun papier. Ils montèrent d'un pas décidé l'escalier, suivis du garde champêtre, sans avoir prêté attention au serrurier et à Nicole, restés dans la chambre du fond. En fait de témoins, ils s'en dispensèrent.

Ils entreprirent d'ouvrir et de fouiller meubles, placards et tiroirs des commodes de la mezzanine, jaquettes vidéo du comptoir média sans y découvrir le moindre indice. À ce point de leurs recherches, on ne pouvait pas dire que les investigations étaient fructueuses. Il leur restait le grenier à visiter et ils ne s'attendaient pas à plus de résultat. Aussi, lorsqu'ils poussèrent la porte, à peine retenue par une serrure fragile, ils furent surpris de découvrir plusieurs cartons, posés là, sous la pente du toit. Dans le premier, se trouvaient des talons de chéquiers et des formules vierges de l'association Terre-neuve.

— Bingo ! s'écria le jeune Calmart.

— Super bingo ! lui répondit en écho Coty qui venait de mettre la main sur un dossier intitulé « Boninvest » dissimulé dans un vieil édredon.

Accroupis sur le plancher poussiéreux, Calmart et Coty s'étaient plongés avec passion dans la lecture des documents sous l'œil interrogatif du garde champêtre qui, pour tuer le temps, s'était accroupi comme eux et s'était mis à compulser de vieilles revues.

Ils n'avaient pas prêté attention à Nicole et au serrurier qui les avaient abandonnés depuis longtemps. Ces deux-là étaient restés au rez-de-chaussée, planqués dans la chambre au fond du couloir et on pouvait distinctement les entendre glousser. Même étouffés, les petits cris lâchés par Nicole ne pouvaient prêter à confusion.

— Ah ! celui-là ! s'exclama le garde champêtre.

Calmart fit comme s'il n'avait rien entendu ou voulut ne pas se distraire de son travail, trop concentré qu'il était à essayer de comprendre les liens de certains documents découverts avec leur affaire. Il venait de mettre la main sur une chemise renfermant plusieurs factures à l'ordre de Terre-neuve et des pièces de retrait sur un compte du Crédit lyonnais.

De son côté, Coty poursuivait l'inventaire de son carton, tendant parfois une oreille discrète et un regard furtif vers le garde champêtre. Intéressés par leur découverte, Coty et Calmart ne prêtèrent plus attention aux gloussements de Nicole qui se prolongeaient, ne laissant aucun doute sur le plaisir qu'elle prenait de sa rencontre avec le serrurier.

— Là où il y a de la gêne, il n'y a pas de plaisir ! se contenta de dire Calmart.

Lorsqu'ils redescendirent du grenier pour rédiger le procès-verbal et faire signer les témoins, les deux étourneaux se trouvaient attablés comme si de rien n'était et attestèrent sans sourciller de leur présence constante et effective.

En les quittant, Calmart ne put s'empêcher de dire à Nicole qu'elle venait d'entrer dans la postérité de son village, comme Sarah Bernhardt y était entrée avant elle. Et de lui rappeler, ce qui l'avait bien fait marrer en passant devant la vaste propriété, l’inscription qui figurait sur le portail d’entrée : « Ici coucha Sarah Bernhardt, maîtresse du directeur du Châtelet ».

— Attention, lui dit Coty, de ne pas retrouver votre nom épinglé sur le portail des Leprince avec la mention : « Ici Nicole s’est donnée au serrurier dans la plus stricte intimité ».

— Vous avez été témoin de quelque chose, vous ? demanda Coty en souriant au garde champêtre qui ne savait plus où se mettre.

Finalement, ce village avait plus de vie qu’il n’y paraissait.

Les jours se suivent
et ne se ressemblent pas

Servan s'était peut-être trop engagé. Il avait mis un point d'honneur à lever cette coqueluche.

— Pas possible qu'on n'y mette pas la main dessus ! s'était-il exclamé lors du débriefing.

Pour cela, il était allé trouver un copain cuistot au mess des Affaires étrangères. Connaissant l'oiseau, toujours à la recherche d'une proie nouvelle, il s'était dit que si Lucie était aussi canon qu'on le prétendait, elle n'avait pu lui échapper. Malheureusement, Gino ne voyait pas de qui il s'agissait. Des filles du contrôle financier, il en connaissait, mais pas une ne correspondait à la description évasive que Servan lui faisait d'après le peu d'éléments fournis par Aurillac.

En revanche, Gino se souvenait d'avoir vu venir déjeuner, dans la petite salle des directeurs, il y avait à peine deux jours, le nommé Aurillac avec son Némo. Une information qui allait plaire à Baranes, se dit Servan, histoire de ne pas faire retomber la pression. Bref, il ne restait plus à Servan qu'à planquer le lendemain matin place des Vosges pour tenter de lui mettre la main dessus.

Pour une fois, ses contacts ne lui étaient pas d'un grand secours et Gino, voyant la déception de son copain, lui proposa de l'accompagner dans le 18e, au pot de départ en retraite d'un ami commun. Bien qu'il dût se lever tôt, Servan se laissa tenter. L'occasion pour lui de renouer avec la tenue, de revoir ses collègues gardiens de la paix, dont Martinez qui quittait le service avec le grade de brigadier-chef.

Comme d'habitude, le pot s'était terminé en beuverie. Chacun y allait de sa petite histoire, et la coutume voulait qu'elle soit suivie d'une rasade générale. Celle de Gino lui collait bien à la peau : après la suppression des groupes de voltigeurs qui intervenaient à moto dans les manifs pour chasser les casseurs, les blacks blocs, il s'était retrouvé chauffeur de canon lance-eau aux services techniques. Il n'y est pas resté longtemps, il a été vite renvoyé sur le pavé.

Il était chef de cabine et le véhicule était stationné en position de protection de l'Élysée au rond-point des Champs, sur la contre-allée du commissariat du 8e. Il passait ses heures avec son collègue dans le cockpit à « mater les gonzesses », comme il disait. Les commentaires allaient bon train sauf qu'un jour, par mégarde ou par plaisanterie, son collègue a activé le public adress, le haut-parleur situé sur le toit du camion. Ces deux imbéciles se marraient tellement qu'ils n'y ont pas prêté attention jusqu'au moment où ils virent arriver le commissaire chargé du dispositif accompagné du chef de brigade. Ils en rient encore aujourd'hui, mais sur le moment, ils n'étaient pas fiers.

Ce que ne dit pas Gino, c'est qu'il ne resta guère plus longtemps sur le pavé. Trop convivial, il passait plus de temps à blablater qu'à verbaliser et il fut rapidement versé aux cuisines du mess, plus en rapport avec son métier d'origine.

— Comme quoi, dans la vie, il ne faut pas essayer de faire ce pour quoi on n'est pas fait… Moi, je me sens bien que dans la tambouille ! conclut-il en resservant tout le monde dans l'hilarité générale.

— Sur ces belles paroles, je dois y aller, leur dit Servan. Dans quelques heures, je dois être au taf.

La nuit fut effectivement très courte, car dès cinq heures trente du matin, et malgré sa soirée chargée, Servan était au rendez-vous.

Arrivé place des Vosges, il fut surpris et inquiet de voir régner une grosse activité à cette heure matinale. Un important service d'urgence et de secours se trouvait là et, autour, de nombreux agents s'agitaient. Un camion des pompiers stationnait devant le bateau, rejoint par une ambulance du Samu, gyrophares flamboyants mais sirènes éteintes. Cela n'annonçait rien de bon pour réussir la pénétration discrète à laquelle Servan comptait se livrer mais, d'un autre côté, il n'avait plus à forcer la porte d'entrée.

Les deux battants étaient grands ouverts et le véhicule du Samu manœuvrait pour se positionner. Deux infirmiers accompagnés de pompiers poussaient une civière, recouverte d'une feuille de papier dorée. Il ne dépassait que la tête d'une femme sous masque à oxygène. Suivait un autre infirmier qui tenait à bout de bras le goutte-à-goutte. Aucun des trois ne semblait pressé de mettre la femme dans l'ambulance, ce qui inquiéta Servan qui avait hâte de les voir partir tout en espérant qu'il ne s'agissait pas de Lucie. Il voulut s'en assurer. Un pompier resté en faction tentat de repousser Gaston Servan :

— Ne restez pas là, lui dit-il, vous ne pouvez pas passer.

— Police ! répondit Servan en sortant sous son nez le sésame « laissez passer et circuler librement le porteur de la présente carte habilité à requérir la force publique pour les besoins du service ». Que se passe-t-il ?

— Une tentative de suicide, répondit le militaire. C'est le mari qui a prévenu le 18.

— On sait de qui il s'agit ? s'inquiéta Servan.

— Une jeune femme du 4ᵉ C.

Ouf ! Servan était rassuré. Un court instant, il avait pensé qu'il pouvait s'agir de Lucie Leprince, au 2ᵉ C, chez qui il s'apprêtait à intervenir avec son groupe.

Il était arrivé le premier pour s'affairer sur la porte d'entrée et libérer les accès à ses collègues qui devaient se présenter vers cinq heures quarante-cinq.

Cette intervention des pompiers ne pouvait pas mieux tomber. Elle lui facilitait grandement la tâche car l'immeuble était plus sécurisé qu'un bunker. La porte principale sur rue était codée, mais cela ne lui aurait pas pour autant posé de difficulté, il disposait d'un passe version système D. En revanche, elle donnait sur un sas, fermé par une solide double porte en verre dont les codes d'ouverture avaient été remplacés par une clé plate propre à chaque appartement. Il n'aurait pu entrer si les pompiers n'avaient pas ouvert les battants. Ces derniers l'avaient laissé passer et il rejoignit l'étage de Lucie par l'escalier. Là, il guetta l'arrivée de ses collègues qui ne tardèrent pas.

Machoire et Fabienne étaient montés directement au deuxième étage et, dans le plus grand silence, tous trois attendirent sur le palier l'arrivée de Baranes qui devait être accompagné d'un auditeur de justice. L'importance que se donnaient alors ces élèves magistrats en formation, qui s'imaginaient déjà être la crème de la société, faisait rire Servan. Pour lui, ils avaient tous le même travers, une certaine marque de fabrique. Formés pour rendre la justice au nom du peuple français, ils savaient vite prendre du recul pour afficher leur indépendance. À l'entendre, les magistrats ne se sentaient pas concernés par les opérations de police. Ils ignoraient les conditions du terrain et se complaisaient à relâcher les délinquants qu'elle arrêtait. Beaucoup attribuaient les opinions excessives de Servan aux mauvais souvenirs de son passage en sécurité publique.

Mais Servan avait aussi son lot pour les juges financiers. Il leur reprochait d'être trop décalés par rapport aux enquêtes, de prendre leur temps à rendre leur décision. Les stages en immersion étaient donc une bonne chose, ils les confrontaient à la réalité.

Dans le cas présent, ils allaient faire toucher du doigt à ce jeune magistrat le long parcours que mènent les enquêteurs pour identifier ou remonter les auteurs et les témoins de faits crapuleux. Peu se livrent de leur plein gré à la justice. Les magistrats sont alors un peu comme ces cuisiniers au chaud devant leurs fourneaux qui attendent que le chasseur leur livre le lapin, pour reprendre une métaphore de Baranes.

C'est sur le chemin du retour de Bois-le-Roi, dans la voiture, que tout s'est décanté. Coty, excité comme une puce d'avoir découvert des documents, avait entrepris de feuilleter le classeur renfermant des factures et des notes diverses. Quelle ne fut pas sa surprise lorsqu'il constata à la lecture du détail des travaux d'un menuisier ébéniste que le lieu d'exécution mentionnait : appartement 2ᵉ C 18, place des Vosges à Paris IVᵉ. S'il n'avait pas été préoccupé par la réalisation de placards dans la chambre de son fils, peut-être serait-il passé à côté. Comme quoi, cela tient à peu de chose.

Ce qui l'intéressa d'abord sur le devis, c'était son prix, car il courait tous les marchands de meubles du coin pour savoir s'il devait acheter tout fait ou faire fabriquer. Il ne s'intéressa qu'ensuite à l'adresse du client. Pour un peu, il passait à côté.

Baranes, aussitôt informé, avait invité Machoire à monter rapidement un dispositif d'interpellation de la nommée Leprince qu'il confia à l'ineffable Servan. Après tout, c'était bien lui qui avait réussi à loger la « petite » comme il l'avait appelée.

Ils étaient maintenant tous rassemblés sur le palier face à la porte d'entrée du 2ᵉ C. Il n'y avait ni sonnette ni inscription puisque, pour accéder aux appartements, il fallait s'annoncer au rez-de-chaussée. Mais la chance leur avait souri grâce à une tentative de suicide. Ils étaient tous parvenus à l'étage sans éveiller personne.

Restait le moment délicat, faire ouvrir la porte à une personne inquiète de trouver quelqu'un sur son palier sans être avertie par l'interphone. Autant ils avaient profité d'une embellie, autant la personne à l'intérieur de l'appartement pouvait prendre peur et ne pas ouvrir sa porte. Baranes leur fit signe de se répartir de chaque côté puis, faisant face au judas, il tambourina fortement sur la porte. Il était six heures cinq, montre en main.

— Qui est là ? interrogea avec retard une voix féminine.

— Police judiciaire, madame. Commissaire Baranes.

Une femme entrebâilla la porte retenue par un crochet et demanda à voir la carte professionnelle de Baranes qui s'exécuta. Elle ouvrit. Face à elle, ils étaient cinq : Servan, Machoire, Fabienne, Baranes et l'auditeur.

La jeune femme était surprise mais pas effrayée plus que ça. Elle avait à peine eu le temps d'enfiler rapidement un caraco qui laissait voir un corps à moitié dénudé. Elle était aussi jolie que sur la photo. Brune, le teint café clair, des yeux noirs perçants, une agréable frimousse et une belle silhouette. Elle avait une quarantaine d'années, et un regard assuré qui ne marquait aucune émotion.

La porte refermée derrière eux, Baranes lui présenta sans s'attarder et dans la forme rituelle, les nom, grade et qualité de chacun des fonctionnaires, lesquels exhibèrent ensuite leur carte professionnelle comme la pratique l'imposait.

– Vous vous doutez de l'objet de notre visite ? lui demanda Baranes.

– Non ! mais vous allez me l'expliquer, répliqua-t-elle sèchement.

– Bien sûr, mais j'aurais pensé que vous pouviez avoir une petite idée et pour ne rien vous cacher, je l'aurais même préféré.

Il comprit tout de suite à qui il avait affaire. Cette femme les attendait et s'était visiblement préparée à leur visite. Elle voulait laisser le premier trait à Baranes, que ce soit lui qui dise et, à sa façon, les raisons qui les avaient conduits chez elle, pourquoi ils étaient là. Elle les connaissait, il y avait peu de doute là-dessus, mais elle espérait ainsi apprendre de Baranes la version du côté officiel. Elle attendit que Baranes parle. Futé comme un renard, celui-ci se contenta du service minimal et se garda bien d'évoquer le nom qu'elle attendait. Il préféra d'autant plus la jouer avec civilité qu'il était accompagné d'un futur magistrat.

– J'interviens pour effectuer une perquisition de votre domicile dans le cadre d'une commission rogatoire que je vous présente de M. Le Goff, juge d'instruction à Paris dans une information contre X ouverte pour « soustractions par dépositaire public », déclama-t-il d'un trait.

– Je m'en doutais, dit-elle le plus silencieusement possible.

– Je vous remercie de votre franchise, la gratifia Baranes qui en profita pour lui exposer le déroulé de l'opération.

Il allait être procédé à la fouille minutieuse de son appartement, endroits, coins et recoins, boîtes, tiroirs et autres appendices « en sa présence constante et effective ». À aucun moment il ne fit allusion à Bonnet. Mais, d'abord, il l'invita à aller s'habiller et la fit suivre par Fabienne dont la présence était calculée. À son retour, elle était vêtue d'un jean et d'un tee-shirt moulant qui ne masquait pas plus ses formes que son déshabillé.

Dans un silence religieux, chacun se mit à la tâche qui lui avait été affectée. Fabienne se devait de conserver en permanence un œil sur Lucie et de s'attarder sur ses effets plus personnels, non pas qu'un agent masculin ne puisse pas le faire, mais il valait mieux entourer Lucie de précautions.

– Histoire de bonnes femmes, avait balancé Baranes avec cette pointe de phallocratie qui le distinguait ses jours de mauvaise foi.

Servan, lui, était chargé de faire parler la technique, à savoir le décryptage des téléphones portables, de la mémoire du poste fixe, de l'agenda électronique et autres instruments informatiques et vidéo. Bricoleur dans l'âme, il était particulièrement doué pour les appareils photographiques et d'optique. Il pratiquait les manipulations avec adresse et connaissait mieux les notices techniques que le Code de procédure pénale.

Machoire, chargé de la procédure, s'attaquait à tout ce qui était paperasse.

Baranes était le seul à échanger avec le témoin en dehors de questions pratiques que les uns et les autres pouvaient poser du style : « Comment allume-t-on ? » ou encore : « Avez-vous la clé ? »

C'est un peu comme ça, dans les équipes, chacun essaie de se tenir à sa tâche. En revanche, la perquisition doit rester concentrée sur la recherche d'éléments, et plus elle se passe dans le silence, mieux les opérations se déroulent. L'enquêteur ne doit pas marquer sa surprise lorsqu'il découvre un élément.

La seule réaction qui doit être perçue est celle du témoin, qui sait que le temps des questions va alors venir. Sa stratégie de défense commence par chercher à identifier lequel d'entre eux va conduire l'interrogatoire, pour s'y préparer ou, mieux, pour tenter une approche. Ce n'est pas aux vieux singes qu'on apprend à faire des grimaces. Pas un témoin n'échappe au scénario. En lui désignant d'entrée un seul et unique interlocuteur, qui n'est jamais *in fine* celui qu'il attendait, sa tactique tombe à l'eau et lui s'en trouve fragilisé. Baranes tenait à cette façon de faire.

L'appartement était un studio en duplex de cinquante mètres carrés. Meublé confortablement avec goût, style rétro, où se mélangeaient du design des années cinquante avec des souvenirs de voyage plus modernes. Il se composait au rez-de-chaussée d'une pièce principale donnant sur l'entrée avec cuisine et coin repas, salon et, au fond, un espace bureau. Au premier étage, il y avait une chambre avec salle de bains intégrée et W.-C. séparés.

Tous se dirigèrent vers le premier étage. Fabienne s'affaira sur les tables de nuit. Elle en ressortit un lot de photos qu'elle examina rapidement mais avec attention, puis revint sur certaines d'entre elles qu'elle tendit à Baranes. On y voyait Lucie poser nue, mais on voyait aussi Lucie nue avec Bonnet et un troisième homme de dos. Un homme plus âgé dont la silhouette n'était pas étrangère à Baranes.

— Vous n'avez pas le droit ! C'est privé ! s'écria Lucie Leprince.

— Le droit, ce n'est pas à vous de me le dire, lui répondit Baranes. Privé sans doute, mais tout dépend encore de qui sont ces personnes sur la photo.

— Vous le savez très bien, rétorqua-t-elle.

Machoire, que l'échange à fleurets mouchetés avait attiré, se précipita, jeta un œil et souffla à l'oreille de Baranes :

— C'est Daugat !

— On saisit, décida Baranes.

Lucie ne broncha pas, mais ils la sentirent serrer les poings. Bien sûr que les photos la plaçaient dans une mauvaise posture, mais audelà, elle aurait préféré y être seule.

Et les photos ont pour avantage d'être une trace aussi peu contestable que le sont les empreintes. Il allait lui falloir s'expliquer et l'on sentait déjà sa gêne. De Bonnet, elle en ferait facilement son affaire, mais de Daugat, elle aurait préféré qu'il ne s'y trouvât pas. Machoire tenta de la rassurer :

— S'il s'avère que ces photos n'ont aucun rapport avec l'affaire, on vous les rendra.

Sur ce, tout le monde descendit poursuivre l'opération dans la pièce principale du rez-de-chaussée.

Lucie était blême. Elle s'était refermée, visiblement blessée dans son amour-propre.

— Préparez-nous un café, ça va vous détendre, lui conseilla Baranes tandis que Machoire s'était installé à une petite table qui lui servait de bureau et enregistrait sur le procès-verbal le chapelet de noms sortis des annuaires que Servan lui dictait.

— Vous croyez qu'à vous voir tous là, je peux me détendre, s'effondra-t-elle en pleurs. Je le savais que ça finirait mal, je ne voulais plus continuer, poursuivit-elle, larmoyante.

— Arrêtez votre cinéma, lui dit sèchement Baranes. J'ai horreur des couilles molles et encore plus chez les femmes. C'est avant qu'il fallait y penser.

De fait, ses larmes stoppèrent net lorsque Fabienne, occupée à explorer le sac à main, sortit d'un trousseau une carte Visa Premier au nom de Denise Marigot et établie par la banque suisse Bordier.

— On saisit, ordonna de nouveau Baranes qui ne marqua aucun étonnement, attendant une réaction éventuelle de Lucie.

Celle-ci ne broncha pas. Elle n'eut pas la réaction que Baranes aurait souhaitée. Comme quoi, elle s'était vite reprise.

Le reste de la perquisition n'apporta aucune autre découverte au grand regret de Baranes qui avait espéré trouver des éléments sur une liaison éventuelle de Lucie avec Levendeur ou sur la planque de Bonnet. « On ne peut pas avoir tout le temps la baraka, se dit-il. Les jours se suivent et ne se ressemblent pas ».

Mais cela ferait partie des questions auxquelles Lucie allait devoir répondre pendant l'interrogatoire qui allait suivre. Elle n'était pas sortie de l'auberge, et la perquisition n'était pas une si mauvaise opération que Baranes pensait.

Une fois n'est pas coutume

En fin d'après-midi, Baranes partit à Lyon où il devait assister à la clôture du sommet économique annuel d'Interpol et participer au repas qui suivait. Il avait prévu de faire un saut le lendemain matin à Lausanne pour consulter le registre du commerce au sujet de la société Boninvest.

Rares sont les pays dont la police intègre des enquêteurs spécialisés. La France et la Suisse sont sans doute les seuls à disposer de ce service. Les autres pays soit font appel à des groupes d'experts privés, soit confient ce type d'investigations à leurs services fiscaux. C'est notamment le cas de l'Allemagne.

Lyon était devenu le siège d'Interpol depuis 1986 après que l'organisation eût quitté Saint-Cloud dans les Hauts-de-Seine dont l'immeuble était devenu trop étroit face aux développements de ses services. L'organisation s'était transformée au fil du temps en une véritable tour opérationnelle au service de toutes les polices du monde dans la lutte contre le crime. Mille fois plus efficace que l'entraide judiciaire dont elle ne pouvait cependant pas se dispenser, elle restait une gare de triage se limitant trop souvent à retransmettre au pays concerné les demandes qu'elle recevait. D'où l'intérêt pour Baranes de fréquenter les colloques lorsqu'ils étaient organisés afin de tisser ses propres relations et d'entretenir des contacts directs avec ses collègues étrangers.

Pour rien au monde il n'aurait loupé le banquet des délégations prévu à partir de vingt heures. Il avait déjà intrigué pour être placé à la table des États-Unis et du représentant de Singapour. Deux pays qui, justement, ne disposaient pas de police financière mais d'un corps d'agents du fisc aux pouvoirs élargis.

Baranes pensait qu'un jour la France en viendrait à un rapprochement entre les services fiscaux et la police tout en laissant les pouvoirs d'investigation à cette dernière, à l'image du fonctionnement du FBI.

Les représentants de ces pays n'étaient donc pas des policiers mais des agents du fisc ou du Trésor. Ces délégués d'Interpol, attachés pour la plupart à des ambassades européennes, représentaient aux yeux de Baranes plus d'intérêt que ses collègues policiers pour les informations dont ils disposaient. En France, les policiers financiers n'avaient à ce jour pas accès aux dossiers fiscaux des justiciables, pas même au fichier des comptes bancaires librement accessible aux inspecteurs des impôts. D'une autre culture, ils approchaient la délinquance financière sous un autre angle, plus protectionniste des intérêts de l'État que des administrés.

Mais, au-delà des divergences de vues, le problème de Baranes était linguistique. Malgré moult et moult stages de perfectionnement, il parlait toujours aussi mal l'anglais. De plus, il s'obstinait à ne faire aucun effort dans l'enceinte de l'institution. Il considérait le français comme la langue officielle d'Interpol au même titre que l'anglais et, au nom de la francophonie, ne voyait pas pourquoi il devrait abandonner sa langue et se forcer à s'américaniser, même si deux cents mots suffisent à se faire comprendre des Étasuniens. Il n'était pas le seul dans ce cas-là, car les hispanistes se refusaient comme lui à pratiquer la langue de Shakespeare à l'exception de son ami portugais, Manuel Montairo, qui lui servait de traducteur en cas de besoin.

Mais Manuel avait d'autres centres d'intérêt. Il souhaitait s'attacher aussi la compagnie de la déléguée du Nigeria, sur laquelle il avait quelques vues. Mais celle-ci n'était plus d'humeur à copiner avec les Européens qui partageaient sa langue et qui lui avaient manifesté un faible soutien. Après une séance plénière houleuse, la déléguée avait dû quitter l'hémicycle sous les quolibets de plusieurs représentants d'État qui lui reprochaient son manque de coopération dans des affaires qui se généralisaient sur le continent européen.

Un vrai serpent de mer, ces escroqueries commises depuis le Nigeria. Encore plus répandues que la multiplication des billets noircis par des bonimenteurs africains. L'escroquerie à la nigériane consistait à se faire passer pour le riche héritier ou héritière d'un ministre assassiné sous la junte militaire. Le prétendu orphelin recherchait un pigeon en Europe à qui il proposait de transférer des avoirs sur son compte bancaire moyennant une confortable commission pouvant aller parfois jusqu'à trente pour cent de l'héritage. S'agissant de sommes conséquentes pouvant atteindre cinq à dix millions d'euros, il y avait toujours quelque part dans l'Hexagone un zozo imprudent pour communiquer la totalité de ses références bancaires en vue de recevoir les fonds. Des faux depuis le Nigeria étaient immédiatement confectionnés et le compte de la personne vidé de la totalité de ses avoirs. Lorsqu'il fallait interroger dans l'urgence le Nigeria sur l'existence du ministre en question ou sur la réalité des banques intervenues dans l'opération de transfert, les pays victimes n'obtenaient jamais de réponse. À croire que l'escroquerie relevait d'une stratégie de l'État.

La brave déléguée avait alors préféré se retirer que de tenter de justifier le silence des autorités de son pays soupçonnées d'encourager la fraude. Montairo s'était gardé d'intervenir, mais était sorti à sa suite et n'était pas réapparu. Baranes allait devoir se trouver un autre traducteur et il était loin de s'imaginer que Fabienne, qu'il avait laissée à Paris il y avait seulement quelques heures à peine, allait jouer les substituts.

En effet, la perquisition chez Lucie Leprince terminée, il avait été procédé sans désemparer à la fouille de son véhicule, la Golf cabriolet. Dans la boîte à gants fermée à clé, il avait été découvert une enveloppe contenant le RIB d'une banque suisse au nom de la société Boninvest et un relevé bancaire émanant toujours d'une banque suisse au nom de Denise Marigot.

Lorsqu'elle avait été entendue succinctement, Lucie s'était allongée et avait reconnu qu'il s'agissait d'une enveloppe laissée là par Julien Bonnet. Celui-ci lui avait remis la carte bleue en l'assurant qu'elle pouvait l'utiliser sans risque et se rembourser ainsi des sommes qu'elle lui avait avancées pour son départ. Un malin, ce Bonnet, qui, semble-t-il, n'avait voulu laisser aucune trace derrière lui. Et Lucie n'avait pas été très disante sur l'aide qu'elle avait pu lui apporter.

Machoire avait pensé qu'il fallait battre le fer tant qu'il était chaud et que ces informations pouvaient faire l'objet d'une commission rogatoire internationale. Il s'en était ouvert auprès du juge Le Goff, lequel, s'agissant de banques situées dans le ressort du canton de

Vaud, avait accepté de profiter du déplacement de Baranes pour court-circuiter la chancellerie.

Une fois n'était pas coutume.

Les autorités helvétiques acceptaient la collaboration judiciaire dans son principe, mais à deux conditions : premièrement, qu'il ne s'agisse pas d'affaires de fraude fiscale et, deuxièmement, que la communication de données bancaires par son pays ne génère pas de poursuites. C'était bien le cas.

Les investigations menées en France avaient permis d'identifier deux comptes bancaires qui pouvaient être liés à des poursuites pénales sans rapport avec une fraude fiscale, le dossier étant orienté vers le détournement de fonds publics. Les deux comptes bancaires, ouverts à Lausanne, dans le canton de Vaud, le Crédit suisse et la banque Bordier, pouvaient faire l'objet d'investigations.

Fabienne s'était proposée, non sans arrière-pensées, de rejoindre en soirée Baranes pour lui remettre les originaux de la demande d'entraide judiciaire nécessaires à l'homologation de la commission rogatoire.

Lorsque Baranes l'aperçut, il se sentit rajeunir de huit ans. Fabienne avait attaché ses cheveux en queue-de-cheval comme elle le faisait au temps de leur liaison. Cela lui donnait un air libéré et coquin qui lui rappela de vieux souvenirs. Elle s'installa entre l'Américain et lui et joua parfaitement son rôle d'interprète. Peut-être même en faisait-elle trop, voulant se montrer des plus agréables aux yeux de Baranes, qui ne lui prêta pas autrement attention. C'était dommage, car il se serait aperçu que Fabienne s'était abandonnée sans modération à l'alcool et qu'il commençait à produire ses effets. Elle avait tendance à s'agripper au bras de son voisin et à marmonner des mots incompréhensibles à son oreille. À un moment, Baranes avait vraiment cru qu'elle voulait l'enjôler.

Le repas se terminait et elle souffla à l'oreille de Baranes :

— Je n'ai pas réservé de chambre pour dormir.

Il se sentit piégé et il lui revint à l'esprit les images de leur séparation. Fabienne lui reprochait de l'avoir quittée comme un lâche, sans lui avoir donné de raisons et elle s'était promis un jour de le lui faire payer. Mais, ce soir-là, elle semblait lui avoir enfin pardonné. « Ou c'est l'alcool qui lui permet de le faire », pensa Baranes en constatant à cet instant qu'elle était bien éméchée.

L'attitude qu'elle avait adoptée dans le taxi qui les ramenait à son hôtel était sans équivoque sur ses intentions. D'ailleurs, il avait eu du mal à la contenir et avait fini par ne plus lui résister. Arrivée devant la chambre, elle entra la première puis referma précipitamment derrière elle la porte à double tour. Baranes resta à attendre sur le palier, bouche bée. Elle refusa de lui ouvrir et répondait à ses supplices par des éclats de rire plus provocateurs que langoureux.

Il connaissait Fabienne et comprit qu'il ne pouvait rien faire d'autre que de redescendre à l'accueil pour demander une autre chambre. L'hôtel affichait complet, mais le gardien l'autorisa à dormir sur un divan de dépannage dans le petit salon. Il ragea de se voir ainsi exposé mais dut s'en satisfaire. Lorsqu'au petit matin il ouvrit un œil, Fabienne se tenait devant lui, la clé de la chambre à la main.

— Il te reste trente minutes pour te préparer avant le départ de ton train, annonça-t-elle.

Finalement, il valait mieux en rire. C'est ce qu'il fit sur le quai de la gare où il attendait son train pour Lausanne tout en regardant Fabienne monter dans le TGV en direction de Paris.

Il était neuf heures quatorze lorsque son train entra en gare de Lausanne après presque trois heures de voyage pendant lesquelles il avait pu récupérer un peu de sommeil.

Michel Deschamps l'attendait à la sortie dans sa Ford personnelle. C'est en ami qu'il comptait le recevoir, et bien que sachant les services professionnels que Baranes attendait de lui, il voulait donner à la rencontre un caractère privé.

Il était inspecteur principal, chef de la brigade financière de la Sûreté du canton de Vaud. Cela faisait maintenant presque dix ans que les deux hommes se connaissaient et l'« ami suisse », comme aimait l'appeler Baranes, n'ignorait pas ses petites habitudes, sa passion pour la région viticole, pour la découverte de produits nouveaux et le plaisir qu'il prenait à être avec les vraies gens.

— Marc m'a déjà téléphoné. Il nous attend vers quatorze heures pour déjeuner, il va falloir faire fissa si tu dois reprendre le train de dix-sept heures, lui dit Michel Deschamps en propos d'accueil.

Marc était un ami de Baranes de longue date. Ils s'étaient connus dans un camping du Cap-Ferret au temps de leur jeunesse. Il était aujourd'hui le conservateur de l'Élysée.

Ça ne s'inventait pas. L'Élysée était une grosse bâtisse du XVIIIᵉ siècle transformée en musée mondial de la photographie grâce, notamment, aux efforts de Marc, un artiste photographe unique en son genre. Il avait toujours son œil ouvert comme une focale, percevait la lumière pour en faire ressortir les formes de la nature et pouvait donner du mouvement aux objets les plus inertes.

Mais Marc était aussi un fin épicurien, amoureux des arts de la table et du contenu de l'assiette. À l'Élysée, il avait transformé une salle de réception en vaste salle à manger avec vue imprenable sur le lac Léman. L'Élysée avait tout ce qu'il fallait pour ravir Baranes.

— Je te propose d'aller directement rencontrer le doyen des juges pour faire valider la commission rogatoire. Il est d'accord sur le principe et il s'est déjà entretenu avec Le Goff. Ensuite, on pourrait se séparer. Il vaut mieux que je me rende seul dans les banques, avait ajouté Michel Deschamps, car elles pourraient être réticentes à collaborer en ta présence. Tu en profiteras pour faire tes recherches au registre public du commerce.

— Réglés comme une horloge, ces Suisses, se mit à rire Baranes.

L'entretien chez le juge s'était bien passé. Il avait cependant recommandé à Michel Deschamps de ne pas remettre les documents à Baranes, même en photocopie. Lui aussi avait une confiance modérée en la police française mais il évita de l'afficher en se réfugiant derrière le délai d'appel dont les banquiers disposaient et se mit ainsi à l'abri de tout incident de procédure.

Cela ne gênait pas Baranes qui avait acquiescé car, Suisse ou pas, il avait toujours pour habitude de rédiger un rapport à son retour de mission de l'étranger dont les détails pouvaient aller « jusqu'à la reproduction d'un compte bancaire ».

Une mémoire d'éléphant, ce Baranes !

Cette façon de faire lui avait déjà coûté quelques incidents de procédure, mais il récidivait. Après tout, la Cour de cassation avait tranché. Elle avait donné raison à Baranes et avait statué qu'un officier de police judiciaire pouvait communiquer avec le juge qui l'avait mandaté de la façon qui lui plaisait.

Il n'allait donc pas s'en priver. Sa visite au registre des sociétés de Lausanne avait été très fructueuse. Le registre des entreprises vaudoises lui avait permis de consulter le dossier papier complet de Boninvest. Complet, il ne fallait pas rêver non plus : tout en jouant le jeu de la transparence, les autorités suisses ne rendaient publiques qu'un minimum d'informations, nom commercial, adresse, forme de la société et représentant légal essentiellement.

Il s'agissait d'une société déclarée pour réaliser en Suisse, en Europe et partout dans le monde des opérations immobilières en vue de leur location ou de leur vente et, d'une manière générale, tout acte se rapportant à son objet social. Avec ça, débrouille-toi ! Son siège social, au 21 de la rue Caroline à Lausanne, correspondait à celui d'un avocat réputé, désigné administrateur : maître Jean-Michel Zeller. Le nom, bien que très répandu en Suisse, n'était pas inconnu de Baranes.

La bonne pioche résidait dans une délibération du conseil au profit d'un autre avocat : maître Pierre Levendeur, 17, avenue Foch à Paris 8e, qui lui parlait beaucoup plus. Baranes était surpris de trouver là ce document. Comme si quelqu'un avait voulu laisser plus qu'une trace, un message. Il s'agissait d'un pouvoir donné à Levendeur pour représenter la société et signer en son nom toutes acquisitions, cessions ou transactions immobilières qui pouvaient être réalisées en France.

Avec un large sourire, Baranes demanda à la guichetière s'il pouvait s'en faire délivrer une copie. Sans sourciller, la jeune fille s'exécuta non sans avoir précisé que c'était une opération payante. C'est bien ce que cherchait Baranes. Payer une information légale pour certifier l'origine de la pièce et pouvoir ensuite opposer une preuve indiscutable.

– On n'est jamais trop prudent, se lâcha-t-il.

À la sortie du département de l'Économie de l'État de Vaud, il hésita à descendre vers le Flon pour y attendre Deschamps ou à remonter la rue du bourg pour aller flâner dans la vieille ville. Le haut de cette cité avait à la fois un air de province et un cœur de capitale, où se mélangeaient hôtels majestueux et villas individuelles.

Baranes préférait de loin Lausanne à Genève. Moins étendu mais plus escarpé, Lausanne avait à ses yeux autant de facettes que de vallées. Chacun de ses trois versants avait sa propre identité. Il se décida pour la vieille ville. Plus accessible à pied, il passerait par la rue Caroline pour visualiser le cabinet de maître Zeller et vérifier l'adresse du siège de Boninvest. Face à la plaque de cuivre, il s'interrogea sur les raisons qui avaient bien pu motiver le choix de Lausanne.

Il savait que ces sociétés n'étaient que des façades, des coquilles vides qui allaient servir d'écran à des montages, de simples pièces de domino. Il n'empêche, il restait toujours interloqué face aux portes d'entrée d'immeubles recouvertes de plaques de cuivre de sociétés fictives.

Pourquoi Bonnet avait-il choisi Lausanne pour y implanter une société et y ouvrir deux comptes bancaires ? Y avait-il un pied-à-terre ? Autant de questions restées sans réponses mais qui occupaient son esprit pendant sa marche.

Arrivé rue du Bourg, il décida de s'installer à la terrasse d'un petit café, à côté d'un luthier italien réputé, et d'y consommer son premier verre de fendant. Il était presque midi et quelques touristes commençaient aussi à se poser non sans se faire prendre en photo devant la maison en pierre blanche où Simenon finit sa vie. « Il s'emmerdait moins que nous dans ses enquêtes, le commissaire Maigret », s'amusa Baranes avec une pensée pour Deschamps qui devait batailler en ce moment avec ses banquiers pour leur arracher les relevés et glaner quelques informations sur les titulaires des comptes.

L'heure tournait et il n'avait aucune nouvelle de lui. Ils étaient convenus qu'à treize heures, si Deschamps ne s'était pas manifesté, Baranes se rendrait en taxi à l'Élysée où il le rejoindrait.

Marc accueillit Baranes en l'étreignant et ne put retenir sa joie de le retrouver.

– Je t'ai mitonné un petit plat, tu m'en diras des nouvelles ! lui dit-il.

Pour l'instant, Baranes avait quelques minutes d'avance, ce qui lui laissait le temps de parcourir les nouveautés du musée. Il le fit à la japonaise, au pas cadencé.

La photographie avait cette double qualité d'être à la fois une œuvre d'art et de témoigner d'un fait d'actualité. Avant de se lancer dans la peinture, Baranes s'était initié avec un 24 x 36 Bell & Howell à la prise de clichés impressionnistes. Il en avait gardé une certaine nostalgie pour les photographies instantanées et ce qu'elles pouvaient inspirer. Son regard s'arrêta sur une des dernières acquisitions du musée : les photographies d'un peintre français, Gilles Caron, prises pendant les manifestations parisiennes de mai 1968.

Mais Michel Deschamps venait d'arriver.

Il fit signe à Baranes de le rejoindre sur le parvis du musée, une esplanade en pierre taillée d'où l'on pouvait admirer au loin le lac Léman et les vignobles en espalier. Une image de carte postale magnifique où la vigne semblait prendre ses racines dans le lac.

– Tu as bien fait de ne pas m'avoir accompagné, ça a été très compliqué. Surtout avec la banque Bordier, exposa Deschamps.

Celle-ci s'était refusée dans un premier temps à lui communiquer les signataires autorisés. Et pour cause, le compte ouvert au nom de Denise Marigot était en fait un compte joint de Julien Bonnet et Lucie Leprince.

Marigot ne résultait que d'un contrat de fiducie : un document purement juridique entre un avocat et son client dans lequel Marigot ne devenait qu'un nom de code. Le banquier, auprès de qui Deschamps s'était étonné, lui avait répondu sans vergogne qu'il ne voyait pas de différence entre un compte numéroté de 0 à 9 et un compte lettré de A à Z. Puis, il lui avait remis, non sans précaution, l'ensemble des pièces de dépôt d'espèces, seule source d'alimentation du compte à première vue.

Marc les appela car le déjeuner était prêt. Pendant le temps qu'ils consacrèrent à ce fabuleux repas, la secrétaire du musée photocopiait les documents. Les vins choisis étaient tous du Valais, des vignobles classés au patrimoine mondial de l'Unesco. Avec l'entrée, un consommé froid de volaille écrémé, Marc leur servit un blanc sans comparaison avec les perlés habituels de la région. La petite arvine était un très grand vin blanc aux notes de confiture de rhubarbe. Son goût accompagnait bien le plat de volaille blanche quoique, traditionnellement, ce vin se servait plutôt avec des fromages cuisinés, des spécialités suisses. Le rouge qui suivit fut à la hauteur de l'agneau aux pommes. Une humagne que Baranes découvrit. Un vin typique dont les gens du pays étaient très fiers. Un produit aux cépages anciens croisés, raffiné mais qui ne pouvait se mesurer avec un chassagne comme Marc le vantait.

— On reste en qualité sur des vins de Savoie, admit Michel Deschamps, plus modeste.

— Une dernière avant le départ, proposa Marc.

Tous les trois, un verre de cornalin à la main, sortirent sur le petit balcon du salon et scrutèrent l'horizon.

— Je ne me lasserai jamais de cette vue, soupira Marc en se tournant vers Baranes. Mon seul regret, c'est que vous, les Français, malgré vos promesses, n'avez jamais pu raser les Alpes pour qu'on puisse voir la mer !

— J'en parlerais au prochain président ! répondit Baranes en rigolant.

Raser les Alpes qu'on voit la mer… faut être suisse pour penser des choses pareilles !

Tous les goûts sont dans la nature

Les perquisitions une fois effectuées, Lucie Leprince avait été conduite au service pour audition.

Ignorant tout d'elle avant l'intervention, sauf le poste qu'elle avait occupé au contrôle financier, et ce n'était pas rien, le commandant Machoire était un peu sec... Il manquait de billes pour la confondre. Le temps lui avait manqué pour préparer l'entretien comme il aurait dû le faire.

Il lui fallait cependant aller vite, lui avait ordonné Baranes, tant l'opinion publique, mobilisée par les médias, se déchaînait et commençait à se focaliser sur les faiblesses de l'Administration.

Mais le commandant avait plus d'un tour dans son sac et ses ficelles étaient nombreuses pour débrider les conversations les plus fermées. Il marchait beaucoup au nez, à l'intuition, disent les littéraires, au flair, répondent les condés. Cette fille n'avait pas qu'un rôle technique et, vu la place qu'elle occupait, il était improbable qu'elle ait ignoré les gymnastiques comptables qui lui passaient sous le nez. Car, à lire le rapport des auditeurs, elle occupait le bureau « operator ».

Forcer le dialogue d'une fille intelligente n'était pas forcément la bonne solution et, pour l'instant, elle persistait à observer un certain mutisme. Machoire s'en remettait donc à son expérience pour apprécier au pied levé si cet entretien devait être conduit comme un interrogatoire de suspect ou une simple audition de témoin. Le but étant d'obtenir de Lucie une participation de nature à éclairer le fonctionnement d'une association que jusque-là rien n'aider à trop comprendre.

L'expérience permettait vite de savoir à qui l'on avait affaire. Certes, l'on pouvait se tromper car il y avait aussi des retors, des machiavéliques, des enjôleurs, mais, en général, le suspect allait tenter de noyer le poisson et s'efforçait de dissimuler cette vérité alors que le témoin apportait son concours sans réticence. Il collaborait d'une manière plus spontanée à l'enquête, certains même, si l'on ne les retenait pas, auraient pris la place des enquêteurs. Ils savent, ils affirment, ils ne racontent pas, ils content.

Lucie, elle, était sur la défensive. Elle examinait tout d'un œil vif et conservait la même attitude que celle du trajet : le silence. Machoire savait que dans ce rapport de force entre l'interrogateur et son sujet, il allait devoir faire preuve de psychologie et de persuasion. C'est pour cela qu'il avait souhaité s'adjoindre le jeune Calmart, pas insensible à la beauté de la belle créole. Une femme avenante, aux charmes discrets et attirants, avec quelque chose de parfumé, une grâce qui, tout en lui donnant une allure stricte, mettait en avant une féminité à laquelle peu d'hommes savent résister. Le jeune agent s'y voyait déjà un peu, car n'était-il pas à l'origine de sa découverte ?

Aussi, à peine Lucie Leprince avait-elle été installée dans le bureau que Calmart l'avait déjà entreprise.

– Décrispez-vous, lui avait-il conseillé. On n'est pas vos bourreaux, avait-il gentiment ajouté, se donnant ainsi le rôle du gentil moineau et laissant à son commandant celui du méchant vautour.

Le commandant n'avait pas trop aimé cette première entrée en matière. Il aurait préféré de loin prendre la main sur Lucie et maintenir dès le départ la tension pour pouvoir ensuite mieux souffler le chaud et le froid. Mais le petit jeune, comme souvent à son habitude, avait réagi un peu vite. Il avait entrepris d'en être l'allié sans avoir réfléchi à la situation ni compris qu'en réalité cette femme, qui ne se relâchait d'aucune manière et restait de marbre, était en train de prendre le pas sur lui.

Machoire était à deux doigts de virer le jeune Calmart car, malgré sa mise en scène plutôt pathétique, Lucie Leprince continuait à faire preuve d'une certaine hostilité. Il était clair qu'elle n'avait nulle envie de participer. Elle persistait à déclarer n'avoir eu que des relations professionnelles ou purement érotiques avec Bonnet. Il lui était difficile d'en admettre moins face aux clichés découverts, mais le moment allait venir où il faudra bien qu'elle apporte des réponses et sorte de son mutisme.

Plus elle se renfermait, plus les enquêteurs savaient qu'elle s'enfonçait. Ses propos les laissaient sceptiques, mais la règle voulait qu'ils ne bronchent pas, qu'ils ne manifestent pas de surprise, qu'ils la laissent chiquer pour mieux la reprendre de volée par la suite. Un jeu en quelque sorte où chacun cherche le bon tempo. Un peu comme des joueurs d'échecs qui hésitent à avancer le trait de peur de dévoiler leur stratégie, s'assurer un coup d'avance sans jamais savoir combien il en reste à jouer avant la fin de la partie. Sauf que la garde à vue ne se prolonge pas dans le temps et que le temps, les enquêteurs doivent aussi le maîtriser, apprendre à faire avec : trop long pour des affaires de droit commun, trop court pour des affaires complexes.

Après tout, elle était libre de faire ce qu'elle voulait de son corps et l'idée de l'entreprendre sur le sujet ne les avait pas inspirés. Une chance pour elle que Baranes ne soit pas dans les parages car elle y aurait eu droit. Elle aurait eu du mal à lui faire avaler que ses parties de jambes en l'air n'avaient pour but que la recherche du plaisir… et qu'à aucun moment elle n'avait eu le sentiment d'avoir été exposée.

– Tous les goûts sont dans la nature, lui avait simplement dit Machoire.

Ce premier interrogatoire, finalement, se passait bien.

À partir du moment où le témoin n'accepte pas de collaborer, il a pour but de le laisser s'enfermer. Dit « PV de chique », comme chiquer, mentir en argot, il est l'occasion de mesurer l'écart qui va se creuser entre la mauvaise foi et les éléments matériels qui commencent à s'accumuler contre lui, en l'occurrence contre Lucie.

De la même manière, elle s'était aussi refusée à sortir de sa norme administrative. Elle avait expliqué que son contrôle avait respecté les règles, que tout son travail avait été réalisé selon les protocoles en vigueur, qu'elle prenait un soin méticuleux à décrire… et plus elle sentait de l'ennui chez les enquêteurs, plus elle en rajoutait.

Elle aussi jouait ! Elle s'était longuement appesantie sur la procédure administrative, les législations successives au sujet desquelles elle avait abondamment usé de citations, obligeant Calmart à consigner sans fin dans le procès-verbal des phrases et des phrases techniques, administratives, au jargon hermétique et au contenu sans intérêt pour l'enquête. Là encore, les enquêteurs avaient fait preuve de beaucoup de maîtrise et de patience, comme ils avaient su masquer leur jubilation lorsque Lucie avait fini par s'enfermer dans une voie qui se retournerait contre elle.

L'audition avait pris la forme d'un jeu, et la partie avançait. Chaque joueur avait un moment ou à un autre l'impression de reprendre la main sur l'adversaire.

– Le jeu du chasseur et du lapin, comme le répétait Baranes.

On laisse filer le lapin, on lui donne du temps pour se planquer, se terrer, pour mieux le déloger par la suite, le viser pour lui tirer un premier plomb, le but étant de l'affaiblir, le domestiquer en quelque sorte.

Dans cette première audition, il était exclu pour Machoire de dévoiler le moindre élément dont il pouvait disposer, de sortir le moindre contre-argument, de laisser entrevoir à Lucie Leprince que tout pouvait se retourner rapidement contre elle. Au contraire, il fallait presque l'entretenir dans l'illusion que son témoignage était utile, qu'il permettait aux enquêteurs de mieux comprendre le fonctionnement des services de l'État, tout ça pour dire « cause toujours beau lièvre ».

D'un autre côté, les révélations, ou plus exactement les informations communiquées par Lucie, permettaient aux enquêteurs de comprendre pourquoi les procédures de remboursement de leurs frais étaient aussi longues. Ce qui valut de nombreux apartés faussement intéressés de nature à mettre progressivement Lucie en confiance.

À un moment ou à un autre, il allait bien falloir en venir au véritable dialogue et la sortir de sa partition.

Machoire était patient et avait l'art de jouer les imbéciles. Il savait donner de l'avoine pour recevoir du son. Il utilisait les bons mots pour la rassurer, la mettre en confiance jusqu'au moment où il estimait que la déposition avait assez duré.

Mais, contrairement aux idées reçues en matière criminelle, les brigades financières ne pratiquent pas la religion de l'aveu et encore moins la déstabilisation ou le « vertige mental ». La financière n'était donc pas spécialement attachée à cette forme de reconnaissance de l'aveu dans les procédures. Les enquêteurs privilégiaient plutôt la recherche des preuves plus propices à aider le juge à forger son intime conviction.

Pour obtenir de Lucie des explications cohérentes, il fallait créer la situation qui le permettrait. Sans être considérée comme un des moyens de recherche de preuves, la garde à vue permet d'arriver à cette fin. Elle permet des suspensions et des reprises qui ôtent au sujet toute notion du temps. Par ailleurs, il fallait bien que les enquêteurs et Lucie marquent une pause.

Lorsque la mesure de garde à vue avait été déclarée à Lucie Leprince à l'issue de la perquisition de son domicile, il lui avait bien été indiqué les délais de son application mais en la laissant dans le doute quant à sa durée réelle : vingt-quatre heures avec une possibilité de reconduite de vingt-quatre heures supplémentaires.

Personne ne lui avait expliqué non plus les conditions de son déroulement, et, souvent, la découverte du simple local de détention suffisait à une meilleure cognition. Froid, il s'agissait généralement d'un couloir sur lequel donnaient plusieurs cellules aux portes à barreaux, des cages à lapins à visage humain. L'endroit ne prêtait pas à la rêverie mais à l'interrogation sur soi-même. Et c'est précisément ce que la méthode, élaborée par le FBI, recherchait : créer un choc émotionnel chez le témoin pour le replacer dans le contexte des faits.

Lucie ne montra aucune émotion lorsque, conduite au sous-sol du bâtiment de la brigade, elle fut remise entre les mains de la police en tenue. Changement de costumes, changement de lieux, changement de langage.

Ils avaient beau avoir été dessinés par Courrège puis par Balenciaga, les uniformes des gardiens de la paix restaient agressifs, impressionnants, et devenaient particulièrement angoissants lorsqu'ils étaient hauts en passementerie et doublés d'une arme.

Le gardien de la paix qui la reçut l'invita à le suivre dans un petit réduit. Elle devait retirer ses bijoux et autres accessoires de beauté, ses chaussures, avec sangles ou lacets, puis se mettre à la disposition de l'agent féminin qui allait la doigter. Vécue à juste raison comme une humiliation, cette dernière épreuve avait souvent un effet déclencheur.

Expliquer ensuite au « sujet » que ces mesures n'étaient dictées que par un souci d'assurer sa propre sécurité et de le protéger contre toute tentation de suicide relevait de l'impossible. L'isolement dans une cellule sombre, barricadée, seulement séparée d'un couloir de barreaux métalliques perpétuellement allumés n'arrange pas les choses. Le confort rudimentaire et froid du seul banc en pierre qui sert à la fois de lit, de chaise et de table achève le tableau.

Lucie était restée là toute la nuit, pratiquement éveillée, avec pour seule compagnie le sandwich saucisson que lui offrit l'Administration.

De retour dans le bureau de Machoire, elle se plaignit du manque d'intimité et manifesta un début de fatigue. Être en garde à vue, lui expliqua le commandant, signifiait être en permanence à la vue d'un gardien, le jour, la nuit, ici, ailleurs, y compris dans les toilettes. Une mesure qui retirait toute intimité.

— Il ne tient qu'à vous d'y mettre fin en levant les zones d'ombre qui vous concernent, lui dit-il. Mais ne vous méprenez pas sur mes propos. Il ne s'agit pas d'une sanction et encore moins d'une pression. Il s'agit d'une mesure qui correspond à votre situation : celle d'un témoin à qui il pourrait être reproché d'avoir franchi la ligne jaune.

Lucie Leprince semblait avoir entendu ce nouveau message, mais voulut encore résister.

— Si vous cherchez à me faire dire où est Bonnet, vous n'y parviendrez pas car je ne le sais pas, lança-t-elle à l'endroit de Machoire. Et d'ajouter : Je ne vois pas en quoi je serais tenue pour responsable de ses éventuels égarements.

À ces mots, le commandant comprit qu'elle sortait de son enfermement. Allait-elle être disposée à vouloir maintenant s'expliquer sur les faits ? Il tenta de lâcher quelques-uns de ses atouts comme le fait de ne pas avoir volontairement demandé de justificatifs sur les paiements au prétexte que le solde des commandes n'était pas réclamé. Elle ne nia pas.

— C'est Bonnet qui m'a demandé d'être cool sur la technique, dit Lucie. Il s'agissait au départ de faire plaisir au ministre à qui il avait proposé de financer ses fêtes anniversaires de nomination. Je n'y avais pas vu trop à redire, ajouta-t-elle, dans la mesure où il m'avait assuré que les justificatifs me seraient remis en fin d'opération.

Elle commençait à se lâcher, mais se bloquait lorsqu'il fallait aborder la moindre de ses responsabilités. Machoire tenta ce biais. Et de lui dire qu'il n'y avait aucun risque pénal à reconnaître un simple oubli administratif ou, au contraire, de lui dire que cela ne relevait pas de la responsabilité de l'ordonnateur, donc de celle du ministre ou de Bonnet.

Il n'y avait rien à y faire. Lucie Leprince gardait la main. Elle se libérait mais ne se lâchait pas. Elle ne voulait rien donner.

Le jeune Calmart eut cette bonne idée de conclure cette deuxième phase et de proposer à Lucie, en guise de détente, une séance de piano. Elle fut conduite dans la salle non intimiste des auditions, autrement dite « salle des révélations », et fut présentée au technicien du labo venu là avec ses instruments de tapissage, la fameuse mallette d'identification et de construction de portraits-robots. En premier lieu, on l'installa sur une chaise, ardoise et tapis de fond pour tirer d'elle plusieurs photos anthropométriques, de face, de profil, debout et assise. Poses qu'elle n'affectionnait pas particulièrement mais qui ravissaient Léon Calmart qui persiflait :

— Ne faites pas la gueule, il va vous louper.

— Vous voulez prendre ma place ? lui lança-t-elle non sans humour.

— C'est déjà fait, lui répondit Calmart et, joignant le geste à la parole, il sortit sa carte professionnelle. Regardez la gueule qu'ils m'ont tirée !

Il est vrai que ces portraits ne cherchent pas la beauté. Selon Berthillon, l'inventeur du signalement anthropométrique, ils doivent juste permettre de faire ressortir les particularités d'un visage.

La séance terminée, il restait à Lucie à pianoter du bout de ses dix doigts sur l'encrier et imprimer la fiche signalétique que l'informatique n'avait pas encore remplacée. Une épreuve affligeante de plus qui commença à la marquer. Calmart le sentit et ne lui laissa pas le temps de se ressaisir. Il la ramena les doigts sales, assoiffée et épuisée, au poste de police pour qu'elle soit de nouveau enfermée dans la cellule qui lui avait été réservée et qui lui servait momentanément de maison secondaire.

— Il vous reste encore quelques heures pour réfléchir sur votre sort, pas sur celui de Bonnet. C'est à vous qu'il faut penser. Après, il sera trop tard car vous serez déférée devant le magistrat. Réfléchissez, vous pouvez encore vous expliquer, lui dit Calmart.

Lorsqu'elle remonta du local de garde à vue, Lucie demanda à pouvoir boire et se laver. Fabienne, qui venait d'arriver, la prit en charge tandis que Machoire, muet, s'activait sur le clavier de son ordinateur à rédiger les questions qu'il allait lui poser. Il comptait bien ne plus la lâcher lors de cet ultime interrogatoire. À son retour des commodités, Lucie Leprince semblait avoir retrouvé sa jeunesse et ses esprits. Le commandant en fut heureux pour elle et il le lui dit. Lucie apprécia et laissa Fabienne intervenir :

— Elle veut s'expliquer, mais elle est très gênée devant vous. Elle voudrait revenir sur les photos découvertes à son domicile.

— Ne te prive pas, dit Machoire à Fabienne, mais tu consignes tout sur PV.

Lucie Leprince, bien qu'en situation fragilisée, avait dû réfléchir et savait qu'elle n'allait pas échapper aux questions sur les images. Autant se lancer à l'eau avec Fabienne, une femme qui pourrait la comprendre et à qui elle pouvait confier ses débordements libidineux.

Car c'était cela, en fait, qui semblait l'avoir empêché de parler.

Au départ de ses relations intimes et érotiques avec Bonnet, Lucie n'y avait pas vu malice. C'est plus tard qu'elle s'en était inquiétée. C'est conduite par Béréni dans une boîte d'échangistes qu'elle y rencontra Jean Daugat, le ministre, son patron qu'elle ne côtoyait qu'au sein du cabinet. À l'origine, Lucie, adepte des jeux pervers et sadomaso, s'y adonnait avec le brigadier Béréni qu'elle avait rencontré à la salle de gym du ministère.

Béréni était le garde du corps du ministre et faisait office, une fois par semaine, de professeur de sport. Un homme prévenant, flatteur, qui savait allumer le regard des femmes et qui jouait abondamment de ses relations de proximité avec le ministre. Lucie n'avait pas mis longtemps à découvrir qu'il sortait de l'ordinaire, et avait rapidement accepté, dans leurs échanges, de prendre des postures auxquelles jusque-là elle ne s'était jamais abandonnée.

Hormis les photos en action érotique découvertes à son domicile, rien ne permettait toutefois de penser que Lucie pouvait se laisser dominer et encore moins frapper. C'était cette face cachée de Lucie qui avait séduit Bonnet, un cérébral introverti, égocentrique plus qu'égoïste mais porté à sa façon sur le « bouton » comme elle disait. Avec lui, elle entretenait des relations duales qui s'étaient normalisées avec le temps bien qu'il présentât un côté débordant dont elle se protégeait. Ils étaient devenus amants et, depuis, il n'acceptait qu'occasionnellement ces excentricités libertines.

Sauf qu'un jour, Lucie passa aux confidences et lui rapporta la partie de jambes en l'air que lui avait organisée avec le ministre. C'est alors que Bonnet se mit en tête de renouveler l'orgie, ce qui ne lui correspondait pas du tout. Elle comprit par la suite que seuls les clichés l'intéressaient et elle prit peur. Bonnet la rassura en lui confiant les photos qui avaient été prises et qui « pourront un jour peut-être nous servir », lui avait-il dit. Lorsqu'elle s'en était ouverte à Daniel Béréni, celui-ci lui avait répondu :

– T'inquiète, je gère. Bonnet est un copain de régiment.

C'est à partir de là que Bonnet se rapprocha du ministre dont il devint plus son conseil que son directeur de cabinet.

Cet homme commençait à lui faire peur, et Lucie s'en éloigna. Mais elle avait eu beaucoup de mal à s'en séparer.

Comme on fait son lit,
on se couche

Lorsque Fabienne, les yeux pleins de sous-entendus, rapporta les confidences de Lucie à Baranes qui venait d'entrer dans son bureau, celui-ci tourna la tête de gauche à droite et lâcha :

— On a vraiment affaire à une équipe de pieds nickelés, pour ne pas dire de branquignols !

Sans doute avait-il raison tellement l'attitude de Béréni lui paraissait plus être celle d'un maître chanteur de pacotille que d'un chauffeur entremetteur, mais il n'était pas donné à tout le monde d'être le barbier de Séville. Aucun romantisme n'entourait les relations de la douce Lucie.

— Ah, elle est belle la République ! répondit Fabienne en souriant.

Visiblement, elle non plus ne s'offusquait pas des parties de jambes en l'air de la fille. En revanche, elle estimait que Marianne avait été bel et bien malmenée.

Mais pensez-vous réellement que ces gens-là, les Béréni, Bonnet et consorts, étaient habités de quelques scrupules. Aucun ! C'est pourquoi Baranes, que plus rien ne pouvait surprendre, ne s'en était pas plus ému que ça. Il tourna les talons et regagna son bureau, suivi par Machoire qui venait lui apporter la procédure.

— On a deux merdes, lui dit-il tout de go. La première, c'est qu'on ne sait toujours pas où est Bonnet, même si Lucie est disposée à te dire en *off* qui l'a fait partir, et la seconde, tu liras, je te laisse deviner…

Dans sa dernière audition, Lucie avait fini par se laisser aller à quelques confidences auprès de Fabienne. Non pas que celle-ci lui inspirât plus confiance que ses collègues, mais sans doute qu'entre femmes, quelque chose était finalement passé.

À l'approche de la fin de la garde à vue, c'est souvent le moment que choisissent certains pour commencer à s'épancher. Si le formalisme procédural ne laisse malheureusement plus beaucoup de temps aux enquêteurs pour enregistrer ces ultimes révélations, ce n'est en soi pas si grave : ces manifestations de dernière minute visent surtout à soulager la conscience. Sur le fond, ces confessions n'apportent souvent rien à la vérité.

Pour Lucie, c'était peut-être différent. Elle venait de comprendre que s'il allait être mis fin à sa garde à vue, elle n'était pas pour autant libre et qu'elle allait être conduite devant le juge qui décidera de son éventuelle liberté.

Fallait-il encore le trouver, ce juge !

– J'ai contacté Le Goff. Il n'est pas à son cabinet, mais dès qu'il rentre, il va te rappeler, dit Machoire à Baranes.

Ce n'était pas son habitude, à ce juge, de se rendre injoignable lorsque des opérations étaient en cours dans ses dossiers. D'autres étaient connus pour ça, mais pas lui. Il savait prendre ses responsabilités et son indisponibilité ne pouvait être que passagère.

Les circonstances faisaient que Baranes comme Machoire, au vu des dernières révélations de Lucie, ne voulaient pas prendre l'initiative de la laisser repartir sans décision judiciaire, trop de soupçons commençaient à peser sur elle.

– Combien nous reste-il de GAV ? demanda Baranes à Machoire avant qu'il ne quitte son bureau.

Il ne restait que quelques heures de nuit puisqu'il était déjà onze heures du soir et que la GAV finissait à six heures quinze le lendemain matin. Il n'était donc plus possible d'envisager une perquisition en dehors des heures légales. Même en présence de l'intéressée et même si celle-ci y consentait. La loi était là pour protéger le justiciable, pas pour faciliter le coercitif et c'était un bien dans le pays des droits de l'homme… L'heure était primordiale. Elle conditionnait tout le déroulement de la procédure.

Machoire avait d'ailleurs fait partir le début de la rétention à l'heure du début de la perquisition. Une règle de procédure qui pénalisait par la suite énormément le déroulement de la GAV car, en enquête financière, les opérations paperasse en grevaient énormément la durée qui s'avérait vite trop courte. De plus, trois heures avaient été perdues pour rien dans un transport à l'ancien bureau de Lucie Leprince. Elle y avait déménagé tous ses effets personnels et le bureau était occupé par un nouveau fonctionnaire. Là encore, il fallait le savoir !

— Mais il fallait fermer toutes les portes, avait indiqué Baranes.

Alors qu'il ne s'en prenne qu'à lui-même si la garde à vue avait été mal gérée, avait fini par dire le commandant Machoire. On ne peut être en même temps au four et au moulin. Certes, pour entendre des témoins compromis, il vaut mieux disposer de quelques éléments pour les confondre, mais il faut aussi savoir répartir le temps entre les recherches et les auditions.

C'est à cela que Machoire faisait allusion en parlant de gestion du temps et l'interrogatoire de Lucie était loin d'être terminé. Il restait encore à l'entendre sur les avantages dont elle avait profité. Elle ne pouvait pas à la fois tout rejeter sur Bonnet et tirer parti de la situation. Et là, Baranes l'attendait. Il ne regrettait pas son déplacement en Suisse qui apportait un certain éclairage à sa participation.

Lucie Leprince allait avoir du mal à maintenir que Bonnet lui avait remis dernièrement la carte bleue au nom de Marigot alors qu'elle bénéficiait de la signature du compte bancaire suisse dès son ouverture. Certes, il ne pouvait encore en faire état, mais il comptait bien faire peser l'argument auprès du magistrat lorsque Lucie lui sera présentée.

Machoire allait sortir du bureau quand Coty, tout réjoui, apporta les derniers procès-verbaux de son audition.

— Ah ! J'oubliais l'essentiel, s'exclama Machoire en désignant Coty. Explique ! lui dit-il.

Et Coty d'expliquer que, pendant la GAV, il était allé vérifier de nouveau au bureau des hypothèques, rue Paganini dans le 12ᵉ, quel était le propriétaire de l'appartement occupé par Lucie au 2C du 18, place des Vosges.

— Devinez, patron, à qui appartient cet appartement ?

– À la société Bonnet Investissement, rétorqua Baranes.

– Pas loin, dit Coty. Il appartient à la société Boninvest.

– Té ! couillon ! Boninvest, c'est qui, si ce n'est pas Bonnet Investissement ? lui retourna Baranes.

– Ça alors ! Vous le saviez ?

Et Baranes d'ajouter en prime que le représentant en France de la société Boninvest était maître Levendeur.

– Elle va avoir du mal à se défausser, la Lucie, observa, estomaqué, Michel Coty.

– N'oublie pas de l'interroger aussi sur la bagnole, termina Baranes à l'intention de Machoire.

Les enquêteurs repartis, Baranes se remit à la lecture attentive de la procédure dont il vérifia avec soin les dates et les heures des procès-verbaux, de début et de fin d'opérations. Machoire était resté à l'observer.

« Ce serait trop bête de se faire casser le dossier par un baveux à cause d'un simple problème d'horloge », se dit Baranes. Un incident qu'il redoutait toujours. Les vices de forme ont leurs abonnés, des avocats spécialisés en procédure pénale qui ne laissent rien passer… Pour eux, le fond est secondaire, c'est plus la règle qui les intéresse que la morale dans les affaires. D'un autre côté, s'agissant aussi d'un procès écrit, il fallait bien s'entourer d'un minimum de rigueur et l'avocat, véritable auxiliaire de justice, avait toute sa place. Baranes faisait partie de ceux qui avaient même souhaité leur présence dès la première heure de garde à vue. Il constata à ce sujet que Lucie Leprince n'avait pas désigné d'avocat et que Machoire s'était empressé de lui en faire nommer un d'office.

Leur arrivée dans les procédures policières n'avait pas facilité la tâche des enquêteurs. Nombreux étaient ceux qui regrettaient que les temps d'entretien ne soient pas défalqués sur les gardes à vue. Les autres répondaient que, faute d'avoir accès à la procédure, ils s'informaient du genre humain. Les avocats prétendaient que leurs interventions dès le début de la garde à vue étaient indispensables pour assurer la défense de leurs clients. Les policiers rétorquaient à leur tour que si les clients étaient placés en garde à vue, c'était bien parce qu'à ce stade de l'enquête aucune preuve n'était retenue contre eux et qu'ils ne voyaient pas ce qu'il y avait à défendre. Un langage de sourds sur lequel, là encore, les séries policières faisaient l'impasse.

Pourtant, la garde à vue était bien l'antichambre du procès pénal. Il ne s'agissait pas d'une mesure de torture policière sur laquelle la justice fermait les yeux, bien au contraire. La garde à vue était l'acte le plus encadré de la procédure, le plus contrôlé, le plus surveillé.

— Tu as surtout bien noté l'avis aux personnes, s'inquiéta Baranes, le juge, l'avocat, et le reste ?

Le juge Le Goff avait été plus qu'avisé. Il avait arrêté lui-même la date de cette interpellation. L'avis aux magistrats était plus qu'une obligation, c'était une nécessité puisqu'à l'issue de la première heure, ils pouvaient être sollicités pour accorder la prolongation que les enquêteurs demandaient souvent. De là à dire que l'acceptation de cette prolongation équivalait à une première décision de justice, il n'y avait qu'un pas que seuls les esprits tordus pouvaient envisager.

— Tu sais comme moi, répondit Machoire, qu'en ce qui concerne les gardes à vue, Le Goff est plus regardant que certains, je ne te fais pas de dessin.

Machoire avait raison.

C'est d'ailleurs un peu pour cela que la décision du placement sous mandat de dépôt avait été retirée au juge d'instruction pour être confiée au juge des libertés… à supposer que le juge d'instruction, qui avait accepté une prolongation de garde à vue, se voie ensuite obligé à ne pas se contredire en plaçant le justiciable sous écrou.

À ce moment-là, toute une série d'actes coercitifs pouvaient aussi être remis en cause, telle la détention préventive qu'une décision définitive viendrait couvrir par une condamnation ferme de même durée. Comme quoi chacun pouvait avoir sa propre lecture de la justice : celle des policiers n'étant pas celle des avocats, et celle des journalistes n'était pas celle des magistrats.

Mais l'heure tournait et Lucie Leprince s'orientait de plus en plus vers la case prison ! Les enquêteurs s'agitaient et l'on sentait le stress gagner l'ensemble du service.

Fatigué comme Lucie par une longue nuit d'interrogatoire, le commandant Machoire devait consacrer la dernière heure à rédiger une synthèse de leurs investigations à l'intention des magistrats qui allaient devoir apprécier la suite judiciaire qui serait réservée à Lucie Leprince. Elle n'avait pas apporté beaucoup d'eau à leur moulin.

Sur la commode de Baranes, la pendule indiquait une heure quarante-cinq. Dans moins de cinq heures, il devra être mis fin à la GAV de Lucie Leprince et Baranes souhaitait qu'il lui soit aménagé au moins trois heures de repos avant son déferrement. L'occasion aussi de mettre de l'ordre dans la procédure. Comme les grands esprits se rencontrent, Machoire avait programmé le même *timing* et il se présenta avec Lucie à la porte de son bureau.

— Installez-vous, leur indiqua Baranes en désignant les deux fauteuils.

Puis il se mit à lire rapidement les derniers procès-verbaux de l'audition de Lucie que lui avait tendus Machoire. Il n'y avait rien de mirobolant. Lucie Leprince persistait à ne vouloir faire aucun lien entre son travail, certains avantages financiers et ses relations avec Bonnet, dont elle continuait à affirmer ne pas savoir où il se trouvait.

— Vous n'avez pas trop avancé, mais je vous écoute, dit Baranes à Lucie. Vous vouliez m'entretenir de quel sujet ?

— Je pense que vous savez mieux que moi où se trouve Julien Bonnet, rétorqua-t-elle avec un aplomb à couper le souffle. Plus exactement, si vous ne savez pas où il se trouve, vous savez qui lui a demandé de se cacher. Je comprends que vous ne puissiez pas faire grand-chose, ajouta-t-elle d'un ton narquois.

Baranes resta de marbre et ne fit aucune mimique, contrairement à ses habitudes. On n'entendait pas une mouche voler !

— Mais puisque vous voulez me l'entendre dire, je vais vous le dire, poursuivit Lucie. Il s'agit de votre ministre. Vous m'avez bien entendue : je dis « votre ministre ». Alors, venir jouer l'étonné quand la réponse se trouve à vos pieds, avouez que j'ai de quoi m'interroger.

Baranes ne répliqua pas, attendant de Lucie un plus ample développement.

— Demandez donc à Marcel Piquard, votre si bon ministre, répéta Lucie Leprince à haute et intelligible voix.

Baranes sortit alors de sa réserve.

— J'ai bien entendu, dit-il, mais je ne vois pas ce qui vous fait dire d'abord que je serais censé le savoir. Ensuite, vos accusations sont graves, mais je suis prêt à les recevoir si vous disposez d'éléments pour attester ce que vous affirmez. Donnez-moi des faits précis, des preuves, et je vous crois.

— Je ne sais que ce que Bonnet m'en a rapporté, dit-elle en se concentrant pour se souvenir avec le plus possible de précisions. Il avait été convoqué à la Cour des comptes par M. Aurillac, quelques jours avant les élections. Aurillac lui aurait dit que quel que soit le résultat, il serait lâché et que personne ne le couvrirait, lui et ses comportements.

— Sans doute qu'Aurillac avait des raisons de le tenir pour responsable ? intervint Baranes.

— Non, il lui aurait dit que c'était sa responsabilité seule qui serait engagée, quoi qu'il se soit passé. Qu'il serait déclaré comptable des deniers publics et ferait l'objet de poursuites individuelles. Bonnet a alors pris peur, ajouta-t-elle, et il est allé demander conseil à maître Levendeur. C'est Béréni qui le lui avait conseillé et qui l'aurait accompagné. Le lendemain, Levendeur l'a fait revenir à son cabinet pour lui présenter une personne. Un ami du ministre de l'Intérieur, m'a-t-il dit, mais il n'a pas voulu me donner son nom pour ne pas me mettre en danger. Il m'a dit qu'il devait partir à l'étranger, que cette personne s'occupait de tout avec des gens de l'Intérieur, et qu'elle me ferait parvenir de ses nouvelles. Depuis, je ne l'ai jamais revu et je n'ai jamais reçu la moindre nouvelle. C'est tout. Je n'ai jamais porté plainte pour sa disparition contrairement à ce qu'a affirmé la presse.

– Ben, voyez, je ne suis pas surpris… lui dit Baranes qui observa un silence avant de revenir à ses dépositions, dont il lui met sous le nez le dernier procès-verbal.

– Et vous ne savez pas non plus qui est Denise Marigot ? reprit-il.

– Non, j'ai dit tout ce que je savais, rétorqua-t-elle.

– Et cela ne vous gêne pas de détenir sa carte bancaire ? insista-t-il.

Lucie resta muette, tout en fixant Baranes droit dans les yeux.

– C'est dommage pour vous, insista Baranes. Il s'agit d'un train maintenant en marche dans lequel vous n'auriez pas dû monter. Vos fonctions de contrôleur financier auraient dû vous empêcher de le faire, et vous savez très bien de quoi je veux parler.

Lucie ne broncha pas. Elle continua à fixer Baranes droit dans les yeux. Un long silence plein de sous-entendus et de non-dits s'installa. Le temps ne se remonte jamais.

À six heures et demie du matin, soit à peine un quart d'heure après la fin de sa GAV, Lucie Leprince était conduite au dépôt de la Cité où se trouvait un local de rétention de police. Elle allait entrer par la petite porte du circuit judiciaire.

Le dépôt est sans doute l'un des derniers bastions de l'ancien monde judiciaire. Situé derrière la Conciergerie, on y pénètre entre les deux tours moyenâgeuses donnant sur la Seine. De lourdes portes en fer forgé isolent le bâtiment du reste de l'enceinte de ce qui constituait à l'époque un monastère. Passé une dernière porte, on se retrouve dans une cour sur laquelle donne la porte d'entrée du dépôt, partagé à droite par l'aile des hommes et à gauche l'aile des femmes. Un vaste hall sur lequel se referment en son pourtour des cellules individuelles de quatre mètres carrés, sans lucarne ni fenêtre. C'est de là que partent, après plusieurs heures d'attente, les charrettes de prévenus enchaînés conduits par les gendarmes devant leurs juges.

Une détention tout à fait illégale à l'expiration du délai de garde à vue mais que la coutume parisienne assimile à des délais de présentation. Le chemin emprunté n'est pas plus reluisant. Il s'agit d'une galerie souterraine communément appelée la « souricière ». C'est le sort que la suite de la procédure réservait à Lucie.

À l'arrière de la voiture où elle avait été placée, elle commençait à s'interroger tout en ignorant le périple qui l'attendait. Peut-être aurait-elle dû relater autrement l'évolution de ses relations avec Bonnet qui, de personnelles avaient fini par se confondre avec son activité professionnelle. Elle sentait l'angoisse monter et elle se souvint des derniers mots de Machoire : « Comme on fait son lit, on se couche ! »

Servan lui expliqua qu'elle serait présentée, menottée, par les gardes mobiles au juge Le Goff qui la mettrait en examen. Il y avait de grandes chances qu'elle ne ressorte pas libre mais placée sous mandat de dépôt et conduite dans la journée à la prison pour femmes.

— Il ne faudra vous en prendre qu'à vous-même, lui avait rappelé Calmart en la quittant.

L'eau va à la rivière

Plus les jours avançaient, plus l'enquête progressait et plus Julien Bonnet apparaissait noir comme du charbon.

De lui, en revanche, toujours aucune trace. Il se terrait. Aucun indice ni aucune piste exploitable ne permettaient de le localiser, mais Baranes savait que son heure viendrait. Finalement, son absence ne gênait pas l'enquête et même, d'un certain côté, elle facilitait les choses. Avoir trop tôt Bonnet sous la main, alors que de nombreux points restaient encore à éclaircir, n'aurait pu lui profiter, alors que là, les preuves sur sa responsabilité commençaient à s'accumuler.

« Donner le temps au temps » : le proverbe prenait parfois tout son sens dans les affaires policières…

Le décorticage des opérations financières était complexe. Il fallait non seulement être en mesure de vérifier la légalité d'une dépense publique mais aussi s'assurer que sa comptabilisation était conforme à la réalité. La masse de documents, qui représentait déjà plusieurs mètres cubes, ne pouvait en l'état être déposée dans le cabinet d'instruction et c'était bien là un des principaux reproches que formulaient les avocats.

Aussi, préalablement à toute comparution, le juge exigeait qu'une copie au moins des pièces essentielles accompagne les mis en cause. Pour les sélectionner, le juge Le Goff s'était déplacé dans les locaux de la division de police. Il allait compulser les notes de Terre-neuve découvertes dans le pavillon de Bois-le-Roy et s'assurer que celles sur lesquelles les auditions de Lucie Leprince s'étaient appuyées avaient bien été jointes à la procédure. L'occasion aussi de faire le point sur la poursuite des investigations et les pistes à exploiter.

Ce travail permanent avec le juge était une obligation. Il permettait à la fois au magistrat de se prononcer juridiquement sur les éléments découverts et aux enquêteurs de poursuivre l'exploitation des pistes ouvertes ou, au contraire, de fermer les portes.

Il n'était pas facile de réunir tout ce petit monde, sachant que les uns et les autres avaient d'autres occupations professionnelles. Ce fut une fois le cas pour Fabienne qui avait été absente une semaine pour raison de stage ou Calmart qui était allé prêter main-forte à la division anti-terroriste. Mais ce jour-là, cela tombait bien car tous les fonctionnaires étaient présents au service. Ils rentraient d'opérations où ils avaient participé tôt le matin à des perquisitions avec la douane et aucune personne n'avait été convoquée. Ils attendaient donc l'arrivée du juge Le Goff, rassemblés auprès de la cafetière qui se trouvait dans le couloir, face aux ascenseurs.

Ce qui fit que dès son arrivée, le juge tomba sur eux et, après les avoir salués, il se dirigea vers le bureau de Baranes. À peine y était-il entré qu'Hubert Le Goff entreprit Baranes sur quelques points qui le préoccupaient. D'abord, sur cette campagne médiatique qui ne cessait de donner du crédit aux écrits de Bonnet, ensuite, sur le mauvais retour qui lui avait été fait sur la façon d'intervenir du commissaire.

— Ils ne vont pas vous lâcher, lui avait lancé le juge.

— On est en plein délire, avait répondu Baranes. Nous en sommes au moins à la troisième version de Bonnet. Il ne sait plus quoi inventer pour trouver une explication aux sommes en espèces qu'il a manipulées. Et maintenant, il prétend qu'il s'agissait de fonds secrets destinés à financer des opérations de renseignements. Comme si les services d'espionnage avaient besoin de Bonnet pour financer leurs missions !

— Depuis le début, ajouta Le Goff, cet énergumène essaie de nous mener en bateau. Le pire, c'est qu'il adapte ses versions au fur et à mesure de l'avancée de l'enquête, ce qui donne l'impression qu'il est informé.

— Moi, je dirais que le pire, compléta Baranes, c'est l'audience que lui accorde la presse. Comme si les rédactions voulaient prendre le public à témoin de l'usage des fonds secrets. Il a trouvé le bon créneau pour détourner l'attention qui pesait sur lui et, quelque part, nous mettre dans la merde, passez-moi l'expression.

— Évitons les commentaires et laissons-le s'enfermer, lui répondit Le Goff.

— La presse n'a pas besoin de nous, je pense... Nombreux doivent s'en charger derrière mon dos si j'en crois ce qui me revient, répliqua Baranes. Je passe pour un prévaricateur... Comme si c'était moi qui exerçais des menaces ou des pressions.

— C'est de cela dont je voulais vous entretenir. Ne prenez pas les mots à la lettre, dit le juge, mais ne provoquez pas.

Facile à dire, pensa Baranes, quand on est à l'abri dans son cabinet, mais lorsqu'on va à la recherche d'infos, c'est une autre paire de manches.

Alors se faire traiter de « morveux », « menteur », « paria », « profiteur », « corrompu », « prêt à tout », de « vénal qui trahit sa fonction pour en retirer du profit », car c'est ça un prévaricateur, quelqu'un qui agit dans l'intérêt contraire de sa mission, il faut pouvoir l'accepter alors que vous vous défoncez à percer les vérités d'un monde de pourris.

Oui, celle-là, Baranes avait du mal à la digérer !

— J'ai eu un sentiment étrange, poursuivit Le Goff. J'ai été convoqué par mon président le matin même de l'interpellation de Lucie Leprince.

— Difficile de croire à une coïncidence, releva Baranes.

— En effet, je me suis interrogé, dit Le Goff qui continua : le président voulait me voir pour attirer mon attention sur la « mauvaise » méthode qui allait consister à « embastiller » la maîtresse de Bonnet et que s'acharner sur Lucie Leprince pour faire sortir du bois Bonnet serait inutile et ne ferait qu'affaiblir le dossier. Il m'a mis en garde sur l'« opprobre » que je risquais de jeter sur la magistrature en prenant des décisions pareilles et sur les risques que j'encourais à vous faire trop confiance.

— Il manque pas d'air, votre président, le coupa Baranes.

— C'est bien la première fois que je me retrouvais dans une telle situation, admit le Juge. Je dois dire que j'étais assez partagé entre la simple alerte et la mesure d'intimidation. Mais, au-dessus de tout ça, j'ai eu du mal à comprendre comment mon président avait pu être informé de son interpellation alors que moi-même je l'ignorais puisque vous ne m'en aviez pas rendu compte.

« Malin, ce juge ! Il aurait pu faire un bon commissaire ! » pensa Baranes qui encaissa et confirma à Le Goff que personne à part lui et le groupe de Machoire n'avait été prévenu de l'opération. Il se portait garant de la discrétion de tous.

Quant à la presse qui avait analysé cette interpellation comme une pression sur Bonnet, cela montrait bien que les journalistes s'intéressaient assez peu à la réalité des faits. Ce qui semblait passionner les rédactions restait la chasse à Bonnet, et tous les journaux avaient ouvert sur cette manchette.

Même Némo n'avait pas été prévenu de l'interpellation de Lucie et Baranes ne s'était pas étendu sur ses recherches en Suisse qui pouvaient la mettre en cause.

— Ma main à couper ! reprit Baranes. C'est encore une provocation de Levendeur, mais j'en aurais le cœur net. Je suis formel sur la loyauté de toute mon équipe, la fuite ne vient pas de chez nous.

— Je le sais, reprit le juge. Et c'est bien ce qui m'inquiète car, à part ma greffière qui a entendu notre conversation téléphonique mais qui n'a pas quitté le cabinet, je ne vois pas qui au palais pouvait dans un temps record être aussi bien informé.

— Je persiste à penser que maître Levendeur a ses entrées au palais... insista Baranes qui avait du mal à accepter qu'à chaque fuite, les magistrats ont tendance à charger les enquêteurs.

Puisque les avocats ne bougent pas de leur barreau, on aurait intérêt, estimait-il, à faire tourner tous les trois ans les magistrats à l'image de ce qu'il se fait pour les préfets et les commissaires. Comme ça, il y aura moins d'accointances extraprocédurales.

— Ou alors, mon cabinet a été plombé par une écoute ! se livra Le Goff. Pour ne rien vous cacher, j'en ai parlé au doyen, lequel a immédiatement sonné la garde. L'officier de gendarmerie m'a assuré qu'ils allaient passer ce matin avec la poêle à frire et que, si je ne voulais pas sentir la graisse, le mieux pour moi était d'être absent, lâcha-t-il avec un certain sourire.

– À vous suivre, dit Baranes, ce n'est pas parce qu'on n'est pas entendu qu'on ne doit pas être écouté !

Ils éclatèrent de rire.

L'arrivée de Machoire mit fin à leurs apartés. Il se présenta avec Servan, Calmart et Fabienne comme Baranes le leur avait demandé. La séance de travail pouvait commencer.

C'était à Fabienne qu'il appartenait de venir expliquer le circuit des fonds qu'elle avait identifié dans les opérations contestées.

La méthode des flux était toujours la même… suivre l'argent d'où il sort et voir où il va ! Bien sûr, il devait ensuite être recherché l'explication économique. Souvent, elle répondait à des montages de nature à faire écran à la réalité, elle embrouillait mais s'appuyait forcément sur des documents qui ne pouvaient disparaître.

Fabienne resta debout à côté du tableau sur lequel figurait le schéma tracé par Baranes :

– En haut, au centre, un rond dans lequel était inscrit « BUDGET », en dessous de ce rond, à gauche et relié par une flèche, un carré avec pour inscription « ASSOS », et encore en dessous du carré, un triangle relié par un pointillé dans lequel figurait le symbole de l'euro.

Elle attendait pour commencer son exposé que Calmart cesse de jouer avec son crayon…

– Te formalise pas, lui avait dit Baranes, on t'écoute.

Elle pointa son doigt sur le symbole.

– Le compte bancaire ouvert au Crédit lyonnais par Terre-neuve a fait l'objet d'importants retraits de sommes en espèces, dit-elle. Je me suis attardée sur les dates des retraits et les justifications que j'ai pu recouper.

Sur les dates de retraits d'espèces figurant sur les relevés bancaires, elle avait constaté, non sans intérêt, que celles-ci correspondaient toutes aux mêmes dates où des sommes identiques en espèces étaient comptabilisées au registre des fonds secrets. Elle précisa qu'il fallait se garder sur ce point de penser que ces premières constatations tendaient à donner raison à Julien Bonnet qui n'avait de cesse de répéter depuis sa fuite que tous les fonds retirés en espèces avaient été remis à Jean Amiel, le chef de cabinet, pour alimenter les fonds secrets.

Jean Amiel avait formellement démenti publiquement les explications de Bonnet et affirmé que les fonds du cabinet provenaient exclusivement de Matignon et qu'à aucun moment il ne pouvait y avoir de liens avec les comptes bancaires d'une association. C'était à peine s'il connaissait Bonnet.

— L'enquête est en train de lui donner raison, intervint le commandant Machoire.

Sur les justifications de leur emploi, Fabienne rappela qu'il avait été opposé le secret-défense aux fonds encaissés par le cabinet. De son côté, Bonnet s'acharnait à dire qu'une partie des fonds avait directement bénéficié au ministre, notamment pour financer ses somptueuses fêtes anniversaires à Auch.

— Un aspect sur lequel on reviendra, avait indiqué Baranes qui fit signe à Fabienne de poursuivre.

— Le hic, dit-elle, c'est que nous retrouvons, deux jours après chaque retrait, les mêmes sommes, à l'euro près, au crédit du compte bancaire suisse ouvert au nom de Marigot.

Bien sûr, il allait falloir attendre le retour officiel de la commission rogatoire internationale pour en faire état, mais déjà cela donnait un autre éclairage, une autre piste sur la destination des retraits d'espèces que Bonnet s'était bien gardé d'aborder.

— Mais alors ? s'écria le juge, si Bonnet a utilisé les dates de remise des fonds de Matignon pour procéder à ses propres retraits, c'est qu'il connaissait l'existence d'une comptabilité des fonds secrets ?

— En fait de fonds secrets, précisa Baranes, je crois pouvoir dire qu'il s'agit de fonds destinés à être répartis entre les membres du cabinet pour permettre à chacun de percevoir une indemnité forfaitaire de représentation… un habillage à un complément de salaire, ce que Bonnet ne pouvait ignorer.

– De plus, ajouta Fabienne, pour être très précise, on relève que la date de retrait des fonds sur le compte bancaire n'est pas exactement la même que celle du registre des fonds secrets. Je pense que Bonnet a confondu les dates d'opération avec les dates de valeur.

– En plus d'être machiavélique, il n'est pas bon ! s'exclama Baranes.

– Mais là n'est pas l'essentiel, poursuit-elle, même si on peut se demander si l'oiseau n'a pas recherché tout simplement un habillage en évoquant les fonds secrets. Il connaissait effectivement les dates de remise d'espèces de Matignon et procédait à des retraits sur le compte du Crédit lyonnais en conséquence. Chaque retrait sur le compte bancaire du Crédit lyonnais a été opéré également le jour même de l'encaissement sur le compte de l'ordonnancement de paiement. Bonnet était le seul à pouvoir faire la corrélation entre les deux dates et les deux comptes : celui du Crédit lyonnais et celui des fonds secrets. Cerise sur le gâteau, jubila-t-elle, toutes les ordonnances de paiement ont été signées du ministre Daugat, même les jours où il était à l'étranger !

– Je suppose que cela n'a pas dû émouvoir plus que cela les auditeurs de la Cour des comptes, lança Machoire avec une certaine ironie.

– Ça reste à voir, lui répondit Fabienne, mais là il n'y a pas cinquante hypothèses, déclara-t-elle : soit Daugat signait des ordonnances en blanc, ce qui matériellement paraît impossible si l'on suit la chaîne de l'ordonnancement public des paiements, soit sa signature a été imitée. Et là, suivez mon regard.

– Lucie ? interrogea avec surprise Le Goff.

– Une expertise nous le dira, je ne suis pas graphologue, monsieur le juge, mais il y a de grande chance que nous soyons effectivement en présence de faux, répondit Fabienne.

La tournure de l'analyse n'était pas pour déplaire au juge Le Goff pour qui la comptabilité publique, qui jusque-là l'ennuyait, commençait à le fasciner.

Vint le tour de Calmart de passer au tableau.

– Je n'ai pas grand-chose à dire, s'excusa-t-il, si ce n'est qu'on a constaté que l'eau va à la rivière, et qu'elle l'a bien arrosée. Je m'explique, dit-il en pointant le marqueur vert sur l'euro d'où il tira deux traits horizontaux. Les seuls paiements douteux sur lesquels on peut sans risque d'erreur enquêter sont ceux des fêtes anniversaires et une opération immobilière autour de ce château dans l'Allier.

Et il écrivit en lettres capitales : « ANNIVERSAIRE » et « ALLIER ».

– En dehors de ces deux opérations pour lesquelles je ne dispose pour l'instant d'aucun élément comptable capable de les reconstituer, le reste des dépenses me semble conforme aux ordonnances, dit Calmart. Je souscris entièrement à la présentation de Fabienne, termina-t-il en se rasseyant.

Ce qui voulait dire que l'enquête allait devoir maintenant s'orienter vers le décorticage complet de ces opérations et rechercher le coût exact de ces dépenses auprès de leur opérateur.

– Vous oubliez Marigot et Boninvest, ajouta Baranes qui se leva, prit le feutre et écrivit en gras souligné : « SUISSE ».

Encore une piste que Bonnet avait oublié de signaler.

Qui a bu boira

L'enquête avançait bien et Baranes estimait, à l'instar du juge, qu'environ la moitié des faits dénoncés par la Cour des comptes étaient maintenant élucidés.

En revanche, Bonnet, dont la mise en cause personnelle était désormais évidente, restait introuvable.

Mais à ce stade du travail, les équipes se devaient de décompresser, les chefs de lâcher du mou.

Dans les services d'enquête, une tradition veut que tous ceux qui ont participé à une affaire se retrouvent pour la clore dans l'allégresse et l'ivresse. Une fête de famille qui prend l'allure d'une bombe sans limites. Certes, le dossier était loin d'être terminé, mais il fallait raisonner par paliers, avait lancé Machoire, si l'on ne voulait pas s'épuiser de ne jamais en voir la fin.

Personne ne s'y opposa, bien au contraire. Chacun savait que c'était l'occasion de prendre le temps de s'expliquer sur ce qui aurait mal été compris des uns, ce qui aurait pu contrarier, voire chagriner, les autres. Ni grades ni barrières dans ce grand relâchement. Les sentiments et les ressentiments, que la fonction oblige à dissimuler, sont évacués sans retenue. On s'éclate aussi. Rien de tel pour maintenir cet esprit d'équipe qui fait de la police une grande maison. Il n'y a pas de bouc émissaire à désigner pas plus qu'il n'y a de césar à délivrer.

Dans le monde du secteur privé, cette festivité a été remplacée depuis bien longtemps par le saut à l'élastique ou autre défi propre à rivaliser avec sa peur : une technique asservissante pour libérer son agressivité, sortir d'une passivité et se protéger contre les manipulations du monde professionnel. Les flics, eux, utilisent une autre méthode pour s'envoyer quelques décharges d'adrénaline. Après avoir fait le plein de ressources, les uns se crachent à la gueule leurs quatre vérités pour finir par oublier et repartir rabibochés, les autres déjà plus soudés, mesurent leur capacité à boire et à résister à l'alcool jusqu'à la prochaine escapade. Et elle peut porter loin.

En vue de cette prodigieuse débauche collective, ils s'étaient regroupés dans le bureau réduit de Servan où ils avaient déjà descendu quelques mesures de whisky en attendant le retour de Fabienne, partie se refaire une beauté.

Le jeune gardien de la paix aussi était rentré chez lui préparer sa jeune femme à un retard particulier. Il fallait lui expliquer qu'en plus d'un travail sans horaires, elle devait admettre les bringuasses comme faisant partie pleine et entière du métier de policier. Baranes, qui en était à sa troisième femme, n'était jamais arrivé à trouver les mots pour le dire.

En attendant, et pour se mettre dans l'ambiance, ils avaient commencé à jouer à celui qui sortirait la plus grosse blague sur la maison. Profitant que Baranes n'avait pas encore pointé son nez, Calmart se mit à conter l'histoire du lapin, devenu le symbole du service :

— C'est le nouveau ministre qui veut tester les services que les directeurs lui présentent. Ils lui font tellement de pipeau dans leur présentation qu'il veut savoir lequel des trois, du GIPN, de la DST ou de la PJ, est le plus apte à attraper les criminels sur le terrain. Il leur donne donc rendez-vous à tous le lendemain matin en forêt. Le directeur de la logistique affecte un bois à chaque service et lâche un lapin dans chaque bois.

Les gars du GIPN se précipitent et encerclent leur bois, font une sommation rapide et à peine articulée, puis mitraillent tout ce qui bouge, mettent le feu au bois, détruisent toutes traces de vie et de leur passage. À leur sortie du bois, la presse les attend pour prendre les photos du lapin et saluer leur exploit. Très fiers dans leur costume de tortues ninjas, ils rapportent le cadavre carbonisé du lapin et déclarent : « Mission accomplie ». Allez voir, vous, s'il s'agissait d'un lapin. Les espions de la DST pénètrent à leur tour dans le bois et, à pas feutrés, ils y placent micros, vidéos et autres appareils sophistiqués. Ils engagent des lapines bien roulées, soudoient quelques renards, les truffent de carottes, font de l'intox aux limaces et interrogent discrètement les fleurs et les cailloux. Lorsqu'ils ont fini de vider les caisses du service après plusieurs jours d'enquête, ils concluent : « L'affaire est close, ce lapin n'a jamais existé, il est le fruit de l'imagination d'une presse engagée ».

Reste la PJ. Les hommes aux brassards fluo « Police » pénètrent dans leur bois avec, une fois n'est pas coutume, le panier à salade que la sécurité publique a bien voulu leur prêter. Ils organisent une rafle gigantesque dans les clairières et reviennent le lendemain matin avec un sanglier bien amoché qui ne cesse de répéter : « J'avoue, je suis un lapin, je suis un lapin, mais pas sur la tête, pas sur la tête ! »

Ils étaient morts de rire lorsque Baranes fit son apparition dans le bureau et tous en chœur, les mains croisées au-dessus de la nuque, de s'esclaffer :

– Pas sur la tête, patron, pas sur la tête.

– Je vois, dit Baranes, ça va être chaud !

Selim Zoary, un des rares inspecteurs des impôts doté d'une carte de la police nationale, et il n'en était pas peu fier, s'était joint à eux pour la circonstance. Il appartenait à la division et participait à sa façon activement au dossier en alimentant notamment son administration sur la situation financière des personnes impliquées dans les affaires.

Baranes n'était pas contre le procédé à condition de pouvoir le contrôler. Et contrôler Selim, c'était pire que de vouloir encadrer Baranes. C'était comme vouloir empêcher les marées d'entrer dans le bassin d'Arcachon.

En contrepartie, Selim s'était impliqué et avait pris l'engagement de dresser la balance d'enrichissement de Bonnet.

– N'oublie pas que tu me dois quelque chose, lui rappelait souvent Baranes.

Le groupe était au complet maintenant. Avec Selim Zoary, ils étaient huit. Baranes avait réservé neuf places chez Babeth, au cas où, on ne sait jamais, le juge aurait voulu se joindre à eux.

Il fit le voyage jusqu'à la porte de Clignancourt avec Fabienne comme seule passagère. Elle était resplendissante dans son petit tailleur gris souris. Elle avait pour une fois dégagé ses cheveux, ce qui lui donnait un véritable air de femme fatale. Elle sentait bon.

— Irrésistible ! lui lança Baranes.

— Quoi, « irrésistible » ? demanda-t-elle.

— Ton parfum, « Irrésistible » de Givenchy, compléta-t-il.

— Tu m'épateras toujours, toi. Elle porte le même ?

Baranes préféra ne pas répondre. Il savait où elle voulait le mener et il n'aimait pas du tout cette curiosité mal placée. En revanche, il lui retourna la question en bon jésuite qu'il était.

— Et toi, tu es en mains ?

— Peut-être, lui dit-elle, roucoulante.

Il passa sa main droite entre ses genoux et elle se laissa faire.

— Vis ta vie, lui dit-il. Tu as des cuisses superbes et ce serait dommage de ne pas en faire profiter.

Mais lorsque sa main s'aventura sous sa jupe pour vérifier si elle portait toujours ses Dim, elle ne manqua pas de le stopper net :

— Ce n'est plus pour toi. Conduis.

Lorsqu'ils arrivèrent chez Babeth, ils étaient les derniers. La table avait été réservée dans la salle du fond, au milieu d'autres tables. Le restaurant était en carré avec les cuisines au centre. On y entrait par un côté et on en sortait par un autre. Ce resto faisait partie des endroits branchés de Paris, genre « déconne gasconne ». Une véritable cuisine de féria, vins et pain à volonté, comme le buffet. Quant aux plats, la patronne ne variait pas : thon à la basquaise ou « Babeth à l'échalote » comme l'avait écrit un jour Baranes. Pourtant, ce n'était pas un claque et aucun des habitués ne se permettait des écarts avec elle. Encore moins les Biterrois qu'elle appréciait modérément depuis qu'ils s'étaient foutu une trempe avec les Biarrots, ses petits préférés. Mais avec Baranes, c'était encore différent. À croire, lorsque Baranes l'appelait « maman », qu'une envie d'inceste trottinait dans sa tête. Combien de fois aussi ne lui avait-elle pas répété qu'il pourrait être son fils. Une façon de le pousser au crime. Toujours est-il qu'à la vue de Fabienne, un peu comme elle, assez collet monté, elle lui présenta ses congratulations :

— Je vous souhaite bon courage ! Il n'est pas méchant, mais quand il est fumé, c'est plus Baranes. C'est soit Baratin, soit Baravin.

— Là, tu n'aurais pas dû, dit-il à Babeth en lui foutant une vraie main au cul, cherchant les contours de son slip grand-mère alors qu'elle le précédait pour les conduire auprès des autres convives qui déjà enflammaient la table par une chanson vigneronne :

« C'est à boire, à boire, à boire… C'est à boire qu'il nous faut Oh ! Oh ! Oh ! »

— On se calme, leur lança Babeth en se réajustant, suivie du garçon qui hurla pour se faire entendre :

— Que les thons lèvent la main !

Baranes eut immédiatement droit aux premières algarades bien ciblées. Les autres, en son absence, avaient déjà vidé leur sac. Comme les premiers gestes d'un sportif qui entre dans les vestiaires, chacun y était allé de sa remarque, à l'exception de Luc Prieur, le plus jeune, resté sur la défensive. Tous reprochaient à Baranes de ne pas leur laisser le temps de digérer. Un travail à peine fini qu'il fallait passer à un autre. Et chaque jour, il innovait.

— Trop d'idées tue les idées, avait lâché Machoire qui, poliment, lui demanda de lever le pied ou de leur lâcher la grappe.

— Toi, la mascotte, tu ne devrais pas la ramener, coupa sèchement Servan à destination de Fabienne qui venait de prendre place en face de Baranes et à qui, maladroitement, elle avait voulu trouver des circonstances atténuantes.

Elle sentit que ce n'était pas le moment et ne moufta pas.

Zoary n'avait pas été oublié. Le pseudo de « Planqué » lui collait bien à la peau. Calmart le lui rappelait souvent :

— On ne te cherche pas dans ton administration ? Ils se souviennent où tu es ? le taquinaient-ils.

Le vin coulait à flots. Qui a bu boira.

Baranes avait préféré le tiré-bouché au classique pichet de rouge que l'on devait aller remplir au tonneau. C'était un bon petit bordeaux. Un grave de Vayres, une commune à équidistance de Bordeaux et Libourne, surtout entre Garonne et Dordogne, ce qui lui donnait un petit goût tiré des alluvions. Le château de Vayres (prononcez « verre »), construit en 1500, plaisait beaucoup à Baranes qui ne manquait pas une occasion d'en faire la promotion, surtout celle de son escalier monumental à double révolution. En revanche, il raillait ses occupants. D'abord un fils de pape, César Borgia, les religieux procréaient à l'époque, et ensuite un magistrat, président du parlement de Bordeaux, qui confondait amendes et pourboires. C'était surtout de lui que Baranes se moquait ! Il présidait la chambre des sanctions que d'aucuns avaient baptisée la « chambre des ponctions ».

– Que des abonnés aux emplois bénévoles, quoi ! À l'époque, pour s'enrichir, il suffisait de voler, plaisanta Baranes.

Mais plus personne ne prêtait attention aux délires du commissaire qui continuait à déblatérer sur les avantages de la famille des papes.

– On s'en fout, lui avait dit Machoire qui commençait à entonner le chœur des vierges :

Nous, on s'en fout d'attraper la vérole,
Nous, on s'en fout, pourvu qu'on tire un coup,
Avec, avec, avec
Avec… Fabiè………… èèèè……. ne !

Babeth était rapidement intervenue pour faire respecter la tranquillité des quelques clients qui espéraient encore manger en s'entendant parler. Ce n'était pas le cas d'un groupe belge qui se mit à protester et *illico* engagea *Morpionibus* dans le répertoire.

À table, ils s'étaient calmés et chacun y allait maintenant de sa boutade sur le boulot. Le brigadier Coty rapporta par le détail comment, alors qu'il opérait une perquisition, les deux témoins requis s'envoyèrent en l'air dans la pièce d'à côté à la grande indifférence de Calmart qui continuait, comme si de rien n'était, à coter les pages du livre comptable. À son tour, Machoire raconta la sienne. Il les fit se rapprocher pour garder discret le nom de son érudit. Il s'agissait de Daugat que Baranes n'avait pas reconnu à première vue sur les photos découvertes chez Lucie Leprince. Et pour cause.

— Devinez pourquoi ? les interrogea Machoire. Daugat était affublé d'oreilles de lapin !

Un comble pour Baranes, spécialiste de la chasse au léporidé domestique.

— Parlez-en à la chatte de Fabienne, partit d'un grand fou rire Servan.

— À poil, Fabienne, à poil, Fabienne, à poil… reprirent-ils ensemble.

Elle se leva comme pour s'exécuter mais se rassit aussitôt pour raconter comment un matin, à son réveil, elle trouva Baranes en slip, enroulé dans une couverture sur un canapé à l'accueil de l'hôtel.

— On ne la connaît pas, celle-là ? l'interpella Machoire interrompu par le groupe belge qui se dirigeait en entonnant les paroles du *Prisonnier de la tour de Londres.*

J'emmerde les gendarmes,
J'emmerde les gendarmes,
Et la maréchaussée, la digue, la digue,
Et la maréchaussée la digue du cul.

Et les flics de poursuivre :

Les gendarmes l'entendent,
Les gendarmes l'entendent
Et le firent fusiller, la digue, la digue,
Et le firent fusiller, la digue du cul.

Puis tous ensemble, Fabienne en tête :

La morale de cette histoire, la morale de cette histoire
C'est qu'il ne faut pas chier, la digue, la digue,
C'est qu'il ne faut pas chier
Quand on n'a pas de papier !

Babeth avait abandonné la partie et se demandait quand et comment tout cela allait finir.

Ils venaient de se renforcer d'un groupe franco-belge composé de deux hommes et trois femmes, au grand bonheur de Servan qui demanda aussitôt où finir la soirée.

— Ici, déclara Machoire, qui sortit de sa poche un jeu de trente-deux cartes et proposa une partie de cinquot.

— Facile, c'est un strip-poker à cinq joueurs et cinq caves, expliqua-t-il. À chaque tour, le joueur perdant doit retirer un vêtement. Au bout de cinq retraits, le joueur doit être à poil.

— Super ! dit le petit Prieur, vite rejoint par les deux femmes belges. Avec Servan, l'équipe était complète.

— Que la meilleure gagne, lança Baranes qui se retira avec le planqué non sans s'être fait apostropher par Babeth :

— Je t'avertis, selon comment ça finit, j'appelle les keufs.

Qui ne dit mot consent

Baranes connaissait bien le Sud-Ouest, mais il s'était rendu peu souvent à Auch. Il était attablé à la terrasse de l'hôtel de France, sur la place de la Libération, à l'angle de la mairie. Une vue plongeante sur l'entrée de la vieille ville, remplie d'histoire lorsque le clergé occupait toutes les institutions. Il prenait le café avec Calmart et attendait l'arrivée de Daugat qu'il ne pouvait pas louper de son poste d'observation. En effet, s'il remontait la place de la Libération en direction de la mairie, l'ex-ministre ne pouvait que croiser leur chemin.

Ils étaient descendus de Paris en deux équipages. Lui et Calmart dans la Lancia, puis Machoire, Servan et le gardien de la paix Prieur dans l'Espace du pool. Ils étaient arrivés la veille par Bordeaux, puis avaient traversé les Landes et s'étaient dirigés sur Auch par la nationale 124. Un itinéraire touristique choisi par Baranes qui ne se souvenait plus qu'Auch n'était pas la banlieue de Bordeaux, et que Bordeaux n'était pas la Gascogne… même si pendant un temps, la Guyenne avait été rattachée à ce duché sous l'occupation anglaise. Auch était plus près de Toulouse que de Bordeaux. Il aurait pu s'en douter, lui qui avait dû aviser, comme il était de règle pour tout déplacement en province, non pas son collègue du SRPJ de Bordeaux, mais celui de Toulouse. Il s'était gardé cependant de lui donner le but exact de sa mission.

– Nous serons autonomes, s'était-il contenté de lui dire.

Un comportement peu apprécié des locaux qui ont déjà tendance à reprocher aux services centraux du ministère de se la jouer à l'américaine, comme les maîtres du monde. Ils le peuvent. Ils sont les seuls fonctionnaires de police à bénéficier d'une habilitation nationale d'officier de police judiciaire les autorisant à exercer sur l'ensemble du territoire, DOM-TOM compris. Les magistrats locaux n'apprécient pas non plus cette indépendance. Ils aimeraient bien que les missions sur leur ressort soient entièrement soumises à leur autorité.

Mais, dans la pratique, les autorités judiciaires sont généralement prévenues par le juge mandant, ne serait-ce que parce que leur revient la charge de gérer les incidents. Dans le cas présent, le juge Le Goff n'avait averti personne. Il avait laissé le soin à Baranes de s'en dépatouiller et celui-ci avait préféré se la jouer muette. À vouloir trop bien faire, il arrivait parfois des loupés, et Baranes, depuis si longtemps que la presse mettait en cause Daugat, ne voulait pas le rater.

Donc, localement, c'était silence radio. Il s'agissait d'une cible politique. Non pas que Jean Daugat, ancien ministre, maire d'Auch, pachyderme du Parti démocrate socialiste, le PDS, soit un citoyen au-dessus des autres, mais tout simplement pour éviter que sa notoriété, sa notabilité et sa fonctionnalité publique n'en fassent un citoyen pas comme les autres. Au fil des affaires traitées par Baranes et son équipe, il voyait que les hommes politiques apparaissaient plus exposés que le commun des mortels. Ils étaient même devenus vulnérables.

Baranes voulait le traiter comme un simple quidam et pour cela, il fallait le protéger, lui, mais aussi les enquêteurs. Il fallait rendre son univers hermétique à toutes relations externes qui pourraient rapidement être exploitées, à son avantage comme à son détriment, et venir compliquer l'enquête. C'est pour ces raisons que l'opération avait été préparée longuement, à l'abri des indiscrétions. Le nom de Daugat n'avait pas été communiqué. Il n'avait pas filtré non plus.

Cette intervention avait été programmée à un moment où les médias étaient unanimes à s'indigner du procédé utilisé pour faire sortir Bonnet du bois. Ils se focalisaient sur le traitement et les conditions d'incarcération de Lucie Leprince considérée comme une « victime sacrifiée » par la lâcheté politique.

Aussi, pour réussir cette mission, Baranes avait voulu ménager les effets de surprise et avait donc limité volontairement le cercle des informés, y compris celui des autorités judiciaires. Les seules incertitudes portaient sur les réactions de Daugat et la découverte d'éléments dont il pouvait disposer. C'était la grande nébuleuse.

Jusque-là, l'enquête n'avait pas permis d'évaluer le coût des festivités locales financées par l'intermédiaire de l'association Terreneuve. Il avait bien été découvert des commandes présentées en paiement de manifestations culturelles organisées par la ville d'Auch, mais rien ne permettait de les affecter à des opérations aux bénéfices des rapatriés d'Algérie mis à part les écrits de Bonnet.

Par chance, Daugat n'était pas parlementaire. Sinon l'autorisation du bureau de son assemblée aurait dû être requise pour permettre sa simple interpellation. En conséquence, le juge Le Goff n'avait pas exclu la délivrance d'un mandat d'amener à l'issue de la garde à vue que Baranes allait devoir gérer avec le parquet local. Une obligation incontournable.

S'agissant d'une arrestation qui risquait d'intervenir dans un périmètre au-delà des cinq cents kilomètres de la circonscription du juge Le Goff, le client devait être présenté au procureur du coin, lequel avait ensuite cinq jours pour le faire acheminer. Bref, des tracasseries qui n'allaient pas simplifier la tâche des enquêteurs ni faciliter leurs relations avec les magistrats.

Toutefois, pour s'assurer du coup et mettre un peu à l'abri l'image de la police nationale en cas de trop grand mécontentement des magistrats placés devant le fait accompli, Baranes avait eu la bonne idée de s'appuyer sur la gendarmerie nationale. Une institution solide, une forteresse impénétrable qui ne pouvait que rassurer. En fait, il n'avait pas calculé ni choisi la gendarmerie nationale comme paravent mais bien comme le seul service de police capable de lui apporter sur place l'aide et l'assistance dont il allait avoir besoin. Là encore, l'esprit maison aurait voulu qu'il se dirigeât vers l'hôtel de police d'Auch. Mais, pour les mêmes raisons de discrétion, de soustraction de son client aux contacts locaux et pour préserver le futur maintien des bonnes relations entre la mairie et la sécurité publique, Baranes avait préféré ne pas impliquer les gens du commissariat. Une option qui avait reçu l'aval de Némo.

Lorsque, sur place, Baranes constata que l'hôtel de police faisait office de maison de gardien du préfet, il se dit avoir fait un bon choix. Les préfets n'étant souvent que des petits Fouquet. Et lorsqu'il apprit le lendemain que la préfecture avait été installée dans les anciens appartements de l'évêché, adossés à la somptueuse cathédrale Sainte-Marie, lui, l'anticlérical, se dit qu'il avait vraiment fait un très bon choix.

Le seul signe de laïcité du coin résidait dans le nom de la place sur laquelle avait été édifiée cette imposante cathédrale classée par l'Unesco au patrimoine des pèlerins de Compostelle et renommée insidieusement place de la République.

Il était maintenant plus de dix heures du matin et Daugat semblait ne pas vouloir se montrer. Le commandant Machoire, stationné avec son équipe sur l'esplanade du tribunal avec vue sur la rue Quinet, commençait à manifester des signes d'impatience. Il avait été convenu que le premier qui apercevrait Daugat devait l'interpeller. Cette interpellation devait se faire dans la rue, méthode jugée plus discrète, à l'abri des regards du personnel, afin de ne pas enflammer la capitale de la Gascogne et risquer de voir répandre la nouvelle de l'arrestation du Grand Khan, comme ils l'appelaient ici, comme une traînée de poudre. Pour ces raisons, l'attendre à son cabinet avait été écarté comme il avait été écarté la possibilité de le lever à son domicile.

Baranes avait cherché à ménager la discrétion et l'efficacité en espérant que la méthode mise en place, non coercitive, allait quand même porter ses fruits. On ne pouvait pas toujours laisser du temps au temps. Il espérait avoir pris la bonne décision et que les minutes suivantes n'allaient pas lui donner tort.

La configuration des lieux obligeait à surveiller les deux entrées, devant et derrière, car la mairie d'Auch avait cette particularité de partager son entrée principale avec celle d'un théâtre. L'accès aux services municipaux se faisant par la rue d'Albret. Après les présentations, les équipes devaient s'éclater. L'une, celle de Machoire, devait prendre en charge le secrétaire général de la mairie, l'autre, celle de Baranes, ne devait plus quitter Daugat.

Le temps continuait de s'écouler.

– Lapin ! s'écria Calmart.

Remontant à pied la rue d'Étigny qui longeait l'hôtel de France, Jean Daugat passa devant eux et s'engagea dans la petite ruelle qui donnait rue Edgar-Quinet, le maître à penser de la république laïque. Baranes profita que la rue fût déserte pour lui emboîter le pas, le devança rapidement et s'interposa, tandis que Calmart se position-nait derrière lui.

– Commissaire Baranes, police judiciaire.

– En fait, vous m'attendiez ? lui dit Daugat, sans se démonter.

Ce que lui confirma Baranes ne pouvant, en effet, prétendre à une coïncidence.

– Je pense ne pas avoir d'autre choix que de vous suivre ? inter-rogea Daugat.

– Je crains que non, répondit sobrement Baranes.

Les voyant se diriger vers l'entrée de la rue d'Albret, Machoire et ses acolytes les rejoignirent d'un bond. Surpris mais pas plus étonné que ça, le maire d'Auch accepta de les conduire directement dans son cabinet sans alerter ni donner d'explications à ceux qu'ils pou-vaient croiser sur leur chemin. C'était une des règles convenues.

– On ne dira pas qui on est et je vous invite à faire pareil, lui avait recommandé Baranes.

Arrivé au premier étage, Daugat eut du mal à trouver dans son trousseau la clé de sa porte. L'émotion, sans doute ! Lorsqu'ils eu-rent pénétré dans son bureau, il prit le téléphone pour inviter le se-crétaire général de la mairie à le rejoindre et pria sa propre secrétaire de ne lui passer aucun appel. Il avait compris qu'il serait occupé pour la journée.

La fouille du cabinet pouvait commencer.

En attendant l'arrivée de Xavier Estivaux, le secrétaire général de mairie, Baranes jeta un rapide coup d'œil sur les lieux. Le cabinet se composait d'une pièce, d'une belle surface avec trois fenêtres don-nant sur la place au-dessus du théâtre, d'un réduit adjacent et d'une commodité W.-C. toilettes. Une autre porte donnait directement sur le bureau de sa secrétaire.

Avec une fille comme ça, se dit Baranes, tu ne risques pas de tromper ta femme. Non qu'elle fût laide, mais elle avait vraiment un air de rebrousse-poil, sa secrétaire. Comme si, rien qu'en les voyant, elle avait deviné chez eux une fonction qui lui déplaisait. Elle haussa ostensiblement les épaules.

— Faites pas attention, recommanda Daugat. Je pense qu'elle a compris de quoi il s'agit et qu'elle ne vous apprécie pas. Depuis le temps que cette affaire a commencé, les rumeurs vont bon train en France, mais aussi en ville.

Il y en avait un autre qui ne les appréciait pas. C'était le secrétaire général de la mairie. À peine était-il arrivé, alors que le commandant Machoire n'avait pas encore eu le temps de l'entretenir sur la perquisition qu'il comptait entreprendre de son bureau, que déjà il les invectivait :

— Elle est belle, la police ! Toujours à la recherche des innocents ! Plus prompte à terroriser les braves gens qui ne font rien que de s'activer à retrouver les voyous qui les pillent ! Nos parents ont connu ça pendant la guerre, certains en sont pas morts, contrairement à d'autres...

« Qui ne dit mot consent ».

Daugat ne pouvait le laissait poursuivre :

— Ça suffit, Estivaux, lui lança-t-il, furieux, à la limite de perdre le flegme dont il avait fait preuve jusque-là. Si quelqu'un doit s'en prendre à quelqu'un ici, c'est moi. Je vous demande de mesurer vos propos. Vos invectives ne changeront rien. Vous n'êtes pas concerné à titre personnel mais uniquement parce que vous êtes le secrétaire général. Si vous ne savez pas faire la différence, moi je la ferai.

Estivaux se tut, ne s'excusa pas, et sortit suivi de Machoire, Prieur et Servan. Baranes redoutait que ce dernier, lorsqu'il n'y aurait plus de témoin, lui rende la monnaie de sa pièce. Baranes se demandait tout de même si cette sortie théâtrale n'avait pas été organisée. Histoire de créer un premier incident.

La perquisition au cabinet du maire se passa dans un esprit calme et plus détendu. Daugat semblait s'être fait une raison. À chaque question de Baranes, il se levait, s'approchait de lui, et lui répondait de la manière la plus correcte qu'il soit. Aucune pièce intéressant l'enquête n'avait été découverte. Daugat avait indiqué de lui-même à Baranes avoir commencé à constituer un début de dossier qui se trouvait à son domicile. Selon lui, les documents relatifs aux « fêtes locales » et non aux « fêtes anniversaires », avait-il tenu à rectifier, pouvaient se trouver au secrétariat général qui était chargé de ces opérations. Il espérait qu'Estivaux revienne à de meilleurs sentiments.

De son cabinet à son domicile, ils firent le trajet à pied. Jean Daugat habitait juste derrière la cathédrale, dans le Vieil Auch, au centre de la ville historique. Il occupait une maison de trois étages, à flanc de colline, au-dessus de l'escalier monumental qui montait du Gers. Appelé ainsi par les étrangers qui ne comprenaient pas son utilité. Cet escalier ne desservait même pas l'imposante tour carrée en pierre qui le dominait de sa hauteur impressionnante.

— C'est quoi, cet édifice ? lui demanda Baranes pour continuer à détendre les relations.

— Ma prison ! lui répondit sans hésiter et non sans humour Jean Daugat qui ajouta aussitôt : Non, il s'agit de la tour d'Armagnac. Elle a été construite au XIVe siècle pour servir de prison aux attributions judiciaires de l'archevêque et y enfermer les musulmans qui ne voulaient pas se convertir, mais personne n'y aurait réellement été enfermé.

« Les temps ont bien changé, se dit tout bas Baranes. On assiste aujourd'hui à l'inverse, ce sont les mahométans qui cherchent à convertir les catholiques. »

— Elle a été utilisée ensuite pour entreposer les archives du chapitre de la cathédrale, mais elle serait redevenue une prison sous la Terreur, puis réutilisée comme telle lors du coup d'État du 2 décembre 1851 pour les proscrits d'Algérie opposés au Second Empire, continua Daugat qui poursuivit dans son élan d'amateur éclairé : en 1962, à la fin de la guerre d'Algérie, l'intercommunalité a ouvert des centres d'hébergement aux exilés et il était prévu d'en faire un musée. Mais la tour est toujours restée inoccupée. Vous voyez qu'on ne m'a pas donné le poste des rapatriés par hasard, ni mon surnom d'ailleurs, conclut Daugat.

Ils étaient arrivés à son domicile et Daugat les conduisit immédiatement à son bureau. Un endroit confortable, un intérieur chaud qu'il occupait au premier étage, ouvrant sur un balcon en bois, avec une vue d'angle imprenable sur la vallée du Gers et sur la tour d'Armagnac.

— Voilà le dossier dont je vous parlais, leur dit Daugat.

Baranes le consulta. Il contenait une note relatant l'origine des relations financières entre la ville d'Auch et l'association Terre-neuve assortie de diverses copies d'ordonnances financières dont, notamment, celles des premières commandes. Le contenu des notes manuscrites qui les commentaient laissait entendre que la confiance de Jean Daugat aurait pu être abusée. Jusqu'à l'intervention de la Cour des comptes, celui-ci pensait que les festivités culturelles avaient été directement réglées sur le budget d'État. Bonnet lui avait toujours assuré que ces dépenses rentraient dans les lignes de crédit du ministère au titre de la communication.

— Pour ne rien vous cacher, j'ai vraiment le sentiment d'avoir été pris pour un couillon. Je lui faisais confiance et il s'est servi de moi, commença-t-il à plaider.

— Je dois saisir le dossier, laissa tomber Baranes pour tout commentaire.

Cela contraria le Grand Khan qui le destinait à son avocat, mais il ne put s'y opposer. Il souhaita seulement en garder une copie. La suite de la perquisition les conduisit au deuxième étage, un espace privé aménagé en quatre chambres dont deux d'entre elles avaient une vue encore plus plongeante sur la vallée. La chambre du coin, occupée par le couple Daugat, donnait, elle, sur la place avec vue sur l'arrière de la cathédrale.

— Vous êtes vraiment bien installé, le félicita Baranes qui, tout en observant la façade arrière de la cathédrale, compulsait un petit livre bleu découvert dans le tiroir de la table de nuit.

Il s'agissait de l'annuaire de la loge maçonnique d'Auch. Baranes ne fut pas surpris de cette découverte car il avait repéré dans un tiroir du bureau des sautoirs caractéristiques de l'ordre. Son attention s'était toutefois arrêtée sur la lettre B.

— B comme Bonnet ? demanda-t-il.

— Ce carnet n'a aucun rapport avec l'affaire, répondit le frère Daugat.

— Pas s'il s'agit de Julien Bonnet, répliqua sèchement Baranes

— Si vous me posez la question, je vous le confirmerai. Mais pour les autres noms, je préférerais que vous ne preniez pas le carnet.

Baranes le glissa cependant dans sa poche et, regardant Daugat dans les yeux, il lui dit :

— J'attendrai alors votre déposition pour vous le restituer.

La perquisition terminée, ils se dirigèrent vers la gendarmerie nationale située en sortie de ville, à côté de la caserne des pompiers, pour y procéder aux auditions de Daugat et d'Estivaux. Le secrétaire général avait fini par revenir à de meilleurs sentiments à l'égard de la police nationale, notamment à la vue des pinces que Servan ne s'était pas privé de lui passer. Il se devait de mettre les menottes à chaque gardé à vue pendant son transfert. Estivaux avait surtout retrouvé la mémoire lorsque, introduit dans le véhicule de Police, il avait été conduit sous phare bleu et toute sirène hurlante à son domicile.

— Vous n'allez pas me trimbaler dans toute la ville comme ça ? s'était-il inquiété. De quoi vais-je avoir l'air ?

— Il suffit d'un mot de vous pour qu'on arrête tout ça, avait répondu Servan. Nous dire où se trouve ce que nous cherchons. On gagnerait du temps sur le voyage pour mieux nous consacrer à votre déposition.

Estivaux venait de comprendre qu'il valait mieux pour lui de collaborer que de continuer à jouer l'obstruction.

— Voilà ! s'exclama Servan en arrêtant immédiatement le gyrophare, qu'il retira du toit de la voiture. Il coupa le deux-tons et releva la plaque « Police » du pare-soleil.

Direction l'office de tourisme où se trouvaient les archives culturelles.

À un certain moment, Xavier Estivaux avait dû se prendre pour d'Artagnan.

L'air ne fait pas la chanson

Maud s'était assise en face de Baranes. Ses yeux habituellement très noirs étaient presque transparents sous l'effet des lumières et son sourire ne cachait pas le plaisir qu'elle avait à se trouver là. De son côté, Baranes avait tellement attendu ce moment qu'il pensait rêver les yeux ouverts.

Après un voyage plus long qu'ils ne l'auraient souhaité, ils étaient enfin arrivés au Dormy House. La route par le pont de Tancarville était toujours déviée en raison des travaux de l'autoroute normande. Elle sillonnait une campagne très ombragée et traversait des petits villages de caractère comme Bolbec, ville fleurie aux grosses bâtisses de brique rouge et aux toits d'ardoises.

Baranes se mourrait d'impatience d'arriver.

L'hôtel était idéalement bien placé dans Étretat. Il dominait la ville au sommet de la falaise d'Aval, en contrebas du golf qui donnait sur la mer. Son restaurant panoramique circulaire, aux larges baies vitrées, s'imposait et, vu de la plage, il ressemblait à un vaste paquebot de croisière somptueusement éclairé. C'était certainement l'endroit le mieux placé pour admirer la ronde tapageuse à laquelle se livraient les mouettes et les mauves pour la conquête d'un bout de toit ou le haut d'une cheminée. Le lieu était tout simplement magique. Étretat faisait partie des endroits préférés de Baranes qui vivait un vrai bonheur à le partager avec Maud. Cet émerveillement commun le touchait d'autant plus profondément qu'il avait alors l'impression de s'ouvrir à elle, de partager un secret.

La nuit était tombée et avec elle, le spectacle naturel des vagues et des falaises calcaires avait baissé le rideau. Restait l'éclairage majestueux de la plage et de la chapelle Notre-Dame-de-la-Garde sur la falaise d'Amont. Mais c'était de loin la falaise d'Aval que Baranes préférait.

Il avait promis aux enfants venus avec eux de les promener dès le lendemain matin, assez tôt, avant que ne commence le concours de peinture, afin de découvrir les grottes cachées à l'intérieur des falaises.

Les filles étaient ravies. Marion, la fille de Baranes, s'entendait bien avec Claire et Elsa, les jumelles de Maud. Pour l'heure, elles dînaient dans les chambres avec la série des Simpson et Maud et Baranes étaient libres, loin de tout, loin des autres.

Pas pour si longtemps que ça, car dès l'émotion du moment passée, Maud voulut parler du dernier rebondissement de l'affaire. En quelques mots, elle fit part à Baranes des indiscrétions obtenues par Lejeune sur une note des renseignements généraux qu'il s'était procurée elle ne savait comment.

Une bombe qu'il entendait bien publier dès lundi, lui avait dit Lejeune. Une partie importante des fonds destinés aux rapatriés d'Algérie, au moins huit millions d'euros, aurait été investie dans l'acquisition du château des Chabannes à Lapalisse, dans l'Allier, par l'association Terre-neuve.

— Tu connais, toi, le château des Chabannes à Lapalisse ? lui demanda Maud.

— Non, de La Palice, je ne connais que le seigneur fufute, et la chanson qui dit de lui qu'un quart d'heure avant sa mort, il était encore en vie, fredonna-t-il avant d'ajouter : mais je ne connais pas cette commune et encore moins son château. Par contre, je sais que Terre-neuve a fait l'acquisition d'un château dans l'Allier pour y créer un centre d'hébergement pour les rapatriés qui voudraient accueillir leur famille dans le cadre d'un rapprochement avec l'Algérie et le Département. Il précisa : on travaille dessus, mais je ne savais pas qu'il s'agissait du château des Chabannes à Lapalisse.

— Ça, c'est la version officielle, releva Maud, mais selon Lejeune, il s'agirait en fait d'un centre de formation politique, d'entraînement et de préparation de bénévoles aux campagnes électorales. Et tu ne devineras jamais pour qui ?

— Je dirais pour l'élection de mon bon ministre, ce cher Marcel Piquard.

– Bravo ! répliqua-t-elle. On peut le penser car, en fait, toujours selon Lejeune, il s'agirait surtout de la réintégration des anciens d'Algérie ou de ceux qui ont fini par se rallier à la cause du général de Gaulle.

– Un centre de retraite pour anciens de l'anti-OAS quoi, pour les vrais baroudeurs, les défenseurs de la république transversale de Diên Biên Phu à Alger la Blanche, dit Baranes sans y croire, pensant qu'elle le chambrait.

– Rigole… mais de nombreux confrères prennent cela très au sérieux, reprit-elle.

– Soyons réalistes… Tous ces chibanis ont quitté depuis longtemps la politique, c'est un asile pour vieux chevaux de retour qu'ils devraient monter, rétorqua Baranes.

– Tu ne crois pas si bien dire. Il semble qu'ils ont reformé une équipe de nostalgiques du passé. Ils restent convaincus qu'ils demeurent les seuls à continuer la lutte contre les forces judéo-socialo-maçonniques montantes. Ils se disent les derniers couillus à protéger les nations du bolchevisme rampant et insidieux, répliqua Maud qui conlut : Et comme anticommuniste primaire, il se pose là, ton Piquard. Je pense donc, ajouta-t-elle en le gratifiant d'un large sourire, qu'avec le tsunami que va provoquer l'article de Lejeune si tu ne vas pas à Lapalisse, Lapalisse ira à toi.

– Plus rien ne pourrait me surprendre, lui souffla-t-il dans l'oreille. Ils sont assez cons, ces vieux, pour s'être laissés embarquer dans le château de Bonnet. Je le devinais mégalo… mais pas à ce point.

Puis, se levant d'un bond, il lui dit tout en sifflotant :

– On bouge ?

– Tu verras, répondit Maud. L'air ne fait pas la chanson.

Le repas terminé, ils descendirent le sentier de l'hôtel jusqu'au chemin qui relie la falaise à la plage. Baranes se tenait tout près de Maud et avait hâte de faire quelques pas avec elle sur les galets mouillés par la mer qui venait de se retirer. Mais Maud restait préoccupée.

— Tu penses possible cette nouvelle alliance des anti et repentis OAS ? reprit-elle.

— Je ne sais pas, dit Baranes, mais j'ai appris que tout pouvait être possible. Des militaires qui se débinent, des civils qui se militarisent, des politiques sans scrupule qui combinent, des hauts fonctionnaires qui trahissent, rien n'est impossible de nos jours.

— C'est tout de même Piquard qui mène la danse, lui fit-elle remarquer. Côté moral, il se pose là, ton Piquard ! Condamné ou pas condamné, c'est le peuple qui jugera aux élections, répète-t-il à tire-larigot. Il est vraiment sûr de lui !

— C'est clair qu'il est d'une autre génération, admit Baranes qui ajouta : Pour gagner en politique, il faut marcher en ordre de bataille et là, je reconnais qu'il y en a qui sont meilleurs que d'autres. Les organisations secrètes ont cet avantage qu'elles disposent déjà d'une structure rodée aux épreuves. À toutes les épreuves : celles de la collecte de l'argent, de la propagande, du recrutement, des organisations de scrutin aux résultats pipés. Bref, les libéraux n'ont rien à envier aux communistes et vice-versa, termina-t-il.

Reprenant la descente du chemin vers la mer, il lui prit la main puis lâcha :

— Aujourd'hui, on s'en fout !

Il faisait nuit mais il y avait un beau clair de lune qui rendait encore plus fluorescents les petits brisants qui venaient s'éclater sur les galets. À l'abri d'une clinque en bois reconstruite là pour rappeler la tradition de la pêche du port d'Étretat, ils s'assirent l'un contre l'autre et se mirent à observer en silence l'aiguille et l'arche que formait la roche percée au pied de la falaise. Une trompe d'éléphant dans l'eau, avait écrit Guy de Maupassant au sujet de cette roche.

Les falaises furent maintes et maintes fois dessinées par les impressionnistes, mais les peintures de Monet étaient de loin les plus riches et les plus nombreuses. Baranes leur préférait cependant l'originalité des toiles de Gustave Courbet dont une, dédiée à la pointe de la falaise sous l'orage, était exposée en permanence au musée d'Orsay.

– J'aime aussi Boudin, fit remarquer Maud.

Un peintre marin plus répandu sur Honfleur mais que Baranes connaissait moins.

– Ce sont surtout ses toiles de navires qui sont impressionnantes dans leurs détails et leurs dimensions, expliqua Maud, ravie de lui faire la pige.

Le temps tournait au frais, voire aux gouttes, et ils remontèrent le chemin qui les conduisait aux chambres sous les cris perçants des jeunes goélands.

– Ces oiseaux ont vraiment la grâce de l'envol. Ils transportent la vie, remarqua Maud. Ils me font penser à Jonathan Livingston.

Et elle se mit à parler de ce goéland, ainsi prénommé par Bach, son auteur, bon et généreux condamné à ne plus revenir sur les falaises tant qu'il n'aurait pas découvert la sagesse et la raison.

Arrivés au bout du chemin, à l'extrémité du bâtiment annexe, Maud rappela à Baranes qu'elle s'était installée dans la chambre 34, lui laissant ainsi ses habitudes dans la chambre 33.

– Ce serait bête de réveiller les drôlesses, lui souffla Baranes dans le creux de l'oreille.

Les trois filles s'étaient toutes endormies dans le grand lit de la chambre de Maud. Avec délicatesse, elle réveilla Marion et referma la porte derrière elle dès qu'ils furent sortis.

Le matin était couvert et brumeux. Un temps incertain mais qui permettait encore la visite promise dans les trous des roches. La mer descendante avait découvert la grotte de la falaise d'Aval par laquelle on accédait au trou à l'Homme à l'aide d'une échelle métallique, rouillée et toute déglinguée. Cela ne donnait que plus de frissons à l'expédition car, après avoir pénétré dans cette cavité, il fallait encore emprunter un couloir naturel et se faufiler dans un autre trou. On accédait enfin à la chambre des Demoiselles pour ressortir ensuite sur une petite plage à l'arrière de la Manneporte, un gigantesque bras de roche qui se jetait dans la mer. Le cri des oiseaux qui nichaient dans les falaises était assourdissant.

À cause de la pluie fine qui s'était installée durablement, le retour par le sentier du littoral au-dessus de la falaise avait été rapide et peu ponctué d'escales sur la pointe des roches comme les filles auraient voulu s'y attarder. Baranes avait aussi prévu de les accompagner au club des Roches où elles avaient été inscrites pour la journée récréative sur le thème de la flore. Vu le temps, il s'était dit qu'il avait bien fait. Pour les mêmes raisons, le concours de peinture dans les jardins de l'hôtel comme il l'avait envisagé était très compromis, mais ce n'était pas pour autant que Baranes avait définitivement renoncé à peindre. Le tout était de réinventer un sujet. Il entraîna Maud dans sa chambre qui avait l'avantage d'être très bien située avec une ouverture sur l'ouest et deux autres sur le nord. Il s'agissait de fenêtres à haute dimension plongeant directement sur la ville et, au loin, ayant vue sur la falaise d'Amont et sa petite chapelle posée sur son pic comme un mât au milieu d'une coque. Certes, le point de vue n'incluait pas les aiguilles de roche de la falaise d'Aval. Mais la chapelle Notre-Dame-de-la-Garde, plantée sur le sommet de la falaise, signait à elle seule l'endroit.

La luminosité étouffée de la chambre, semblable à celle d'un atelier ouvert sur le nord, était parfaite.

— J'aimerais que tu poses ici, lui dit-il, fenêtres ouvertes, avec la falaise d'Amont en arrière-plan et les toits d'ardoise en déclinaison.

Elle le regarda longuement sans lui répondre, puis décrocha le bouton de son jean qu'elle fit descendre à ses pieds. Elle retira adroitement son sweat-shirt rouge, sans jamais faire remonter son long tee-shirt blanc qui couvrait le bas de ses reins. La pointe de ses seins confirmait une situation offerte.

Baranes prit beaucoup de plaisir à tailler ce corps sur sa toile. Il fit remonter le tee-shirt au-dessus de ses cuisses croisées, laissant à peine entrevoir l'hémistiche que formait l'élastique de sa petite culotte sur son ventre blanc.

La peinture prenait de l'ampleur et Maud venait d'être rassurée. Mis à part l'artiste, personne ne pourrait reconnaître le modèle.

Il restait à redonner des ombres et de la lumière. La pluie qui n'avait pas cessé ne facilitait pas l'identification des couleurs de l'horizon et Baranes commençait à merder. Heureusement qu'il s'était lancé dans une peinture à l'huile car l'aquarelle ne lui aurait pas réussi. Comme le lui avait maintes fois répété son professeur à l'atelier qu'il avait fréquenté à Montparnasse en parlant de cette technique, « la première couche est de l'or, la seconde est de l'argent, la troisième est de la merde ». Il en était à la troisième.

— Dis-moi, tu ne m'as rien ramené de Suisse, lui lança comme ça Maud à brûle-pourpoint, tout en sautant dans son jean.

Il faillit en avaler son pinceau.

— Non, lui dit-il sans montrer sa surprise, pourquoi cette question ?

— Parce que Marion a offert des chocolats à mes filles en leur disant : « C'est papa qui les a ramenés de Suisse » alors que je te croyais à Bordeaux.

— Peut-on tout dire à une journaliste ? On en reparlera plus tard, lui promit Baranes.

C'était justement l'heure de récupérer les filles car « demain, il y a école ».

Le retour fut moins long. Le temps y était aussi peut-être pour quelque chose. Toujours est-il que contrairement à l'habitude, l'autoroute de Normandie était complètement dégagée. Maud les laissa en bas de leur immeuble. Baranes pénétra dans le hall sans s'être aperçu que la baie vitrée de son appartement situé au premier étage était entrouverte. Sa femme, la mère de Marion, cadre à Air France, avec laquelle il vivait toujours maritalement mais séparé puisqu'il habitait dans son bureau qu'il s'était aménagé dans une pièce de l'appartement, était de permanence pendant trois jours à l'aéroport de Roissy. Elle ne pouvait être revenue et avoir laissé la baie vitrée ouverte.

Il ne remarqua pas tout de suite que son appartement avait été visité en son absence. C'est lorsqu'il pénétra dans son bureau qu'il fut confronté à un véritable chamboulement. Tous les livres avaient été jetés par terre, les tiroirs vidés, ses sacoches ouvertes et fouillées. Il constata que les rares documents sur des affaires passées qu'il avait pu conserver pour leur côté surréaliste avaient disparu. Rien d'autre ne semblait avoir été dérobé et le reste de l'appartement ne semblait pas avoir été fouillé.

La chambre de sa femme était restée fermée à clé.

– Tu crois que ce sont les messieurs à la voiture noire ? demanda Marion qui venait de pénétrer dans son bureau.

– C'est quoi encore, cette histoire de voiture noire ? l'interrogea Baranes, un peu inquiet.

Marion lui expliqua qu'à deux reprises dans la semaine elle avait cru voir une voiture noire qui la suivait de l'école à la maison. Elle avait ensuite observé de la fenêtre de la cuisine que la voiture était restée longtemps stationnée en lisière du bois de Vincennes.

– Ne t'inquiète pas, répondit-il pour la rassurer, j'ai dû mal refermer la baie vitrée.

Il n'y a pas de fumée sans feu

Comme à son habitude, Némo n'avait pas le sourire des grands jours. L'article du *Monde* publiant quasi intégralement le rapport des renseignements généraux n'avait pas été du tout du goût de la grande maison. Les fuites s'apparentaient à de la trahison. Aussi, avant toute chose, le directeur attira une nouvelle fois l'attention de Baranes sur ses relations journalistiques qui le desservaient.

— À part vous, on ne voit pas qui a pu communiquer ce document à Lejeune, affirma sans ambages Némo.

Baranes en resta stupéfait. Lui, qui était venu sans aucune arrière-pensée rendre compte à son directeur des menaces, des pressions, des agressions et du cambriolage dont il était l'objet depuis le début de cette enquête, se voyait accusé de balance, d'être l'auteur des fuites d'un rapport fallacieux mettant en cause le nouveau gouvernement dont il ignorait l'existence avant que Maud ne lui en parle pas plus tard que la veille.

— Vous plaisantez, j'espère, répondit Baranes que cette intrusion des renseignements généraux dans le dossier avait passablement agacé. Il ne voyait pas ce qu'ils pouvaient glander dans une affaire purement judiciaire… à moins que Maud ne lui ait pas tout dit !

— Cet article reprend bien des théories que vous êtes le seul à défendre, lui fit remarquer Némo qui persistait à vouloir lui faire endosser la patate chaude.

— Pas du tout, réagit Baranes. J'ai juste évoqué un lien éventuel entre anciens de l'Algérie. Les renseignements généraux avancent aujourd'hui l'idée que ces derniers auraient formé un camp de vacances ou une maison de retraite dans l'Allier. Eh bien, qu'ils le prouvent ! Adressez-vous à eux !

Baranes n'avait jamais rien compris aux structures de ce service, connu pour avoir, tout près du ministre de l'Intérieur, un cabinet noir très actif. Mais jamais il n'aurait pu imaginer que ses agents pouvaient enquêter sur des dossiers judiciaires en cours, lui, un homme pourtant averti qui en avait connu d'autres.

Il comprenait *a posteriori* l'inquiétude des politiques en place s'il s'avérait que l'association Terre-neuve, que l'on croyait orientée vers l'aide au logement des expatriés, servait en fait la cause de ceux qui les avaient expulsés. Pis, l'association s'avérait être au service des intérêts propagandistes et populistes de la droite, qui s'agitait pour prouver le contraire.

Mais tout ça n'expliquait pas comment Lejeune s'était procuré ce rapport ni comment il pouvait se retrouver au centre d'un tel imbroglio. Il avait toute confiance en son ami. Si Lejeune ne lui en avait pas parlé, c'était soit qu'il vérifiait ses sources, soit qu'il ne voulait pas l'impliquer. On ne pouvait imaginer les journalistes commettre des fontaines.

Baranes pensait sérieusement avoir été victime d'un de ces cambriolages arrangés, totalement irréguliers, que même certains services de police utilisent pour obtenir à l'arrache des informations semblant tombées du cul du camion. Ce casse chez lui ne lui inspirait rien de bon… Seule, hormis des services fantoches, l'extrême droite était capable de telles manipulations.

— Il n'y a pas de fumée sans feu, ajouta Némo qui devint menaçant : Ne vous étonnez donc pas si le directeur général vous met l'IGPN au cul.

Il expliqua à Baranes que maître Levendeur s'était lui aussi offusqué des propos rapportés par la presse après l'interpellation de Lucie Leprince, et avec laquelle on lui prêtait une liaison. Il avait fait savoir son intention de porter plainte pour dénonciation calomnieuse et une violation inqualifiable du secret de l'instruction.

— Qu'ils viennent me chercher. J'ai ce qu'il faut pour leur répondre, répliqua Baranes. Je les attends.

Baranes pensait au contenu du dossier. En revanche, il se trouvait complètement démuni lorsqu'il s'agissait d'assurer sa propre sécurité pour laquelle il commençait à avoir de bonnes raisons de s'inquiéter.

— En attendant, poursuivit-il, j'aimerais pouvoir travailler en toute tranquillité et si pendant quelques jours vous pouviez me mettre une équipe pour me couvrir ou tout au moins suivre mes allées et venues afin de s'assurer que je ne fais l'objet d'aucune attention particulière, cela me rassurerait.

— Vous n'y pensez pas ! avait immédiatement répondu Némo. Une protection ! À qui voulez-vous que je demande ça ? Je comprends vos craintes, mais je trouve que vous exagérez. Votre fille a pu aussi s'imaginer être en danger comme des enfants aiment parfois se faire peur !

Baranes ne le pensait pas. Il s'était rapproché du directeur d'école de Marion qui avait confirmé avoir observé un manège et s'apprêtait à lui en parler si les faits se reproduisaient. Mais depuis quelques jours, la voiture n'était pas réapparue.

Némo, voyant le visage de Baranes s'empourprer et se décomposer, voulut à sa façon lui témoigner son soutien :

— La seule chose que je puisse vous conseiller est d'être prudent et de vous déplacer dorénavant armé. Je sais bien que ce n'est pas votre fort, mais si vous le souhaitez je vais demander à l'armurerie de vous préparer un Manurhin trois pouces.

Baranes connaissait cette arme. On en dotait habituellement le personnel féminin. Son barillet était peu lourd et peu encombrant et c'était pour le moment le modèle le plus actuel du matériel.

— Je crois rêver ! avait répondu Baranes. Je vous demande d'intervenir pour mettre fin à des pressions appuyées de l'Administration, de ma propre Administration, vraisemblablement d'un service dont les méthodes sont signées, et vous, s'emporta-t-il, la seule réponse que vous êtes capable de me fournir est de me déplacer armé !

Baranes était furieux.

— Vous me conseillez en fait de me protéger contre mes propres collègues ! lâcha-t-il à Némo en le regardant droit dans les yeux.

— Comme vous y allez ! Vous avez de ces façons d'interpréter les situations qui sont bien les vôtres ! conclut Némo.

Baranes n'en revenait pas. Son Administration admettait difficilement d'être mise en cause par la presse, de voir fuiter ses notes internes à usage d'information confidentielle, mais, en revanche, se foutait totalement que ses agents puissent faire l'objet de menaces, d'agressions personnelles dans leur vie privée. En quelque sorte, les protéger n'était pas sa préoccupation première. Il sortit quelque peu désorienté de cet entretien mais bien décidé à rendre la monnaie de leur pièce aux exfiltrés. Puisque, après tout, sa hiérarchie ne trouvait rien à redire aux méthodes d'intimidation que certains voulaient appliquer, alors il ne voyait pas pourquoi il se priverait lui aussi de quelques débordements.

Œil pour œil, dent pour dent.

Prenant Némo à la lettre, et sitôt sorti de son bureau, il se dirigea vers l'armurerie située au cinquième étage pour y recevoir un revolver tout neuf, de petite taille, mais gros calibre. Un .357 magnum et une boîte de munitions. Il n'oublia pas de remplir l'imprimé et d'indiquer à la rubrique observations « sur instructions de Félicien Némo ». Il ira s'expliquer, se dit-il, si jamais cela devait mal tourner, comme dans un film de Lautner. Il pensa à *L'Invité surprise*, où un agent, témoin de l'explosion de sa voiture et qui voit même le terroriste s'enfuir, est partagé entre une presse qui veut le faire parler et les services secrets qui veulent le faire taire.

— Je vais me les faire, enrageait-il en quittant l'armurerie, je vais me les faire !

Fort de son nouvel équipement, Baranes pensa que le club de tir pouvait être l'endroit idéal pour se former à sa nouvelle arme et y rencontrer son ami François qu'il comptait bien mettre à contribution. Némo, finalement, n'avait pas été aussi mauvais qu'il en avait l'air.

Baranes téléphona *illico presto* à François, un vieux repris de justice qui lui avait été présenté par son premier patron, au début de sa carrière. Il avait gardé avec lui des contacts épisodiques, des relations d'une autre époque qu'il entretenait et qui lui permettaient parfois de comprendre les liens obscurs entre le politique et le milieu... mais cela appartenait déjà à l'ancien monde.

Il lui donna rendez-vous pour le soir, à l'heure des amuse-gueules, au bar du club de l'avenue Foch. Les clubs de tir à Paris étaient un peu comme les clubs de golf en province. Des clubs de rencontre pour affaires. On y liait facilement connaissance, on y échangeait les adresses et convenait de quelques business à faire ensemble. Certains n'adhéraient d'ailleurs au club que pour ça. D'autres étaient à la recherche d'un condé capable de leur servir de couverture ou de martingale occasionnelle. Une sorte d'assurance contre les problèmes, petits ou gros. Le club de l'avenue Foch était totalement privé bien que son président fût un inspecteur général honoraire de la police nationale et ancien conseiller de l'Élysée alors que l'autre club, celui du boulevard Macdonald, était plutôt associatif et dirigé par un commissaire divisionnaire en activité.

L'endroit idéal pour une rencontre mafieuse, ces clubs de tir ! Ce qui explique pourquoi Baranes avait donné rendez-vous à François au club Foch. Qui pourrait un jour lui reprocher d'avoir rencontré un voyou dans un club de tir de la police nationale ? Ce serait comme reprocher à un baigneur de rencontrer un autre nageur dans une piscine. Sauf que François n'était pas un baigneur ordinaire mais plutôt un maître nageur.

Âgé de soixante-douze ans, il en paraissait à peine cinquante, si ce n'étaient ses cheveux blancs qui le trahissaient. Et encore, il avait eu des cheveux blancs très jeune, d'où son surnom de Renard argenté. François était ce qu'il restait sur Paris du monde du milieu. Il avait toujours été dans les affaires des cercles et de la nuit. Il avait grandi à la prison de la Roquette où sa mère purgeait une longue peine d'avorteuse. À l'âge de quinze ans, il avait été pris en charge par une tenancière de Pigalle qui lui avait appris les rudiments de la prostitu-tion : investir pour gagner. Une loi qui l'avait obligé à monter au braquage pour gagner et s'affirmer auprès des autres. À la suite d'un coup loupé, il avait effectué un court séjour en centrale. Il avait eu le sentiment d'avoir payé pour beaucoup d'autres et à sa sortie, ces autres, eux, comme il disait, lui avaient définitivement accordé leur confiance. François, le Renard argenté, la tombe muette, était deve-nu leur homme d'affaires, celui à qui Paris faisait appel pour transfé-rer, recycler et ressortir l'argent sale. Il marchait dans toutes les combines dès lors qu'il ne s'agissait pas de drogue ou de prostitution infantile.

François avait deux amours : les femmes et le fric. Lorsqu'il avait été présenté à Baranes, il sortait d'une inculpation dans une affaire immobilière pour avoir vendu à une société de Vaduz un immeuble au 71 de l'avenue d'Iéna qu'il n'avait jamais acheté. Il avait refusé de donner le nom des PEP, les personnes exposées politiquement, les « vulnérables » comme il les appelait, pour le compte de qui il agissait, car, avait-il l'habitude de dire à Baranes, « selon sur qui tu tombes quand tu balances, tu as une chance sur deux de te tromper, et cela te revient ensuite en pleine gueule ! ». Alors, faire le faux nez dans l'achat et la vente d'immeubles pour le compte des autres ne le gênait pas plus que ça.

« La loi ne protège pas, n'interdit pas, elle permet, elle autorise », disait encore François. C'était un fait, et l'immeuble de l'avenue d'Iéna n'était qu'une goutte d'eau dans un océan de fraudes. Car, pour la plupart, les immeubles de l'avenue d'Iéna appartenaient à des sociétés *offshore*, de Vaduz ou d'ailleurs. Baranes le savait, comme l'Administration le savait aussi mais ce n'était pas pour autant qu'elle donnait à la brigade financière les moyens nécessaires pour lutter efficacement contre les paradis fiscaux et financiers.

Alors que François fasse aujourd'hui son « job » dans la « finance noire » comme il disait ne semblait gêner personne. Un jour viendra où tout ça se retournera, expliquait-il, car des immeubles vaduziens, il commençait à y en avoir de plus en plus dans les 8ᵉ, 16ᵉ et 6ᵉ arrondissements de Paris.

– Ce jour-là, on sera tous qatarisés et on parlera tous le liechtensteinois, s'amusait-il à prédire.

Il n'avait pas tort, François… À force de laisser faire, de laisser s'installer une finance sans vergogne, de considérer que la répression n'avait pas sa place dans les affaires, on assistait à une évasion croissante des capitaux vers les paradis fiscaux.

« Un jour, la France se réveillera avec la gueule de bois », insistait Baranes, mais personne pour l'entendre. Les quelques collègues des impôts détachés à la brigade se voyaient chaque jour reprocher l'obstination de Bercy à ne pas vouloir lever le verrou qui empêchait au parquet de poursuivre les fraudes. Dès lors, c'était le fait du prince, « tout permis pour les uns, tout interdit pour les autres »...

François faisait alors partie de ceux qui nageaient en dessous du plafond de verre. Ces affairistes discrets que Baranes croisait sur sa route et avec lesquels il gardait le lien que lui avait transmis un ancien, un relais en quelque sorte. Ce genre de relations ne s'explique pas. Elles font partie du vécu du flic, qui fouine pour comprendre, qui se cache pour mieux découvrir, qui frôle le feu en risquant toujours de se brûler. Elles étaient aussi d'une autre école.

Lorsque Baranes pénétra dans le club, il aperçut François dans la cabine téléphonique. Celui-ci lui fit signe d'aller s'installer à sa table, un coin qui lui était réservé, un bon poste d'observation où l'on pouvait voir sans être entendu. Baranes se dirigea vers le fond du salon, assez loin du comptoir, et se posa sur une banquette usée qui couina lorsqu'il s'y laissa tomber. On entendait les bruits sourds des tirs dans le stand situé juste derrière le bar. À l'exception de deux clients qui consommaient sur des tabourets, la salle était vide. Il fut vite rejoint par François.

— Alors, tu t'es enfin décidé à prendre ta carte ? lui demanda François. Montre-moi le bijou qui t'a fait craquer.

À la vue du petit barillet, François éclata de rire.

— Tu ne devineras jamais pourquoi je me promène avec ce flingue, lui dit Baranes.

— Laisse-moi deviner, lui répondit François. Tu les as tellement fait chier qu'ils ont enfin réussi à te virer et te verser à la criminelle.

— Il y a de ça, répliqua Baranes qui se mit à lui faire part des soupçons qu'il avait suite à la visite de son domicile et à la voiture qui suivait Marion.

François admit, comme lui, que ce n'était pas le fruit du hasard. Baranes profita de ce début d'intérêt pour l'interroger sur l'aide qu'il pourrait lui apporter. C'était important pour compenser les carences de la « boîte », comme il l'appelait dans ses mauvais jours, sur l'aide de laquelle il ne pouvait compter.

– Je ne peux rien te refuser, petit, et tu me connais. Si je peux t'aider, c'est sans problème ! déclara François.

Baranes avait touché la corde sensible. Il y a des limites à l'intimidation qu'il ne faut pas franchir, notamment celle visant les enfants. L'équipe qui était montée sur Baranes ne pouvait appartenir au milieu, et rien que pour ça, François se voyait reprendre un peu de service à distribuer quelques claques.

Jusque-là, les voyous ne s'en prenaient pas aux enquêteurs et encore moins à leur famille. Pour François, c'était clair. Baranes était confronté à une équipe qui voulait lui faire peur.

L'idée de jouer aux gendarmes et aux voleurs plaisait beaucoup à François. D'autant plus si les voleurs étaient des gendarmes. Réflexion faite, c'était peut-être aussi l'occasion de montrer à tous ces caves que le milieu avait encore des règles. Mais il ne fallait pas non plus se mettre imprudemment dans la gueule du loup.

– Tu t'engages si ça merde ? l'interpella François d'un mouvement du menton.

– Affirmatif ! avait répondu Baranes avec un coup d'œil entendu.

– Alors ton patron a raison, va apprendre à tirer, tu en auras besoin, répondit François qui se dirigea à nouveau vers la cabine téléphonique.

Baranes poussa la porte du stand et se prépara pour un premier tir de cinq cartouches.

Chose promise, chose due

Levendeur appartenait à cette caste d'avocats dont on se demandait si la réputation n'était pas plutôt due à celle de leurs clients qu'à l'image qu'ils donnaient d'eux-mêmes. Avocats de l'ombre, assez habiles dans le droit des affaires, architectes de véritables usines à gaz, c'est parfois contraints et forcés qu'ils apparaissent sur la scène pénale… souvent entraînés malgré eux par leurs clients.

C'est ce qui semblait être arrivé à Levendeur qui, sans s'être pour autant ouvertement déclaré avocat du fugitif, combinait auprès des autorités pour passer des messages en faveur de sa défense. Parmi eux, il en était un qui ne passait pas pour Baranes, celui d'avoir été traité de prévaricateur, un ripou pour faire court, ce qui laissait entendre que Levendeur disposait d'éléments pour en répondre. Un jour viendra, s'était dit Baranes, où il finira par se brûler les ailes car ce n'est pas en truquant le thermomètre qu'on lutte contre la maladie. Il lui avait promis un chien de sa chienne, et chose promise, chose due ! Et celui-là, depuis qu'il l'attendait, il n'allait pas le louper !

Vu son rôle peu clair dans cette affaire, Levendeur aurait dû se la jouer discrète mais sa notoriété le plaçait au-dessus de tout ça, du moins le pensait-il. Il continuait à panacher, ce que lui reprochait Baranes : utiliser ses contacts, sa notoriété, ses relations au palais pour à tout moment tenter de déstabiliser les enquêteurs, jeter le discrédit sur le service de police, lui porter des attaques personnelles. Cela commençait à agacer même l'institution judiciaire. C'était peu dire.

Baranes avait encore en mémoire les ragots que lui avait rapportés Denise, la patronne du restaurant, et les propos menaçants qu'il avait tenus à Maud. Il en avait conclu que, comme un chien qui à peur, Levendeur aboyait à tout vent. Le tout était de découvrir ce qui pouvait bien effrayer l'animal.

Hubert Le Goff avait été tenu informé des liens que Levendeur pouvait entretenir avec les protagonistes de l'affaire, mais à chaque fois, il les avait estimés insuffisants pour le mettre en cause et encore moins pour diligenter une opération le concernant spécifiquement. Le fait même qu'il avait pu sortir au petit matin de chez Lucie Leprince et monter dans sa Safrane noire ne prouvait rien de sa participation à un quelconque détournement, si ce n'était celui de Lucie. Encore moins le fait qu'il pouvait être le corbeau qui alimentait la presse des lettres de Bonnet, que celui-ci lui faisait parvenir depuis son exil.

En revanche, le pouvoir qui lui avait été donné l'autorisant à représenter la société Boninvest, notamment dans l'acquisition qu'elle avait faite de l'appartement du 18 de la place des Vosges, changeait complètement la donne. Le juge avait donc saisi cette occasion pour organiser la perquisition de son domicile, qui était également son cabinet, au 17 de l'avenue Foch à Paris.

Opération délicate que de monter une perquisition chez un avocat car la profession, sans être au-dessus des lois, bénéficiait de beaucoup de protections. Le parquet devait être avisé et se transportait généralement avec le juge. Mais c'était surtout le bâtonnier qui devait être avisé d'un transport de justice chez l'un des siens, car sa présence était indispensable. Il était le seul à pouvoir garantir le secret professionnel attaché à l'avocat. L'informer, lorsqu'il s'agissait d'un avocat méconnu, même du barreau, ne posait pas de problème. En revanche, s'agissant d'un ténor c'était une autre paire de manches. Justice à deux vitesses, disent-ils ?

Le juge Le Goff avait dû jouer des coudes pour aviser tout ce petit monde sans dévoiler le nom du concerné tout en leur donnant les explications nécessaires. Il avait bien pensé les faire convoquer par un collègue des stups, mais y avait renoncé au dernier moment, ne voulant pas se faire taxer d'une quelconque défiance à leurs égards. Il avait noyé le poisson comme il avait pu et avait eu du mal à obtenir une réponse positive du barreau. Il avait fini par donner un rendez-vous au représentant de l'ordre le lendemain matin à cinq heures au poste de garde du palais où deux véhicules de police devaient passer les prendre.

Les avocats étaient remontés contre l'instruction à cause des déclarations intempestives d'une magistrate, plus polémiste que judiciaire, qui avait lancé que leur corporation était en France la première couverture des opérations de blanchiment. Bien que pas forcément fausses, ces déclarations avaient mis le feu aux poudres et ne facilitaient pas les relations. En fait, les avocats, mais aussi beaucoup d'autres professions du droit, se refusaient à communiquer des informations pour lutter efficacement contre le blanchiment d'argent sale.

L'ambiance était tendue et c'est comme ça que commença cette journée mémorable.

Baranes les attendait avec Fabienne dans sa Lancia stationnée dans la contre-allée de l'avenue Foch. Le chef de la section financière du parquet était là en personne. Baranes ne connaissait pas le représentant du bâtonnier. Il s'agissait de l'avocat membre du conseil de l'Ordre chargé de l'instruction des dossiers administratifs et disciplinaires. Le juge Le Goff, lui, était accompagné de sa greffière, la ravissante Pauline. Une femme à la cinquantaine, peu gironde mais très gracieuse et toujours prévenante. Pour la police, Gaston Servan, censé avoir repéré les lieux la veille, était là ainsi que le commandant Machoire.

Le cortège judiciaire composé de huit personnes s'avança dans le hall de l'immeuble à la suite de Servan qui, comme à son habitude, avait percé avec doigté les codes et les serrures. Ce petit monde, réparti de chaque côté de la double porte en bois laquée noir aux parements de serrurerie dorés, attendait au deuxième étage que l'occupant veuille bien ouvrir à Le Goff et Baranes qui s'étaient positionnés pour lui faire face.

La porte s'ouvrit sur un homme de petite taille. Lorsque Le Goff lui demanda s'il s'agissait bien de maître Levendeur, celui-ci, surpris de la question à cette heure matinale, répondit que non, qu'il n'était que son locataire. Maître Levendeur logeait à l'étage au-dessus malgré la plaque qui figurait sur le palier. Et ça, Servan ne pouvait le savoir, sauf s'il avait fouillé un peu mieux, lui reprochera Baranes.

— On en reparlera, prévint Baranes qui n'ignorait pas aussi que ce Levendeur était capable de tout, donc d'avoir volontairement omis de retirer sa plaque pour créer la confusion et brouiller les pistes ou tout simplement pour se protéger des intrus. Un signal d'alarme en quelque sorte.

En revanche, à l'étage au-dessus, il n'y avait aucune indication, ni sur les deux portes du palier ni sur la sonnette sur laquelle Baranes enfonça un doigt rageur. Maître Levendeur ouvrit la porte en personne et évita au juge Le Goff de se présenter car, à la vue de son collègue, il ne put s'empêcher d'ironiser :

— Le bâtonnier fait-il la grasse matinée ? lança-t-il.

Celui-ci n'eut pas eu le temps de répondre que déjà Baranes intervenait :

— Au moins les présentations sont déjà en partie faites, dit-il en sortant sa carte professionnelle qu'il lui plaqua presque au visage.

Il ajouta :

— Moi, c'est Baranes, BA-RA-NES, de la police judiciaire, et j'accompagne le juge Le Goff que je vous présente.

Le juge expliqua alors à maître Levendeur les raisons de cette perquisition qui allait être conduite par le commissaire Baranes, assisté d'officiers de police judiciaire, du magistrat du parquet et, bien sûr, du représentant de l'ordre.

— Vous pouvez y aller, répondit Levendeur, chez moi, c'est une maison…

— Oui, oui, on connaît la chanson, le coupa Baranes, on arrive de l'étage en dessous… et chez vous, c'est une maison en verre, vous n'avez rien à cacher.

— Tout à fait, rétorqua Levendeur. Et ce n'était pas la peine de venir avec toute cette smala car seul le bâtonnier va procéder à la perquisition… Les autres, tous les autres, insista-t-il, n'ont pas une grande utilité.

Le juge Le Goff ne se démonta pas et coupa court :

— C'est à moi d'en décider. Un juge d'instruction ne peut déterminer si un document est saisissable qu'après avoir pris connaissance de son contenu, ensuite de le soumettre effectivement à votre représentant qui acquiescera ou pas, selon ce qu'il estimera du point de vue déontologique. Vous le savez, inutile de la jouer à l'envers.

Baranes intervint à son tour :

— Vous avez deux attitudes : soit vous collaborez et vous nous remettez les pièces intéressant cette affaire, soit on va prendre le temps de les découvrir et se donner la peine de tout rechercher par nous-mêmes.

— Je ne saurais vous conseiller, mon cher confrère, de collaborer. Mais je suis d'accord avec vous. Je serai le premier à prendre connaissance des documents, intervint l'avocat.

— Et si je veux partir ? J'ai d'ailleurs un rendez-vous à neuf heures, dit-il au juge qui le renvoya *illico* sur le commissaire.

Quelquefois, Le Goff portait bien la marque de fabrique de sa maison : « Si problème, voir la police ».

— Vous n'allez pas m'en empêcher, commissaire ?

— Effectivement, vous êtes libre, mais je vous demanderai de vous faire représenter par deux témoins en votre absence, car ce n'est pas pour autant qu'on va suspendre notre opération. À défaut de personnes de votre choix, j'irai chercher la concierge et le premier chauffeur de maître que je trouverai dans la rue. Ils seront contents de vous rendre ce service.

— Je vais annuler mon rendez-vous et prévenir mon avocat, dit Levendeur.

— C'est peut-être plus sage, lui recommanda Baranes.

— Vous annulez votre rendez-vous et vous ne prévenez personne le temps que nous sommes là, intima le juge Le Goff.

Le ton était donné.

Levendeur, sous un faux air bon enfant, faisait tout pour leur compliquer la tâche. Il finit non sans difficulté, après avoir mis un temps fou à s'habiller, par les conduire à son cabinet auquel on accédait par une porte palière.

Les lieux étaient spacieux et richement meublés. Un vaste salon le séparait de son appartement privé et son bureau donnait sur l'arrière de l'avenue Foch, dans un parc de verdure paysagé. Un air de campagne en ville. Une gigantesque litho de De Gaulle, stylisée à l'école Buffet, occupait une grande partie du mur derrière son fauteuil de travail. Dans une vitrine, s'alignait une importante collection de pucelles de divers régiments et, au milieu, dans un cadre, la photographie de Levendeur recevant les insignes de chevalier de la Légion d'honneur des mains de Marcel Piquard, le ministre de l'Intérieur.

Le représentant du bâtonnier s'était installé au bureau de Levendeur. Le juge et le procureur s'étaient assis en face de lui et Levendeur avait fini par laisser faire Baranes. Avec son équipe, il compulsait rapidement les documents pour en écarter certains qu'il soumettait à la lecture de l'avocat et du juge. À chaque fois qu'un document était écarté, Levendeur se levait de son siège et se précipitait pour le consulter. Il ne s'opposa pas à la saisie de la copie de l'acte de vente de l'appartement du 18 de la place des Vosges, pas plus qu'à la copie d'une lettre du Crédit suisse lui donnant mandat au nom de la société Boninvest.

— Rien d'anormal, dit-il. Je suis l'avocat de nombreuses banques suisses à Paris.

Par contre, il s'opposa fermement à la lecture, et qui plus est à la saisie, d'un courrier de Bonnet datant d'à peine une semaine.

— Il s'agit de la lettre d'un client à son avocat. Je vous demande de la considérer couverte par le secret professionnel, s'écria Levendeur.

— Vous ferez un recours si vous le souhaitez mais je ne puis m'y opposer, lui répondit le représentant du barreau.

Baranes, dont le sixième sens venait de s'éveiller, y prêta une attention toute particulière, encore plus particulière lorsqu'il sentit monter la colère interne de Levendeur.

Il y avait de quoi ! En guise d'assurer sa défense, Bonnet lui demandait plutôt d'accélérer les virements au profit de la société BL Investment Ltd.

— BL Investment. L comme Levendeur, je suppose, mais B... ? demanda Baranes, un peu cynique.

— Vous supposez mal, commissaire, répondit Levendeur qui, avec un aplomb de première et une pointe d'humour, corrigea : L comme Le Goff et B comme Baranes, ça vous va comme ça ?

— BL Investment ? s'étonna tout à coup Servan.

C'était une firme dont le nom figurait sur la tranche d'une chemise suspendue qu'il n'avait pas cru devoir saisir de prime abord. Maintenant, ils avaient tous une bonne raison de vouloir en connaître le contenu puisque les initiales étaient susceptibles d'être celles de Bonnet. Il s'agissait d'une société créée à Guernesey pour procéder à tout investissement dans des opérations événementielles à caractère sportif, culturel ou politique.

— Tout un programme ! lâcha Baranes.

— Vous ne pensez pas qu'on sort du dossier, monsieur le juge ? interrogea le procureur dont c'était la première intervention depuis le début de l'opération.

« Mais qu'est-ce qu'il vient nous emmerder, celui-là ! » pensa Baranes.

— On y entre, monsieur le procureur, on y entre, lui répondit d'un ton narquois le juge Le Goff qui interrogeait déjà à voix basse Baranes sur les relations judiciaires existant entre les îles Anglo-Normandes et la France.

— Les mêmes qu'au Vatican, fut la réponse.

La brigade financière n'était jamais arrivée à ses fins avec cet appendice très excentré de la City de Londres. Car Guernesey, comme Jersey sa voisine, était une île anglo-normande plus proche de Saint-Malo que de Southampton et plus petite que l'île d'Oléron. Mais, en termes de visiteurs, Guernesey était la deuxième ville anglaise la plus fréquentée après Londres. De culture rosbif, elle comptait « cinquante mille habitants au sol et deux cent trente mille en l'air », s'amusait à dire Baranes. Tous répartis entre dix paroisses déclarées « terrain neutre » par le pape Sixte IV en 1483. Sur la papauté et l'Église catholique, apostolique et romaine, Baranes se voulait incollable. Depuis, rien n'avait changé ! Pas même l'exemption fiscale et douanière, et tous se croyaient investis d'une mission divine. Collaborer à Guernesey, c'était pactiser avec le diable. Saint-Pierre-Port, sa capitale, était la capitale d'Europe la plus pittoresque avec ses soixante-dix banques et onze mille sociétés, mais elle n'avait pas encore son bureau de liaison avec Interpol.

— Renoir et Hugo s'y sont essayés, dit Levendeur pour briser la tension du moment. L'un en immortalisant la baie de Moulin-Huet, certainement l'anse la plus ouverte au milieu des hautes falaises, et l'autre en écrivant « un jour viendra où Paris mettra ces îles à la mode et fera leur fortune ».

Baranes s'engouffra avec plaisir dans cette ouverture culturelle.

— Pour décrire la misère, Hugo n'est pas Eugène Sue, et Guernesey n'est pas non plus les bas-fonds de Londres, on y compte plus de banques que d'habitants !

Le Goff ne les laissa pas converser :

— Il nous reste à visiter votre appartement, annonça-t-il à Levendeur que l'échange avec Baranes avait détendu.

Sans désemparer, le cortège judiciaire se transporta dans les appartements privés de maître Levendeur qui était devenu presque fataliste.

Il vivait sur une surface de cent cinquante mètres carrés donnant sur cour et sur rue. Les hauteurs sous plafond donnaient à cet ensemble un cachet exceptionnel qui contrastait avec le style sobre et moderne du mobilier. L'imposante sculpture en bronze d'un valeureux combattant accueillait le visiteur à la porte d'entrée.

Une fois l'espace visualisé, la perquisition se prolongea dans le coin bureau organisé dans la chambre personnelle de maître Levendeur. Les documents consultés étaient conformes à sa réputation d'homme anti-OAS. Il y avait en abondance des chemises renfermant des comptes rendus de réunions tenues pendant la guerre d'Algérie et principalement après le putsch manqué d'Alger d'avril

1961. À la lecture, il n'y avait plus de doute sur l'engagement de Levendeur.

— Il fallait des couilles, lança-t-il.

Son rôle semblait avoir été celui d'un responsable chargé de lever à Alger, et depuis Paris, des hommes capables d'informer contre l'organisation naissante du mouvement OAS. Il semblait avoir entretenu des relations suivies avec un nommé Jean Ortiz, tenancier du bar du Forum, membre de l'Union de défense des commerçants et artisans, du mouvement populiste de Pierre Poujade. Il côtoyait pour ces raisons pas mal de commissaires de police dont le commissaire Gordes, à l'époque affecté à la Sûreté d'Alger.

— Vous savez ce qu'il est devenu, ce Gordes ? interrogea innocemment Baranes.

— Poser la question, c'est déjà y répondre, rétorqua Levendeur qui insista une nouvelle fois pour dire que ces documents étaient sans rapport avec l'instruction.

— Qu'est-ce que vous en savez, vous, de l'instruction ? lui répondit du tac au tac le juge Le Goff.

— On s'égare du délit, reprit le procureur dont on pouvait se demander quelle connaissance il pouvait lui aussi avoir du dossier.

— Et ça, c'est dans le dossier ? intervint le commandant Machoire qui venait de mettre la main sur une chemise intitulée « Formation ».

La formation en question concernait des projets de modules animés par Gordes qui devaient se tenir au château des Chabannes dans l'Allier. Parmi les stages proposés figuraient des séances de « propagande électorale », de « recherche de financement » et de « suivi des scrutins ».

Le juge Le Goff, qui s'était précipité sur le document avant que le représentant du barreau n'ait eu le temps de réagir, confirma au procureur que les pièces découvertes faisaient bien partie du dossier, elles pouvaient être un début de preuves de financement d'une campagne électorale sur les fonds publics. Au passage, il rappela au magistrat du parquet qu'il était bien saisi des faits et non tenu par les qualifications. L'autre ne broncha pas, pas plus d'ailleurs que Levendeur qui cessa toute revendication.

Et au cas où les scellés constitués auraient pu se perdre, Pauline, la greffière jusque-là restée muette comme une carpe, proposa d'en commencer une énumération détaillée dans son procès-verbal de transport.

– Faites, dit le juge à la greffière. Inscrivez, inscrivez !

Entre l'arbre et l'écorce
il ne faut pas mettre le doigt

La riposte n'avait pas tardé.

C'est tout au moins comme cela que Baranes avait interprété la descente de l'IGPN, la police des polices, à peine quelques jours après sa visite à Levendeur. Il n'était pas paranoïaque, mais il y avait des situations qu'il avait du mal à mettre sur le dos du simple fait du hasard.

Ce qui avait certainement dû agacer Levendeur, c'était de ne pas avoir été entendu à l'issue de la perquisition à son domicile. Il était donc dans l'ignorance totale des charges qui pouvaient peser contre lui.

Certes, il s'agit d'une situation inconfortable pour un justiciable, mais décriée sur le bout des lèvres par les professionnels du droit, dont certains font leur beurre de cet obscurantisme. En France, la procédure est inquisitoriale et tant que l'individu n'est pas mis en cause, c'est dans le plus grand secret que les charges sont rassemblées contre lui.

De plus, ici, les enquêteurs, comme le juge d'instruction, préféraient attendre le retour complet des commissions rogatoires de Suisse pour l'entendre. C'est en ce sens que l'intervention de la police des polices pouvait ne pas être innocente car elle agissait précisément à la demande de Levendeur dans le cadre de la plainte avec constitution de partie civile qu'il avait déposée. Un moyen pour lui d'obliger les enquêteurs à dévoiler leur argumentation.

Un procédé juridique un peu trop facile.

Cette partie civile permet de déclencher des poursuites sur la simple saisine d'un juge d'instruction. Une façon de contourner le classement sans suite du procureur. Suivent alors des poursuites plus ou moins rapides mais efficaces. En l'occurrence, le juge désigné ne semblait pas avoir perdu beaucoup de temps.

L'occasion était trop belle pour Levendeur de mettre le doigt entre l'arbre et l'écorce et la mousse montée par la presse comme une mayonnaise allait lui en donner l'occasion. Il faut dire que depuis le début de cette affaire, les médias ne lâchaient rien et que la campagne de presse était en train de se retourner contre lui et le nouveau gouvernement.

Des arroseurs arrosés.

Les mouches changeaient d'ânes et le centre de formation du château des Chabannes était présenté comme un organe actif du mouvement du parti de droite. Il devenait de ce fait le centre de la polémique. Les trois superflics qui se trouvaient dans le bureau de Némo ne s'étaient ni privés ni cachés pour le lui rappeler :

— Nous agissons dans le cadre d'une commission rogatoire du juge Perez-Deschamps pour violation du secret de l'instruction, détournement de pièces à conviction et violation du secret professionnel.

— Le juge souhaite allait vite compte tenu de l'exploitation qui est faite de la procédure en cours, expliqua le commissaire divisionnaire Henri Perdrix.

Il était assisté d'un commandant et d'un autre officier.

Au moins, il avait été clair.

De la plainte de Levendeur, il en retenait qu'il reprochait la violation d'informations qu'il se refusait de communiquer. Mais nul n'était dupe ! En ciblant sans le nommer Baranes comme la source d'information des journalistes, Levendeur voulait l'obliger à dévoiler les éléments dont il disposait… histoire de démontrer qu'ils étaient identiques à ceux publiés dans *Le Monde*.

— Je compte sur vous, avait dit Némo à Baranes, pour leur donner libre accès à tout ce qu'ils souhaitent et vous demande de collaborer sans retenue en évitant de les rendre responsables de tout le mal que vous pensez de l'IGPN.

C'était encore plus clair !

Baranes devait se plier et communiquer son dossier qui jusque-là était caché à Levendeur.

S'il y avait un service de la police nationale que Baranes n'aimait pas, c'était bien l'IGPN. Il pensait qu'un voyou était un voyou ; un assassin, un assassin ; un trafiquant, un trafiquant ; un violeur, un violeur ; un braqueur, un braqueur ; un corrompu, un corrompu. Il ne comprenait donc pas pourquoi les services spécialisés dans le traitement de ces délinquances étaient systématiquement dessaisis au profit d'un service à part lorsqu'un policier était en cause. Pour Baranes, l'égalité des traitements voulait que tous les auteurs supposés d'infractions soient traités de la même façon, même s'il était normal que la maison dispose d'un service interne pour lutter contre les brebis galeuses qui portaient atteinte à son image. Il ne reprochait pas à la police des polices d'exister et de bien faire son travail mais de cumuler des fonctions administratives et judiciaires.

Ce n'était pas pour rien que les fonctionnaires de ce service sont communément appelés les « bœuf-carottes ». Des cuisiniers plutôt que des enquêteurs, dont les méthodes consistent à laisser mijoter longuement leurs clients avant de les passer sur le gril. Une cuisine traditionnelle qui a fait ses preuves. Une fois passés entre les mains de ce service, les ripous, comme les non-ripous, voient leur carrière brisée et mettent du temps à se reconstruire. Quand ils y arrivent.

L'autre service de la police des polices, sa face cachée, était bien moins glorieux. Aussi baptisé le « cimetière aux éléphants », ce service se voyait affecté un grand nombre de hauts grades, inspecteurs ou contrôleurs généraux, ou commissaires en fin de carrière, pour la plupart des directeurs de services actifs de la police nationale qui avaient été écartés pour des raisons pas toujours injustifiées de leur fonction opérationnelle et dont il fallait assurer la fin de vie dans un placard doré.

L'IGPN avait donc deux visages. Un côté pile pour les petits, un côté face pour les grands. Un véritable service de monarchie républicaine.

Mais comme le lui avait demandé son directeur, Baranes allait se mettre en sourdine et faire des efforts pour leur permettre d'accomplir la mission confiée par un juge qui n'avait pas plus ses faveurs. Non pas parce que ce juge l'avait déjà mis en examen dans un autre dossier, Baranes en était à sa troisième mise en examen de sa carrière, mais parce que celui-là aussi avait un parcours particulier et on pouvait s'interroger sur le hasard de sa nomination à la section presse, pour ne pas dire à la section politique.

Candidat de droite malchanceux aux élections législatives, Perez-Deschamps avait été nommé juge d'instruction au tribunal permanent des forces armées en Allemagne mais avait dû être réintégré à la dissolution de ces tribunaux d'exception. Travailler de nouveau dans un cadre d'exception avec un service de police d'exception ne devrait pas trop lui changer la vie, avait dû estimer le Conseil supérieur de la magistrature.

C'est donc dans un état d'esprit éclairé et éveillé que Baranes les attendait. Ouvert, mais sur ses gardes.

Le commissaire Perdrix lui fit lire l'article publié par *Le Monde* sur lequel Levendeur s'appuyait d'une manière fallacieuse pour fonder sa plainte. Levendeur s'en prenait au rapport des renseignements généraux qui le mettait directement en cause dans le montage de l'opération immobilière du château des Chabannes. L'article n'étalait pas, contrairement à ce que Baranes avait pu penser, une liaison éventuelle de Levendeur avec Lucie Leprince, mais décrivait ses talents de monteur d'affaires. Il était présenté comme l'organisateur de stages politiques relatifs à la levée de fonds pour le financement de la prochaine campagne des présidentielles en lien étroit avec un nommé Jean Gordes, conseiller spécial du ministre de l'Intérieur, Marcel Piquard, qui venait de se déclarer candidat à la présidence de la République.

Imaginez avec cela si l'ambiance entre le « château », comme les flics baptisaient l'Élysée, et l'Intérieur pouvait être sereine. Non, et c'est bien autour de cela que se cristallisaient les journalistes pour qui Terre-neuve, comparée au besoin de financement de la campagne qui allait s'ouvrir, devenait anecdotique.

— J'aurais voulu vérifier les éléments dont vous disposez sur cet aspect de votre affaire, l'informa le commissaire Perdrix.

— Dites-moi plutôt que vous cherchez à savoir si je n'aurais pas instrumenté les renseignements généraux pour les pousser à la faute, répondit Baranes.

— On ne vous prête pas autant de magnanimité, rétorqua le commissaire de l'IGPN non sans ironie.

— Je ne comprends toujours pas ce que vous attendez de moi, pas plus que je ne comprends ce que les renseignements généraux sont venus faire dans cette galère. En ce qui nous concerne, ajouta Baranes, nous n'avons découvert l'existence de supposés stages que très dernièrement. En tout état de cause, après la parution de l'article du *Monde*. Ce qui m'étonnera toujours, poursuivit-il, c'est cette précipitation avec laquelle on vous demande d'enquêter lorsque politiquement la droite est en cause.

— Vos opinions politiques m'importent peu, le rembarra son collègue de l'IGPN.

Ils allaient bien finir par y venir sur le terrain politique, pensa Baranes. Il savait que dans les affaires politico-financières, ce qui intéresse autant le parquet que les politiques, c'est plus l'aspect politique que financier. Pour la plupart des analystes, les détournements de fonds publics ne sont que des gouttes d'eau comparés à l'évasion fiscale, tandis que mettre en échec les politiques, ça, c'était devenu un sport purement français. Vouloir ensuite faire croire, hormis les gauchos qui ne pensent qu'à renverser la table, que les fonctionnaires seraient neutres, il n'y a qu'un pas vite franchi par certains.

Malgré cela, Baranes s'obstinait à ne connaître que les faits, et il avait bien l'intention de le rappeler à ses collègues, les invitant même à s'en inspirer.

— Il ne s'agit pas de mes opinions politiques mais d'une réalité que j'ai personnellement pu constater, répliqua sèchement Baranes. J'ai toujours été emmerdé dans mes dossiers lorsque la droite était en cause, rarement, voire jamais, lorsque des fuites ont concerné des affaires visant la gauche, précisa-t-il. Avouez que c'est surprenant…

Devenant intarissable sur le sujet qui avait le don de l'agacer, Baranes lança :

– J'ignore même si des poursuites ont un jour été engagées… Et ce n'est pas cette nouvelle affaire qui va me démentir.

Le commissaire Perdrix, un drôle d'oiseau qui portait bien son nom, essaya de l'interrompre, mais Baranes ne l'écoutait plus :

– Personne ne s'est étonné de la publication, pour ne pas dire de la divulgation, voire de la propagation, des lettres venant de Bonnet pour alimenter la campagne de presse avant que celles-ci ne parviennent au juge d'instruction.

– Je n'ai pas suivi, se dégagea le commissaire Perdrix.

– Le parquet ne s'est pas non plus interrogé lorsqu'il s'est agi de mettre en cause l'emploi des fonds secrets, continua Baranes pour qui les fuites restaient bien impunies selon qui elles mettaient en cause.

– La publication du fac-similé d'un extrait de compte bancaire de l'association Terre-neuve n'a semble-t-il gêné personne, s'insurgea-t-il. Je persiste donc à penser que, sauf démonstration contraire, faire fuiter des informations mettant en cause la gauche relève du devoir civique et que, à l'inverse, toute divulgation mettant en cause la droite relève de la violation du secret de l'instruction ou d'une dénonciation calomnieuse, termina-t-il.

Le commandant avait assisté à la passe d'armes entre les deux commissaires et s'était abstenu d'enregistrer les déclarations de Baranes, ce qui motiva ce dernier pour en rajouter :

– Vous pouvez tout consigner, lui recommanda Baranes qui était devenu insatiable sur le sujet, dénonçant pêle-mêle la complaisance de certains journalistes dont Malfait et leurs connivences avec le milieu barbouze.

Évoquant le journaliste Malfait, son collègue avait partagé l'opinion de Baranes. Ils étaient au moins d'accord sur ce point et avaient échangé des souvenirs communs. L'ambiance finit par se détendre et les deux commissaires entrèrent dans un débat où la presse était au centre de leurs discussions. Tout en reconnaissant qu'elle constituait une garantie pour l'expression démocratique, le commissaire de l'IGPN n'en démordait pas, elle ne pouvait servir d'exutoire pour ceux qui ont la possibilité de s'exprimer ailleurs que dans des colonnes.

Alors qu'il semblait poser un problème à la police des polices, le journalisme d'investigation n'en était visiblement pas un pour Baranes. Il voyait que la presse d'information tentait de se repositionner dans le nouveau monde médiatique en pleine mutation en se dégageant subrepticement de l'influence politique.

C'est ce que les politiques qui pensaient encore pouvoir en jouer n'avaient apparemment pas compris. Le pouvoir leur échappait progressivement. Il était passé de l'ère de l'information, la leur, à l'ère de la communication, celle des journalistes. Et ça, Hervé Lejeune l'avait bien saisi. Lui qui ne voulait être ni la remorque ni le relais de faits d'actualité fabriqués.

Ses convictions le poussaient à déterrer l'information brute partout où elle se trouvait pour la diffuser en l'état. Les affaires suivies par Baranes constituaient pour lui un véritable vivier et nombreux auraient aimé que Baranes soit pris en train de lui fournir des tuyaux. Ce n'était pas encore le cas, mais le sujet vint sur le tapis.

— Vous parlez de quoi avec Lejeune quand vous vous rencontrez, si vous ne parlez pas d'affaires ? lui demanda Perdrix.

— Je lui parle de tout ce qui m'emmerde dans le métier, répondit Baranes un rien provocateur, comme à son habitude.

Et il en rajouta :

— Exemple : je ne vais pas manquer de lui parler de vous, de l'intérêt que vous semblez porter plus à l'enquête des renseignements généraux sur les fonds de la future campagne qu'à l'enquête judiciaire sur les détournements de fonds publics.

Perdrix le prit pour lui mais ne s'en émut pas. Il savait que c'était du tout Baranes. Juste, sans aucun doute, mais un peu lourd et appuyé.

Baranes supportait mal l'acharnement en responsabilité qui pesait souvent sur les flics qui, finalement, ne faisaient que leur travail et il n'hésitait pas à le faire savoir.

Dans aucun autre métier on cherche autant à impliquer la responsabilité individuelle du salarié, contrairement à celle du CRS qui est fréquemment remise en cause à l'issue des manifestations. Le flic est le seul à ne pas avoir droit à l'erreur alors qu'il n'agit que dans l'intérêt général. Il faut leur lâcher la grappe, et Baranes avait envie de le lui dire. On ne peut pas demander à une force publique de ne pas être brutale ou violente comme on peut demander à la police répressive de faire de la prévention.

Le commissaire Perdrix l'avait laissé parler et avait accepté de s'écarter du dossier… pour mieux y revenir. Ce que dû faire Baranes, une fois sa tirade coup de gueule terminée, qui entreprit de retracer à contrecœur tous les rendez-vous qu'il avait pu avoir avec Lejeune avant la publication de son article. Il ne fit pas mystère des éléments du dossier qu'ils pouvaient partager et en profita pour s'épancher largement sur l'intérêt de ces rapports profitables pour l'enquête. Il y a une souplesse d'enquête dans le journalisme que ne permet pas la procédure pénale et il arrive ainsi que les investigateurs se rendent service.

— Ne me demandez pas sur quoi, il s'agit de méthodes couvertes par le secret professionnel, avait prévenu Baranes d'un ton railleur, qui commenta à la suite :

— Il faut aussi parfois savoir se protéger car dans les affaires sensibles, on ne peut pas dire que le principal souci de l'Administration est d'assurer la défense des policiers « victimes ». Il n'y a que les policiers « auteurs » qui vous intéressent, et c'est bien dommage ! reprocha-t-il une dernière fois à son collègue de l'IGPN.

L'autre ne se démonta pas :

— C'est bien pareil chez vous !

— Faux ! s'insurgea Baranes qui en profita pour placer les nombreux appels malveillants dont il était l'objet, les lettres anonymes de menaces et d'insultes qu'il recevait, sans oublier de rapporter les observations et les craintes de sa fille et le vol maquillé commis chez lui.

En guise de réponse, Perdrix le renvoya vers le commissariat de son domicile et lui demanda de ne pas tout mélanger.

Il ne mélangeait pas tout et savait parfaitement à quoi s'en tenir, à tel point qu'une fois les trois fonctionnaires de l'IGPN partis entendre Selim Zoary, l'inspecteur des impôts qu'il avait chargé d'enquêter sur le montage de l'achat du château des Chabannes, Baranes avait discrètement invité son spécialiste informatique, l'ESCI du service, à visiter leur ordinateur portable que les incrédules avaient eu la maladresse ou l'imprudence de laisser ouvert sur son bureau.

Bien lui en prit car la lecture des actes contenus dans l'ordinateur de l'IGPN renvoyait aux déclarations d'une personne qui n'était pas sans intérêt pour la suite de l'enquête : Lucie Leprince.

La faim chasse
le loup hors du bois

François avait donné rendez-vous à Baranes chez Prunier, dans le 16e. Un restaurant dont la réputation n'était plus à faire. Spécialisé dans les produits de la mer à savourer dans un cadre Arts déco des années trente. Pas donné le repas, mais la carte était riche, le tout servi dans des assiettes carrées, en porcelaine d'une blancheur éclatante, par une équipe de salle attentionnée à l'ancienne, où même le valet de table avait encore sa place. Le voiturier et la dame pipi avaient aussi la leur, l'un à l'entrée du restaurant, l'autre en bas de l'escalier.

François aimait particulièrement cet endroit. Il sentait bon le passé et le confort des tables isolées se prêtait bien aux repas romantiques ou à ceux d'affaires arrangées.

— T'inquiète pas, avait-il averti, l'addition est pour Bonnet. Tu choisis les plats, je choisis les vins. Ici, au moins, ils ne viendront pas nous chercher.

Par « ils », François ciblait ceux qui continuaient à s'intéresser à Baranes. Trop dangereux pour eux de s'aventurer en milieu ouvert. Si, pour certains, la meilleure façon de ne pas se faire voir était de se montrer, pour d'autres, le risque d'être vu, d'être repéré ou pris en photo les obligeait à rester cachés.

Visiblement, François voulait impressionner Baranes : il avait déjà identifié l'équipe qui tournait autour de lui et des siens.

— Ça va bouger, poursuivit-il. La famille vient de retrouver Bonnet.

Parlant de « famille », il faisait allusion à ses compères du milieu qui, sans être pour autant rattachés d'une manière indéfectible à un clan ou une mafia, formaient un groupe s'apparentant à une cellule familiale, chacune son genre, un peu à l'image de la police qui formait la grande maison. Le genre était ce qui restait de l'ancien monde car il y avait longtemps que les nouveaux « gangsters » avaient perdu le sens de toute valeur. En l'occurrence, le genre de la famille de François était celui du monde des jeux.

Bonnet était employé dans une fabrique de bandits manchots à Rio de Janeiro, ces machines à sous qui vous font gagner deux kopecks si vous alignez trois cerises. Il logeait au pied du Corcovado. Et il ne pouvait être mieux placé. En haut de cette montagne, sorti comme un iceberg de l'eau, trônait le Christ rédempteur, statue gigantesque qui vous marque la ville comme la tour Eiffel marque Paris ou la statue de la Liberté New York. Comme elle, la statue brésilienne était l'œuvre d'un Français. On y montait par un antique petit train à crémaillère qui passait sous les fenêtres de l'appartement de Bonnet, un duplex spacieux mis à sa disposition par l'entreprise qui l'avait embauché.

Baranes pouvait toujours le chercher dans la France profonde. Sans François, il n'aurait jamais découvert sa planque.

Comme il parlait couramment l'anglais, Bonnet faisait office de traducteur et d'accompagnateur des commerciaux lors de la négociation de contrats avec des acheteurs généralement nord-européens. Ils étaient nombreux à venir ici faire leur marché de machines à sous électroniques pour équiper les casinos ou les salles de jeux clandestines. Des hommes du sérail, tous subordonnés à des petits parrains qui leur réclamaient vigilance et discrétion et leur apprenaient à déjouer la curiosité des douaniers qui surveillaient les importations.

Bonnet avait été placé là par un actionnaire corse.

En revanche, sa réputation l'avait précédé. Nul n'ignorait qui il était vraiment, malgré le faux nom qu'on lui avait donné : Philippe Caméro. Ce nom collait bien à sa peau typée et à ses cheveux noirs ondulés qu'il gominait avec excès plus par tic que par mode. Il avait fini par se fondre dans le paysage et seul le portugais scolaire qu'il pratiquait pouvait trahir ses origines.

Son exil lui coûtait et commençait à lui peser. La faim chassait le loup hors du bois ! Il s'en était ouvert auprès de certains et avait fait quelques confidences à un visiteur belge qui séjournait là-bas pour affaires et avec lequel il avait commencé à lier amitié. Il aurait dû savoir que dans ce monde, chacun joue sa place, et que pour la tenir, la protéger, la conserver, tous étaient prêts à abandonner père et mère.

C'est par ce Belge que la famille avait retrouvé sa trace. Bonnet-Caméro ou Caméro-Bonnet s'était plaint du coût élevé de sa protection assurée par les bandidos d'une favela du quartier de Caju et dont les tarifs s'apparentaient plus à du racket qu'à ceux d'un service de garde rapprochée. Le Belge n'y pouvait rien, s'agissant de pratiques locales où tout le monde voulait manger sur la bête. Il savait aussi par expérience qu'entraver le système ne pouvait que l'exposer physiquement car ces gens, qui n'hésitaient déjà pas à s'entre-tuer pour un morceau de pain, lui auraient troué la peau sans sommation s'il renonçait à s'acquitter.

Bonnet découvrait le revers de la médaille des fugitifs : des planques peu sûres, sauf à se soumettre aux demandes de rançon quasi permanentes, et le risque de voir débarquer à chaque instant la police de l'immigration aux cachets encore plus surréalistes. Il avait ainsi appris rapidement à ses dépens que le faux passeport dont il bénéficiait ne lui donnait qu'une couverture fragile et aléatoire. Il en arrivait presque à regretter de l'avoir. Pour en finir avec tout ça, il envisageait un retour au pays mais ne pouvait, semble-t-il, se soustraire à la surveillance appliquée de ceux qui l'avaient aidé à fuir et sur lesquels il restait plus que discret.

François avait donc résumé ses découvertes à Baranes qui commençait à sentir de plus près le lapin.

— Le problème n'est pas de l'arracher à ses geôliers mais de savoir ce que l'on en fait après, posa François. Tu reprends la main ou on reste dans l'illégalité ? demanda-t-il à Baranes.

Baranes découvrait une situation qu'à aucun moment il n'aurait pu imaginer. Il lui était difficile d'en rendre compte à quiconque et se devait de trouver un dénouement par lui-même. Face à plusieurs solutions, laisser tomber, aller jusqu'au bout ou voir rentrer le lapin dans la cage, il avait un net penchant pour cette dernière.

Il était soulagé de savoir où se trouvait maintenant Bonnet, mais en même temps préoccupé des conditions de son rapatriement. À la régulière, il se devait de légaliser son interpellation, de transmettre les informations à la justice, de saisir Interpol, IP Brasilia dans son jargon, en vue de son arrestation pour le faire placer sous mandat d'écrou extraditionnel. Vu le curseur du manomètre dans cette affaire, il penchait assez peu pour la version légale.

De toute façon, il évoquerait la solution avec Le Goff. En revanche, tout bien considéré le comportement de sa hiérarchie, il décida de faire l'impasse et de conserver quoi qu'il en soit un mutisme total vis-à-vis de son Administration.

Il pouvait donc arrêter une autre solution avec François. Tout dépendait de ce que celui-ci, qui s'était pas mal avancé, envisageait.

— Tu as une idée ? lui demanda-t-il.

François avait été direct.

Il se proposa de parler au Belge pour qu'il reprenne contact avec Bonnet et le mette en confiance. L'inciter ensuite à quitter librement sa planque pour le placer sous une nouvelle protection. Celle de la famille qui lui assurerait le gîte et le couvert. Le principe étant que la décision devait venir de Bonnet, qui était libre d'accepter ou de refuser. Il fallait que rien ne puisse être reproché par la suite à la famille.

Mais tout cela avait un coût et il était peu envisageable que les frais du rapatriement soient assurés par la famille. Encore moins par la maison, s'était plu à dire Baranes. Tout dépendait donc de Bonnet et de ses moyens. Le bonhomme n'avait rien caché de ses capacités. Sans être riche comme Crésus, Bonnet disposait encore d'une forte somme d'argent pour lui permettre de se retourner. Il pouvait donc parfaitement assumer les frais de son retour et provisoirement ceux de son hébergement.

Comme quoi, l'ostrogoth n'était pas parti sans biscuit.

— L'idée d'une reddition organisée n'est pas pour me déplaire, lâcha Baranes en se frottant les mains, puis le menton, ce qui, chez lui, laissait apparaître un certain plaisir.

Mais la démarche n'était pas sans risque. Comment réagiraient les manipulateurs, ceux qui avaient organisé et couvert son départ, lorsqu'ils constateraient que leur proie avait quitté le nid ? Caméro-

Bonnet pourrait-il réintégrer le territoire national avec autant de facilités qu'il avait eues pour le quitter ?

Si, comme le pensait maintenant Baranes, la fuite de Bonnet avait été orchestrée par une équipe de barbouzes, qui restait à identifier, il fallait faire vite car ces derniers étaient capables, s'ils ne l'avaient plus sous la main, de le balancer à la justice. Or, la logique voulait qu'ils tombent ensemble ! Dès que Bonnet serait sorti de leurs griffes, non seulement il ne disposerait plus de complicités, mais il risquait d'avoir toutes les polices des frontières contre lui, et ça, Baranes souhaitait l'éviter.

— Il me vient une idée, dit-il, pourquoi ne pas le faire atterrir à Genève plutôt qu'à Paris ?

— Puisque c'est lui qui doit payer son billet d'avion, ce sera à lui de décider, répondit François.

Baranes ne partageait pas ce point de vue. Cela n'avait rien à voir avec le prix du billet mais tenait d'une question de sécurité. Il leur fallait trouver un itinéraire verrouillé, sans danger, où il pourrait éventuellement intervenir en cas de problème.

En passant par la Suisse, il savait pouvoir compter sur l'aide de Michel Deschamps. Baranes, en effet, n'envisageait pas du tout de s'appuyer sur les correspondants naturels de la grande maison mais uniquement sur son propre réseau relationnel. Il avait une confiance limitée en l'attaché de police du service de coopération en poste à Brasilia auprès de qui il aurait pu se rapprocher.

À la limite, il pouvait envisager un meilleur contact avec le correspondant économique. Un fonctionnaire des impôts qu'il connaissait de longue date et détaché au consulat pour aider au développement de la coopération économique et faciliter les relations interadministrations.

Mais certainement pas son collègue commissaire qui n'aurait pas eu d'autre solution que de faire immédiatement remonter l'info aux services de la police criminelle et politique du pays. Car c'était comme ça, dans l'État de Rio. La police politique monopolisait tous les contacts, gérait toutes les relations avec les ressortissants étrangers, et son secrétaire d'État ne cherchait qu'à soigner ses propres rapports avec les ministres de l'Intérieur des autres pays.

Autant alors ne pas se mettre dans la gueule du loup.

Baranes espérait aussi solliciter l'intervention de son pote Manuel Montairo en poste à Lisbonne. Il se souvenait que celui-ci entretenait des relations suivies avec un commandant du bureau Interpol de Brasilia dont il avait oublié le nom. Il se souvenait aussi d'une drôle de soirée alors que Montairo était de passage à Paris, une soirée qui s'était terminée chez un couple rencontré au gré de leurs beuveries. Après ça, les Portugais ne pouvaient plus dire qu'ils étaient à cheval sur les principes…

À bien y réfléchir, se dit en rigolant Baranes, ce sera l'occasion de le remettre en selle. Et de se rappeler encore les sorties nocturnes qu'ils effectuaient dans Lyon chaque fois qu'ils en avaient l'occasion après les rencontres d'Interpol. Montairo, avec le collègue brésilien, avaient tissé plus qu'une véritable amitié, ils étaient devenus beaux-frères.

Plus Baranes réfléchissait, plus c'était sûr et clair dans sa tête. Le pote de Montairo lui filerait un coup de main sur place le moment venu pour l'embarquement de Caméro sur le vol d'une compagnie suisse à destination de Genève, car la sortie du Brésil de Bonnet n'était pas gagnée. Il ne restait plus qu'à contacter Deschamps, l'autre pote à Genève, avant d'arrêter définitivement le plan.

C'est ce que fit Baranes qui s'excusa auprès de François et se retira pour tenter de joindre son ami au téléphone. Une chance ! Michel Deschamps était chez lui. Une deuxième chance ! Il se proposa de servir de nounou ou d'escort-boy. Plus sérieusement, Michel Deschamps expliqua à Baranes qu'à la suite d'incidents répétés de tentative de prise d'otages sur les vols de la compagnie suisse, les autorités fédérales en accord avec elle avaient décidé d'affecter sur chaque vol long-courrier un officier de police armé. Le tour de garde de Michel Deschamps sur Rio était proche puisqu'on lui proposait de servir ce week-end ou le week-end prochain.

Vu le temps nécessaire pour se retourner, Baranes lui proposa de prendre son tour le week-end suivant.

François était ravi de la tournure que prenait cette affaire.

– Je me sens vraiment utile à la nation, dit-il dans un grand éclat de rire.

Puis, reposant son verre avec délicatesse, il fixa Baranes et l'entreprit sur une autre découverte.

– Passons à toi maintenant, lui dit-il… À deux reprises cette semaine, mes gars ont constaté qu'une Laguna grise te suivait. Tantôt, il y avait un homme seul, tantôt, ils étaient deux.

– Décidément, lui répondit Baranes, tu vas finir par être plus performant qu'un service de police.

– Je te rassure, personne ne t'a suivi ce soir, sans quoi j'aurais été prévenu.

Donc, cela se confirmait, Baranes avait bien une équipe au cul. « Des gonzes qui sentaient le poulet », lui dit François. Rien qu'à la plaque de la tire, on pouvait pas se tromper, ajouta-t-il. Ils avaient un sens profond de l'observation, ces voyous, surtout quand il s'agissait de détroncher les keufs.

– Qu'est-ce qu'on fait maintenant, patron ? l'interrogea François qui proposa de passer aux actes pour en avoir le cœur net.

En fait, François avait réfléchi à tout. Il ne pouvait pas faire suivre indéfiniment Baranes et avait pensé que plus vite Bonnet serait bougé, plus vite les autres se manifesteraient autrement. Il proposa alors de traiter les deux problèmes dans un même temps.

– On déménage Bonnet sans plus tarder et on le réimplante ailleurs le temps de son départ sous quelques jours. Le premier qui te suit après le changement, on le bloque et on le serre… on lui plaque ta médaille sous le nez !

Il avança son verre pour trinquer avec Baranes :

– *Capito bene ? Capito bene ?* répéta-t-il.

Baranes avait fort bien compris mais ce n'était pas pour autant qu'il partageait la méthode. Déjà, il n'entendait pas se défaire de sa plaque de police.

— Qu'en penses-tu ? demanda François.

— Tu entends quoi par « on le bloque » ? l'interrogea Baranes, inquiet.

— Je ne vais pas te faire un dessin. On le serre, comme tu dirais. Sauf qu'on ne lui passe pas les pinces mais qu'on lui enfile une cagoule et, hop, on le descend à la cave pour le mettre au frais. Une sorte de garde à vue, si tu préfères, mais sans procédure, sauf que là, ce ne sont pas les flics qui portent la cagoule mais le client… Après, je t'appelle pour que tu nous donnes les bonnes questions à lui poser. Elle n'est pas belle la vie ? conclut-il en souriant.

Le meursault choisi par François était plus qu'excellent. Ce vin, d'une robe teintée claire, ouvert au nez, aux arômes généreux, fruité amande mais discret, surpassait de loin le plat de poisson pourtant raffiné : un blanc de bar caviardé, cuit au four, à peine léché d'une sauce blanche. Mais peut-être avait-il même trop de goût, trop puissant pour un chardonnay. En meursault, les corbins ou les rougeots étaient les appellations préférées de Baranes.

Le lendemain matin, il en était à se demander si vraiment il n'avait pas été suivi et écouté car les premiers mots de Némo visaient la belle échappée de Bonnet.

— On a retrouvé la piste de Bonnet et je tenais à vous en informer immédiatement, l'avait-il accueilli.

Selon l'attaché militaire du Brésil, il serait infiltré pour la DGSE dans une usine de fabrique d'appareils électroniques aux mains de la Camorra, une famille sicilienne qui sévissait pourtant sur à l'autre bout du continent.

Baranes une nouvelle fois restait pantois devant tant de coïncidences.

— Ben, voilà autre chose, se dit-il. Bonnet serait maintenant un espion à la solde des Italiens ! Comme foutage de gueule, on fait pas mieux !

On n'est jamais trahi
que par les siens

Fabienne et Servan s'étaient présentés dès six heures trente du matin à la prison de Fresnes pour en extraire Lucie Leprince.

Le bâtiment était comme une deuxième cité dans la ville. On y accédait en deux temps. D'abord, on entrait dans l'enceinte pénitentiaire en longeant une allée de thuyas, puis on découvrait l'univers carcéral par une petite porte latérale qui donnait sur une cour intérieure. Là, il fallait attendre au poste de garde qu'un maton vienne vous chercher pour vous conduire dans la salle d'attente de la division.

Lucie, elle, était supposée avoir été levée à cinq heures puis préparée et fouillée déjà deux fois avant de leur être remise.

Enlever une détenue à une matonne, c'était comme arracher un sou à un radin. Ça lui fend le cœur.

Sitôt assise à l'arrière de la voiture à côté de Fabienne, Lucie se mit à souffler comme si elle voulait libérer ses poumons pour mieux refaire le plein en oxygène. Puis elle resta muette et fit comme si elle n'entendait pas les quelques paroles d'accueil de Servan.

— C'est pas trop dur ? lui demanda Fabienne.

— Surtout l'hygiène, lui répondit Lucie, un peu gênée.

Pourtant, cette prison avait été en son temps, au début du XIXe siècle, un modèle de propreté. Tous les détenus disposaient de quoi faire leur toilette individuellement et quotidiennement et bénéficiait d'une douche chaque semaine. Mais la surpopulation carcérale avait tout modifié. De trois qu'elles étaient par cellule, les femmes ont vite été entassées à cinq, une grande partie des bâtiments qui leur étaient consacrés ayant été transférée aux hommes.

— On va passer au service où vous pourrez vous doucher, lui proposa gentiment Fabienne.

Cet élan de bonté ne faisait pas partie d'un stratagème car les enquêteurs n'attendaient plus rien de Lucie. Elle avait eu l'occasion de s'expliquer en long et en large avec le juge Le Goff et son extraction n'était pas une récompense mais une nécessité procédurale avant sa libération. Il fallait s'assurer de ses dernières révélations, et pour cela, la perquisition qui n'avait pu être faite pendant son interpellation s'imposait maintenant.

Une fouille minutieuse du bureau qu'elle occupait au siège du parti MLP, le Mouvement libéral populaire, devait permettre la découverte et la saisie de documents qui pouvaient la disculper, avait-elle dit, et rien ne s'opposait à ce qu'on ne la croie pas. C'était encore une mauvaise idée de Bonnet que de la faire entrer comme chargée des finances au parti de Piquard.

Elle s'en mordait aujourd'hui les doigts et souhaitait dissiper toutes compromissions. Elle n'avait pas nié à l'IGPN avoir travaillé sur l'organisation d'un stage de collecte de fonds au profit du financement de la future campagne pour les présidentielles de Marcel Piquard. Il avait annoncé sa candidature sans se soucier de la désignation officielle de son parti qui ne pouvait le désavouer, au grand désespoir de certains militants pour qui l'investiture démocratique représentait encore quelque chose.

Mais là, comme pour le comité Théodule, Marcel Piquard avait préféré intriguer avec le jeune secrétaire d'État au Logement. Ils avaient d'ailleurs créé ensemble un club de réflexion politique où Lucie Leprince s'était fait embarquer malgré elle. Lucie travaillait donc au sein de l'organisation politique du MLP sous les instructions de Jean Gordes, le conseiller technique du ministre de l'Intérieur.

Pendant le trajet, elle avait tenté de faire comprendre à Fabienne qu'une fois ses fonctions de contrôleur financier abandonnées, elle avait été orientée par Bonnet vers Marcel Piquard, le ministre de l'Intérieur, « le premier flic » de France comme l'avaient baptisé les médias. Elle avait été chargée de la mise en place d'une logistique pour ce nouveau club. Cela ne l'avait pas plus gênée que ça de rouler au sein de l'organisation pour un candidat démarqué. « Il faut souvent changer de parti si l'on veut garder les mêmes opinions », disait Siegfried, ce grand promoteur de la sociologie électorale, avant que n'émergent les instituts de sondage sur la scène politique. De cette pensée, Marcel Piquard en avait fait sa devise : « Si l'on veut ne pas changer d'idées, il faut changer de parti ».

Arrivés au service, ils furent rejoints par un expert judiciaire en informatique désigné par le juge Le Goff qui voulait s'assurer des visites que l'ordinateur de Lucie aurait pu recevoir en son absence. Ils attendaient dans le bureau de Baranes le retour des vestiaires de Fabienne et de Lucie pour organiser les équipages. L'expert monterait avec le commandant Machoire et le jeune Prieur tandis que Fabienne continuerait à marquer Lucie à la culotte. Toutes deux feraient équipage avec Calmart et Baranes, ce dernier ne voulant pas se séparer de son limier comptable.

Le convoi contourna la place de la Concorde pour se diriger vers les Invalides et emprunter la rue de l'Université où se trouvait le siège du parti. Pendant le trajet, Baranes bavassait de tout et de rien avec Lucie, histoire de créer une ambiance et de la mettre à l'aise. Lucie ayant été mise en examen, il ne pouvait plus procéder à un interrogatoire formel. Cependant, il comptait bien se faire expliquer en *off* la nature de ses relations avec l'avocat véreux contre lequel il gardait toujours une dent.

Malgré les apparences, Lucie Leprince se défendait d'avoir entretenu avec Levendeur la moindre liaison, même si, comme les enquêteurs s'étaient plu à le lui répéter, il avait été vu sortir de son domicile à sept heures du matin le jour où les fonctionnaires se trouvaient en surveillance. « Et alors ? » leur avait-elle répondu. Il était passé ce jour-là de très bonne heure pour lui faire signer des documents puisqu'il devait embarquer ensuite sur le premier vol à destination de Genève. C'était tout. Il ne fallait pas y voir autre chose.

Lucie Leprince n'avait jamais entretenu de liaison avec Levendeur dont elle n'avait pas une bonne opinion. Il lui arrivait même d'en avoir peur. Un air dominant, toujours secret, elle avait beaucoup de mal à savoir ce qu'il pensait. Pour l'avoir vu au milieu des autres, elle plaçait cet avocat au centre de tout. Un peu comme le chef d'orchestre d'une fanfare où chaque musicien se cacherait derrière son instrument pour éviter le regard sévère du maître à chaque fausse note.

Bonnet comme Béréni ne contestaient jamais ses instructions, même s'ils estimaient que certaines leur faisaient prendre beaucoup de risques à sa place. Mais si c'était comme cela que Lucie le voyait, elle se refusait à en dire plus sur les affaires, ce qui pouvait parfois la faire apparaître comme complice.

En revanche, elle lui reprochait d'avoir manigancé la partie de jambes en l'air avec Daugat dans le seul dessein de l'« accrocher », comme il disait. Elle avait fini par comprendre, mais bien plus tard, que son ministre était le maillon faible de leur combine. Sans doute l'isolement de sa cellule l'avait conduite à une telle réflexion, car, à l'époque, elle avait juste eu quelques doutes à l'occasion du financement des fêtes d'Auch.

Elle avait été surprise de constater que la plupart des factures de ces événements avaient été classées secret-défense alors que Bonnet lui avait dit avoir remis des sommes en espèces au secrétaire général de la mairie pour qu'il en assure les paiements. C'est là qu'elle aurait dû tilter et qu'elle avait fini par comprendre que son incarcération préventive n'était pas essentiellement due à l'exercice d'une pression pour la faire craquer… ni pour leur donner Bonnet.

C'est encore Levendeur qui avait eu l'idée de Denise Marigot. La meilleure façon de ne pas se faire détroncher, lui avait-il dit d'un ton grossier, était d'ouvrir un compte suisse sous un faux nom. Il s'était alors chargé des faux papiers, de l'ouverture du compte, des dépôts, de la gestion du compte d'une manière générale car, à entendre Lucie, elle ne se serait jamais rendue en Suisse malgré toutes les fiches signées sur place et de sa main.

Elle sortit enfin de son mutisme et s'adressa à Baranes :

— Je vous avais dit que Julien Bonnet avait disparu après avoir eu un dernier entretien avec Levendeur. Avez-vous vérifié ?

Baranes choisit de ne pas répondre.

Le cortège s'approcha du 221, rue de l'Université.

— On vous fait confiance. Le lieutenant Fabienne Ferme restera constamment à vos côtés. On ne vous menotte pas et vous ne devez adresser la parole à personne d'autre qu'à nous. On s'est bien compris ? insista Baranes.

Lucie acquiesça, presque soulagée. Allez savoir pourquoi, mais le simple fait qu'elle ne puisse parler à quiconque lui plaisait bien.

— Ça me va, lui répondit-elle.

Avant de pénétrer dans le hall de l'immeuble où le parti occupait les trois premiers étages, Baranes avait succinctement demandé à Lucie de lui préciser, en présence de l'expert informatique, quelle nature de documents ils allaient découvrir. Lucie avait alors expliqué qu'il s'agissait d'un fichier contenant une liste de noms de candidats potentiels pour des stages prévus en octobre au château de Lapalisse. Elle avait aussi constitué un programme destiné à recevoir les agréments pour chacun des modules de formation. Le but étant de faire financer les séjours, avait-elle précisé. Son principal travail avait alors consisté à remplir les formulaires destinés à l'administration et de monter le dossier au nom de l'association Terre-neuve qui encaisserait les fonds. Ayant été chargée précédemment d'examiner si les documents étaient correctement renseignés pour être éligible aux subventions, elle avait tout le savoir-faire pour sortir les fonds.

— Ben, voyons ! c'est comme ça qu'on vide les caisses de l'État, s'était laissé aller Baranes.

Lucie fut contrariée par la remarque de Baranes car elle avait cru bien faire en lui indiquant la nature des documents de Terre-neuve qu'il allait trouver dans son bureau. Elle voulait lui faire comprendre que les liens que l'association entretenait avec le parti MLP étaient ceux d'un simple prestataire.

Elle s'en était déjà expliquée avec le juge Le Goff.

Dès leur entrée dans le vestibule, ils furent accueillis par le directeur administratif et financier, le DAF de l'organisation qui gratifia Lucie d'un large sourire et lança quelques remarques appuyées à Baranes :

— Le parti politique a une reconnaissance constitutionnelle. Il concourt à l'expression du suffrage et ne peut être traité comme un simple club sportif, lui sortit le blanc-bec.

— Je ne pense pas me trouver dans un stade, lui répondit du tac au tac Baranes ou alors je suis entré par le vestiaire.

Lucie Leprince préféra ne pas intervenir et les mena directement dans son bureau dont la porte n'était pas fermée à clé. Au passage, elle ne manqua pas de leur faire observer l'inscription murale d'une citation d'André Malraux non sans pertinence : « On ne fait pas de la politique avec de la morale, mais on n'en fait pas davantage sans ! » Pas de quoi ébranler l'homme précaire, pensa Baranes en jetant un regard rapide à l'imposante lithographie du général de Gaulle qui occupait tout le pan de mur. La même que celle qui trônait dans le cabinet de maître Levendeur.

Un ange passa.

Le commandant Machoire commença à fouiller minutieusement l'armoire Ikea qui faisait face au bureau de Lucie tandis que l'expert en informatique entreprit, sous le regard intéressé de Calmart, l'auscultation du poste fixe. Un vieil appareil HP équipé d'un disque dur externe, bon pour être saisi tel quel.

Lucie n'avait pas menti. Elle avait joué le jeu de la collaboration et le fichier renfermait une cinquantaine de noms répartis sur deux séries de stages intitulés « collecte de fonds de campagne ». Le dossier Terre-neuve que consultait Fabienne renfermait bien les notices de demande d'agrément dûment remplies. Tous les stages portaient le même thème sans rapport toutefois avec la réalité : éthique et responsabilité managériale. Le sujet, bien qu'éloigné des préoccupations financières, se proposait de traiter le développement des comportements dans le monde associatif.

Au titre des intervenants référents figuraient deux connaissances de maître Levendeur : Jean Gordes et Lucie Leprince. Et il était bien question du château de Lapalisse. Ses infrastructures étaient présentées comme les mieux adaptées aux formations en milieu fermé. Le château des Chabannes disposait de suffisamment d'équipements pour accueillir jusqu'à cinquante stagiaires.

Lucie voulut de nouveau se justifier, mais Baranes lui fit comprendre que ce n'était pas la peine. Elle aurait l'occasion de s'en expliquer avec le juge Le Goff et de mettre ses déclarations en conformité avec les pièces découvertes.

Elle avait effectivement de quoi s'inquiéter.

Loin de correspondre à son objet social tourné vers le logement des rapatriés, voilà que l'association Terre-neuve apparaissait comme un organisme de formation. Le château des Chabannes de Lapalisse n'était plus un simple centre d'accueil mais un satellite dans l'orbite politique du MLP.

Ce dossier était loin d'être élucidé. Il y restait de nombreuses zones d'ombre.

La perquisition parvenait à sa fin lorsque le jeune gardien de la paix, Luc Prieur, demanda à Baranes ce qu'il fallait faire du courrier adressé à Lucie et non ouvert. Il y avait là une bonne trentaine de lettres que Calmart se proposa d'ouvrir pour en faire une lecture rapide et sélective. Une lettre au moins ne manquait pas d'intérêt. Il s'agissait du bulletin de salaire de Lucie Leprince pour le mois qu'elle venait de passer en détention.

— Celle-là, elle est bien bonne ! dit Calmart qui se retourna auprès de Lucie : Dites-moi, au placard vous continuez à percevoir votre salaire ?

Le regard de Lucie Leprince se figea. Elle bafouilla un « je ne vois pas » puis se reprit pour finalement ne rien répondre. Pour la première fois, Baranes la vit décontenancée. Elle balbutia quelques mots incompréhensibles pour finir par dire qu'il s'agissait sûrement d'une erreur.

— Une erreur, mon cul, oui, continua avec insolence Calmart. L'erreur n'est pas que vous continuiez à percevoir votre salaire en détention, mais que celui-ci vous soit versé par une boîte qui n'est pas votre employeur !

La découverte était encore plus stupéfiante. Le bulletin de salaire de Lucie émanait d'une société de gros œuvre, dénommée La Taillade et installée à Vichy, dans l'Allier.

— Un emploi fictif, quoi ! dit sèchement Baranes.

– C'était une idée de Bonnet. Il m'a dit que cela se faisait jusqu'à un certain plafond autorisé et je n'y ai pas vu malice, répondit Lucie qui venait de se reprendre.

– Vous expliquerez tout ça au juge, lui dit Baranes. Mais vous aurez du mal à lui faire admettre que la prise en charge d'un salarié fictif par une société fait partie des dons de campagne.

La perquisition terminée, Luc Prieur donna un coup de main à l'expert informatique qui, finalement, s'était décidé à saisir l'ensemble du matériel.

De retour au service, Lucie Leprince fut conduite dans le bureau de Fabienne pour y signer les actes de procédure et les fiches de scellés qui la concernaient. Elle s'y livra sans aucun commentaire. La dernière découverte avait fini par la contrarier définitivement.

Calmart et Prieur proposèrent de raccompagner l'expert à son cabinet et d'en profiter pour lui déposer immédiatement les encombrants : du matériel qui ne demandait qu'à livrer encore quelques petits secrets.

Il ne restait plus qu'à ramener Lucie à sa loge. Même si elle s'était vite remise de ses émotions, Baranes avait senti que Lucie était déstabilisée et qu'elle avait envie de réparer. La perquisition s'était déroulée sans pause, d'une manière ininterrompue, et le déjeuner avait consisté en un sandwich sur place. Baranes avait donc proposé à Fabienne et Machoire de manger une pizza avec Lucie avant de la réintégrer. De toute façon, passé dix-sept heures, on ne soupe plus à Fresnes. Alors, autant la reconduire après une pitance prise en petit comité et lui donner la possibilité de reprendre des forces, de pouvoir la laisser s'exprimer si elle le souhaitait, d'être un peu humain ! Lucie apprécia et se détendit un peu.

Fabienne lui avait promis de ne pas parler de l'affaire. Les deux femmes étaient convenues de partager leur pizza et conversaient sur le contenu des repas en détention. La discussion s'amorça à bâtons rompus. La pluie et le beau temps ! C'est Lucie qui la première ramena le sujet sur Levendeur. Elle était persuadée qu'étant à l'origine de son départ, il connaissait la planque de Bonnet et elle restait étonnée que personne à ce jour n'ait pu l'obliger à la dévoiler.

– J'ai été légère, dit-elle, mais cet homme est machiavélique.

« L'homme aux valises d'espèces », disait-elle de Levendeur.

À ne pas confondre avec un simple porte-valise. Il se vantait toujours d'avoir à ses pieds tout ce qui comptait dans Paris. Du business à la politique et de la politique à la finance. « Ce ne sont pas les idées qui guident le monde mais l'argent », clamait-il avec suffisance.

Selon Lucie, Levendeur avait sa méthode. Il aurait pratiqué les comptes à demi. C'est du moins ce qu'un jour Bonnet lui avait expliqué. Une moitié en France, l'autre moitié en Suisse. Il alimentait en France les comptes de sociétés suisses qui désiraient investir sur la place de Paris, généralement dans l'immobilier, avec les sommes en espèces que lui remettaient ses clients français. Puis il demandait aux bénéficiaires suisses de déposer les contreparties sur des comptes en Suisse qu'il faisait ouvrir aux noms des clients français qui lui avaient remis les espèces. En quelque sorte, Levendeur était à lui seul une chambre de compensation.

Lucie n'avait donc pas eu à se rendre à Lausanne pour alimenter les comptes de Denise Marigot. Tout était orchestré par Levendeur qui était d'ailleurs le seul à connaître les banquiers.

Quant à Bonnet, elle commençait aussi à douter de lui.

– Je crois qu'ils m'ont tous pris pour une conne, dit-elle en lâchant une petite larme.

Les beaux esprits
se rencontrent

C'était vendredi en fin d'après-midi. Baranes était convenu avec Maud de se retrouver dans le petit square Saint-Augustin, à deux pas des grands magasins du boulevard Haussmann. Il s'était assis sur un banc blanc et commençait à imaginer cette rencontre qu'il préparait dans sa tête depuis plusieurs jours. Lorsqu'il l'attendait, le temps ne passait pas. Et Maud se faisait attendre…

Elle avait enfin accepté de poursuivre leurs jeux érotiques et d'aller plus loin. Baranes lui avait alors proposé de se glisser dans un de ces hôtels du quartier Saint-Lazare où de nombreux couples volages s'abandonnaient aux derniers plaisirs de la semaine avant la séparation du week-end. L'idée de partager comme eux un moment inédit et frivole l'avait séduite.

Il manifestait alors un peu d'impatience face à son retard. Le square peu fréquenté avait pourtant un côté apaisant. Il était un des rares jardins de Paris à offrir essentiellement des floraisons blanches. Des rosiers, des lilas, des boules-de-neige, des lauriers, des seringats, toutes sortes d'arbustes des quatre saisons, pourvu que leurs fleurs soient blanches.

Cette blancheur était un hommage rendu au roi Louis XVI qui fut guillotiné et à Marie-Antoinette, son épouse, à qui le même sort fût réservé. C'était exactement là, à l'endroit de la chapelle expiatoire, que leurs corps sans tête avaient été inhumés, à même la terre, recouverts de chaux vive. Ils n'ont dû leur dignité retrouvée qu'à Louis XVIII qui fit transporter leurs dépouilles en 1815 dans la nécropole royale de Saint-Denis. La légende voulait que certaines personnes dévotes aient vu à plusieurs reprises au-dessus de la crypte voûtée l'apparition de Marie-Antoinette. Bien que non croyant, Baranes y risqua un œil sans penser y voir sa Maud.

Pourtant, elle était là, émue par l'endroit et l'histoire qu'elle découvrait puisqu'elle ignorait que les corps du roi et de la reine avaient été inhumés en ces lieux avant d'être ensevelis à la basilique

Saint-Denis. Baranes se posta langoureusement derrière elle. Il posa ses deux mains sur ses hanches, et lui récita dans le creux de l'oreille les seuls verts amoureux qu'il connaissait de Voltaire, qu'il aimait à se répéter comme il aimait se chantonner le refrain version française de *Zag Warum* : « Un oiseau peut se faire entendre après la saison des beaux jours, mais sa voix n'a plus rien de tendre s'il ne chante plus ses amours ».

– On y va ? lui dit-il, j'ai hâte de toi, de te chanter, de te croquer.

Maud n'avait pas dit un mot. Mais elle n'avait rien laissé échapper de ses attentes, de ses envies, de ses émotions laissant le soin à Baranes de continuer à la charmer. S'amusait-elle de le voir tourner autour d'elle comme un paon pour mieux l'apprivoiser ? Il devinait son attente et ne voulait pas non plus forcer son désir.

C'est discrètement, en la tenant par le coude, que Baranes la guida vers la sortie du petit jardin. D'un pas dansant mais appuyé, ils se dirigèrent vers le passage Saint-Lazare qu'ils traversèrent en flânant pour se donner l'illusion d'un couple ordinaire. L'un et l'autre aspiraient maintenant à se retrouver seuls à l'abri du tumulte de la rue et de l'agitation de cette fin de journée.

Baranes sentit Maud lui pincer le bras. Elle le serrait comme pour contenir une peur, un trouble, une excitation à l'approche de l'hôtel du Printemps.

– Tu sembles bien connaître les lieux, lui dit-elle.

Il s'en sortit par une plaisanterie douteuse :

– Je fais les cinq à sept des Galeries Lafayette !

Maud, finalement, s'en foutait un peu. Elle assumait et prenait cela comme faisant partie des préparatifs, de la mise en condition, des approches sensorielles avant d'être sensuelles.

Carmen, la logeuse du garni de circonstance, les accueillit avec la discrétion d'usage et les orienta temporairement vers le petit salon, derrière son comptoir. Juste le temps de laisser descendre, sans le croiser, un couple tout aussi illégitime qui venait d'assouvir sa phallocentricité. Et des plaisirs frustrés à libérer, il y en avait !

Le temps aussi pour Carmen d'empocher sa petite commission.

Une mise en scène pas désagréable qui contribuait à en rajouter à l'état de plus en plus émoustillé dans lequel commençait à se trouver Maud. L'impatience était en train de changer de camp.

La voie était libre et les deux tourtereaux pouvaient enfin accéder au lupanar du troisième étage, chambre 33, avait indiqué Carmen. Celle donnant sur la cour… de résonance et d'écho lorsque les fenêtres restaient ouvertes.

Décidément, l'hôtesse n'en manquait pas une.

Seule Maud se sentait maintenant complètement abandonnée du monde habituel en se voyant livrée aux rituels païens qu'elle s'était imaginés.

La chambre sentait le renfermé et n'avait pas d'autre mobilier qu'un lit aux lames grinçantes, un vaste miroir sur un pan de mur et deux chaises. La petite salle de bains était équipée d'un lavabo et d'un bidet. Du printemps, l'hôtel n'avait gardé que le nom.

Maud déboîta sa ballerine droite avec le pied gauche et la jeta sur la descente de lit puis retira d'un geste vif la deuxième ballerine qu'elle envoya claquer contre la porte. Elle se laissa ensuite tomber de tout son long sur le lit grincheux. Baranes suivit avec la rapidité d'un éclair. Le lit émit un deuxième couinement douloureux.

Ils en étaient encore aux préliminaires lorsque Carmen vint frapper avec énergie à la porte branlante.

– Monsieur, il y a quelqu'un en bas qui vous demande, dit-elle.

François !

– Qu'est-ce que tu fous ici ? s'exclama Baranes encore tout surpris de sa venue et passablement contrarié de le voir.

– Désolé, vieux, mais il y a urgence. On a alpagué ton suiveur, lui dit François. Il était en train de prendre des photos à votre sortie du petit parc et lors de votre entrée dans l'hôtel. Mes gars ont pensé que c'était le bon moment et j'ai rappliqué dare-dare. Maintenant, si tu veux, je peux te filer un coup de main pour finir la petite !

Il ne restait plus à Baranes qu'à remonter expliquer la situation à Maud. Elle allait apprécier. Il n'en doutait pas. Elle ne penserait jamais que les beaux esprits aient pu se rencontrer par hasard. Elle le prit moins mal qu'il le pensait. Tout au moins, si elle était contrariée, elle ne le montra pas. Au contraire, elle sembla fort amusée de la tournure que commençait à prendre cette affaire. Et former un couple avec Baranes n'était pas finalement pour lui déplaire. Un peu décoiffant, mais tout ça la sortait de son ordinaire.

Donc, ils avaient été suivis.

Mieux, ils devenaient une véritable attraction.

Il restait à savoir maintenant à quel public était destiné leur numéro. C'est donc ensemble qu'ils descendirent rejoindre François qui les attendait dans le petit salon pour lui demander des explications.

— Je préfère qu'on se retrouve rue Royale, leur dit-il. L'endroit sera plus tranquille et entre-temps, je vais glaner quelques infos pour la suite.

Il s'agissait d'une brasserie située un peu plus haut que chez Maxim's, sur le même trottoir, qu'ils avaient l'habitude de fréquenter. Au-dessus du bar, un petit réduit ouvert sur la salle permettait de voir sans être vu. Un lieu idéal pour faire la mise au point qui s'imposait.

Maud, comme Baranes, était impatiente de connaître la tournure des événements. Lorsque François réapparut, Baranes comprit aussitôt à sa mine que quelque chose avait foiré.

— Parle, mais parle donc ! s'énerva-t-il.

En guise de réponse, François lui mit sous le nez une carte de police.

— Ben, merde alors ! lâcha Baranes qui n'en revenait pas.

La carte de police était celle du brigadier-chef Daniel Béréni. Il avait été serré au coin de la rue de Provence avec son appareil photo. Selon François, cela faisait deux jours qu'il suivait Baranes, et lorsque ses gars lui étaient tombés dessus, il en aurait pratiquement pissé dans sa culotte.

Il a été traité par des voyous comme un voyou.

Il ne se serait pas fait prier pour les suivre jusqu'à la voiture stationnée devant la petite église Saint-Louis-d'Antin. À peine à l'intérieur, ils l'auraient saucissonné et cagoulé puis à moitié couché sur la banquette arrière. Béréni n'aurait ni bronché ni manifesté de résistance. Comme s'il devait s'y attendre. En revanche, lorsqu'il avait enfin compris qu'il ne s'agissait pas de policiers qui voulaient lui faire peur mais bien de voyous qui ne comptaient pas le relâcher de sitôt, il aurait commencé à baliser et aurait proposé de s'expliquer.

— Les gars l'ont descendu cagoulé à la cave. Il y restera le temps que tu le souhaiteras, dit François.

— Comment ça, à la cave ? lui demanda Baranes un peu interloqué.

La cave n'était pas une simple expression. Il s'agissait réellement d'une cave fermée appartenant à un particulier et située au sous-sol d'un immeuble proche des Champs-Élysées.

— Tu comprendras qu'il vaut mieux que tu ne saches pas où ? conseilla François. Par contre, je te propose de me dire ce que tu veux savoir de lui, et le temps que vous commandiez un petit dîner pour vous remettre de vos émotions, je serai de retour avec les premières réponses.

Baranes acquiesça.

Le garçon prit la commande et apporta les deux « vrais » whiskys écossais qu'avait demandés Maud. Il leur fallait bien ça.

— Désolé, dit Baranes qui décida de briefer Maud sur le coup qu'ils avaient monté pour tenter de récupérer Bonnet.

Elle n'en revenait pas. Il aurait pu se taire et ne rien lui dire. La quitter à l'hôtel sans qu'elle le suive. Mais au point où il en était, il avait choisi qu'elle vienne avec lui pour tout lui raconter, pour qu'elle sache et pour avoir au moins un témoin si cela devait mal tourner. Les pressions, les menaces, les appels anonymes, la visite de son appartement, tout ça, Maud le partageait dorénavant avec Baranes. Toujours de bons conseils, elle avait tendance à penser qu'il fallait aller maintenant jusqu'au bout et ne libérer Béréni qu'après s'être assuré d'avoir Bonnet. Elle sentait un lien de cause à effet. Sans doute avait-elle raison.

Bonnet, après avoir faussé subitement compagnie à ses manipulateurs pour se réfugier sous la protection des amis de François, pouvait être, comme cela avait été envisagé, une monnaie d'échange si cela devait mal tourner. Le retour de François leur apporta quelques éclaircissements.

— D'abord, dit François, Béréni prétend n'avoir fait qu'une simple tricoche pour un privé dont il ne veut pas dire le nom. Une enquête personnelle avec une carte de police officielle, en quelque sorte.

— Il plaisante, je suppose, réagit Baranes. Il voudrait nous faire croire maintenant qu'il donnerait dans les affaires d'adultère ?

François le rassura en lui précisant qu'à la première bouffe, juste une claque de mouche, il avait vite changé de registre.

— Il a fini par admettre être conseiller technique au ministère sous les ordres d'un Jean Gordes, un contrôleur général honoraire, poursuivit François.

— Ça, j'aime mieux, c'est plus acceptable, se réjouit Baranes en se frottant les mains.

L'implication de la place Beauvau prenait enfin du sens. Il ne faisait plus aucun doute que, depuis le début, Bonnet était un jouet entre leurs mains. Tous se connaissaient et avaient continué à entretenir des liens depuis la fin de la guerre d'Algérie : Levendeur, Gordes et maintenant Béréni, bien que plus jeune.

Ils avaient su emballer les médias grâce notamment à ce Malfait, un des leurs, qui valait moins que rien, mais qui avait su tirer parti de la situation pour se remettre en selle, journalistiquement parlant. Ses visites chez Gordes, la veille des interviews de Bonnet, signaient sa duplicité. Hervé Lejeune l'avait subodoré, lui qui avait été le premier à avoir publié les écrits que lui communiquait Levendeur.

– Mais jusqu'où ces dindons sont-ils capables d'aller ? s'interrogea Baranes.

Finalement, la séquestration de Béréni se présentait comme une bonne chose. Elle avait le mérite de mettre fin à une escalade en utilisant les méthodes de la rue : œil pour œil, dent pour dent.

Pour François, cette agitation était à rapprocher du changement radical d'attitude de Bonnet en décidant de fausser compagnie à ses geôliers. Ses amis brésiliens venaient de lui confirmer que Julien Bonnet avait accepté, en effet, de se placer sous leur protection depuis deux jours. Il n'avait donc pas réintégré la planque qui lui avait été aménagée pour couvrir sa fuite.

– C'est normal que les marionnettistes soient aux abois, déclara François qui s'excusa de les abandonner quelques instants après avoir vu quelqu'un lui faire des signes dans la rue.

Rapidement de retour, il prit un malin plaisir à leur distiller avec longueur les derniers rebondissements. Béréni avait sur lui les clés d'une voiture. Les gars avaient eu un peu de mal pour savoir où il avait planqué sa caisse, mais les quelques nouvelles baffes appuyées avaient eu raison de sa résistance. Il s'agissait d'une Laguna noire stationnée rue Montalivet.

– Et cerise sur le gâteau, devine ce qui a été trouvé dans la malle de l'auto ? demanda François à Baranes qui était bien incapable d'imaginer quoi que ce soit.

Au point où ils en étaient, tout était du domaine du possible.

François ouvrit son veston et sortit une chemise en papier bleu qu'il avait planquée contre son flanc droit. Elle contenait les documents volés au domicile de Baranes. Enfin, certains documents, car, après inventaire, il s'avérait que deux ou trois pièces au moins avaient été soustraites. Pour l'une, il s'agissait, et cela aurait été fort dommage de les perdre, dit Baranes, des notes d'enquête sur l'affaire rocambolesque d'un avion renifleur de pétrole. Un scandale d'État qui avait aussi en son temps défrayé la chronique. Pour l'autre, il s'agissait de l'orignal d'une lettre touchante d'un ministre de la Justice au secrétaire général du Mouvement libéral qui avait précédé le

MLP et qui écrivait sans ambages : « Au sujet de votre intervention, j’ai bien reçu la caisse de six bouteilles de Chivas mais je n’ai pas trouvé l’enveloppe de 1,5 que vous m’aviez promise et qui devait allait avec. »

Mais le dossier ne contenait pas, non plus, les cartes d’adhésion au SAC, le service d’action civique, de plusieurs élus qui tenaient encore le pavé politique. C’était dommage, car Baranes aimait la formule de leur engagement : « Je jure fidélité et m’engage à servir inconditionnellement le général de Gaulle. »

Autant de petites choses qui étaient destinées à entretenir les souvenirs de Baranes. Rien que pour ça, Maud avait sans doute raison.

Béréni devait attendre la reddition complète de Julien Bonnet avant d’être remis en liberté. Et surtout, qu’il ne vienne pas se plaindre !

Il n'y a que le premier pas
qui coûte

Ce dimanche allait être long.

Baranes s'était levé tôt pour retrouver le juge Le Goff dans un café autour de la fontaine de la place Saint-Michel, à deux pas du palais de justice. Il avait ensuite rendez-vous avec Julien Bonnet à dix heures.

Hubert Le Goff n'en revenait toujours pas. Cet homme recherché par tous les médias de France et contre lequel il avait délivré voilà plus de quatre mois un mandat d'arrêt allait tout simplement se livrer prisonnier. Certes, il avait bien compris que les indicateurs de Baranes, les « tontons » comme les policiers les appelaient, y étaient pour quelque chose, voire qu'ils avaient prêté main-forte, mais tout de même, il n'en revenait pas !

Il estimait que Baranes avait peut-être pris beaucoup de risques, et encore celui-ci s'était bien gardé de l'informer de tout. De Béréni, il avait préféré ne pas lui en parler. Une affaire qui n'intéressait que la grande maison.

— Restons cachés pour vivre heureux, avait dit avec un brin d'humour Hubert Le Goff qui n'envisageait d'aller à son cabinet que sur le coup de midi. À l'heure où le palais devait être désert.

Pour les mêmes raisons de discrétion et d'efficacité et aussi parce qu'il était toujours sur la réserve vis-à-vis de ses supérieurs, Baranes n'avait pas plus informé que cela les siens. Ce n'est pas qu'il les croyait en rapport avec qui que ce soit, mais il les savait aux ordres des politiques, et à l'Intérieur, plus que dans n'importe quel autre ministère, les affaires ne faisaient pas bon ménage avec la justice. Autant alors ne pas les impliquer, s'était-il dit.

Il avait tout juste préparé Machoire et Fabienne à la reddition probable de Bonnet selon des pourparlers, leur avait-il précisé, qu'il avait engagés avec ses avocats. Un gros mensonge qui n'avait pour but que de protéger ses collaborateurs contre tous dérapages ou reproches que ne manquerait pas de leur faire cette « chère Administration » au moindre problème qui pouvait survenir. Aussi, moins ils en savaient, mieux cela valait pour eux !

Cependant, il fallait assurer le coup et se doter malgré tout de quelques moyens. C'est pourquoi Patrick Machoire avait habilement permuté avec un commandant de la Crim pour prendre ce jour-là la permanence d'état-major. Un travail de doublure qui consistait à seconder un fonctionnaire dont le boulot était de réceptionner et de rediriger tous les messages régionaux vers les divisions opérationnelles et d'informer le cabinet en cas d'éventuel coup d'État. Autant dire qu'il s'agissait d'une permanence tranquille. Son absence, s'il était amené à quitter subitement son poste, ne pouvait mettre en péril la police nationale, encore moins la République.

Quant à Fabienne, elle avait vite compris, sans que Baranes ait eu besoin de lui faire un dessin, qu'elle devait se rendre libre et « motorisée ». Elle était donc rentrée chez elle en cette fin de semaine, et une fois n'était pas coutume, avec le seul véhicule de service équipé d'un terminal fichier. Elle avait invité Luc Prieur, dont la femme était de garde à l'hôpital, à partager en famille le repas dominical.

Tous, finalement, avaient une occupation qui leur permettait de se libérer à tout moment et ils n'attendaient plus que le signal de Baranes pour le rejoindre sur un lieu que, par contre, il avait tenu secret mais choisi comme étant le plus proche du ministère et à équidistance du palais de justice.

L'hôtel Intercontinental, comme tous les établissements de prestige, avait l'avantage d'avoir du personnel disponible et un service interne de sécurité. Cela pouvait toujours servir. De plus, l'hôtel était situé à deux pas de la rue de Rivoli où stationnait en permanence une compagnie d'intervention de la préfecture de police.

Cet hôtel avait fait peau neuve et ce n'était pas un luxe car, à franchement parler, il faisait rococo, surtout, il avait eu du mal à se défaire d'une mauvaise réputation héritée de l'occupation allemande. Il abritait alors la cour martiale nazie qui condamna à mort les membres du groupe Manouchian, résistant communiste fusillé le 21 février 1944. Chaque année, le parti vient y déposer une gerbe en souvenir. Aujourd'hui, le complexe appartenait à un trust financier brésilien qui détenait plus de deux cents établissements dans le monde.

Pour un retour de Rio, on ne pouvait mieux espérer comme ambiance de famille. Comme dans tous les grands hôtels, la fréquentation de touristes argentés et d'hommes d'affaires était présente mais discrète.

Baranes n'excluait pas une intervention des pieds nickelés, bien que très peu probable, si Bonnet avait été suivi. Il savait aussi qu'en cas de problème, il ne pourrait compter sur personne, mais pour autant, il n'avait pas souhaité la présence de la famille.

Il avait demandé à un lieutenant des stups, un Bordelais comme lui avec lequel il partageait les voyages lorsqu'il redescendait au *païs*, de planquer face à une sortie de la rue du Mont-Thabor, un bon observatoire sur la cible. Ce dispositif lui convenait bien.

Il ne restait plus à Baranes qu'à se positionner sous les arcades, non loin de l'entrée principale du 3, rue de Castiglione, et à attendre la venue annoncée de Julien Bonnet. Les yeux rivés vers la place Vendôme, il calmait son impatience en tirant de bon matin sur un Cohiba Siglo IV, un cigare de gros calibre cubain.

La rue était calme et peu empruntée. La place Vendôme n'est pas un lieu très fréquenté le dimanche. Les touristes qui s'y aventurent se dirigent généralement au pied de l'imposante colonne en bronze au sommet de laquelle repose un petit Bonaparte en tenue de grand caporal. La réputation de l'endroit relève autant des prestigieux bijoutiers qui y tiennent commerce qu'à la concentration d'hôtels particuliers plus somptueux les uns que les autres.

À l'origine, cette place s'appelait la place des Conquêtes. Elle n'aurait été rebaptisée en place Vendôme, du nom de l'hôtel qui l'occupait, qu'après avoir été rachetée par Louvois, ministre de Louis XIV, qui y logea les administrations de l'époque. Seul le ministère de la Justice avait résisté à l'assaut des promoteurs qui ne s'étaient pas gênés pour tout revendre à la découpe.

– Si Louvois voyait ça, il se retournerait dans sa tombe, songea avec amusement Baranes qui n'était pas féru d'histoire mais reconnaissait à Louvois d'avoir été sensible aux « trafics » liés au commerce et déjà aux marchés publics.

Il avait d'ailleurs accroché en bonne place dans son bureau un fac-similé d'une lettre de Vauban à Louvois écrite en 1693. On y lisait :

Monseigneur,

Je dis que percevoir des commissions sur les marchés ne sert qu'à vous attirer comme entrepreneurs que tous les misérables, les fripons, les ignorants, et à faire fuir tous ceux qui ont de quoi et qui sont capables de conduire une entreprise.

Comme quoi, pas grand-chose n'avait changé depuis, et c'était bien pour cela que le commissaire avait donné à cette missive toute l'attention qu'elle méritait dans un service chargé de la lutte contre la corruption.

Le temps passait et Baranes commençait à perdre patience. Il tirait de plus en plus rageusement sur ce qui lui restait de cigare.

François lui avait confirmé que Bonnet avait bien embarqué sur le vol à destination de Genève où il était arrivé la veille. Le plan de Deschamps semblait avoir bien fonctionné et il devait lui en être reconnaissant.

Avant de se constituer prisonnier, Bonnet avait souhaité séjourner une nuit à l'hôtel avec son amie, Marie-Danièle. Une femme dont jusque-là Baranes avait complètement ignoré l'existence et François lui avait fait jurer de continuer à l'ignorer. Il avait eu du mal à l'accepter, mais il l'avait accepté. D'où pouvait bien sortir cette nouvelle idylle et comment avait-il pu passer à côté ? Mais cela faisait partie des promesses faites à Bonnet auprès de qui François s'était engagé pour Baranes. Bonnet devait aussi être accompagné de son avocat, ce qui n'était pas non plus du goût de Baranes qui souhaitait s'entretenir avec lui sans témoin.

Soudain, Bonnet apparut. Il descendit d'un taxi qui venait de stationner au milieu de la chaussée avec un homme de forte corpulence, aux cheveux longs, frisés et grisonnants. Bonnet avait le teint blanc et ses cheveux noirs épais lui donnaient un air sévère et inquiet. Il tenait à la main un petit sac de sport de femme. Les deux hommes montèrent rapidement l'escalier en pierre et pénétrèrent dans l'hôtel.

Baranes attendit quelques minutes avant de traverser la rue et de se diriger à son tour vers l'hôtel. Juste le temps de sonner le rappel et de s'assurer que personne ne les avait suivis. Le bar se trouvait sur la gauche d'une cour carrée surmontée d'une verrière et aménagée en vaste salon.

Il était vide.

C'était un endroit un peu sombre, intime, artificiellement éclairé par de petites lampes 1900 montées sur un pied en marqueterie anglaise et recouvertes de velours rouge vif.

Bonnet et l'autre homme, que Baranes ne connaissait ni d'Ève ni d'Adam, étaient assis au comptoir sur de hauts tabourets. Pourtant, dès qu'il entra dans le bar, l'homme s'avança immédiatement vers lui et lui serra la main comme s'ils s'étaient toujours connus. Il s'annonça comme étant maître Duchemin et lui présenta Julien Bonnet.

— L'homme sans qui le scandale ne serait pas arrivé, lui dit-il avant d'ajouter : Nous comptons beaucoup sur vous, commissaire.

— C'est plutôt sur votre client qu'il faudra compter, lui répondit Baranes.

— Je voudrais qu'on ne me juge pas sur mon absence, intervient Julien Bonnet.

— Cela va être difficile, mais à vous de faire le premier pas, conseilla Baranes.

En cet instant des présentations, le souci principal de Bonnet était de savoir ce que l'on pouvait penser de lui. Quelle opinion les autorités judiciaires ou les autorités tout court pouvaient avoir encore de lui après le comportement qu'il avait adopté pendant son exil ?

— Mais comprenez-moi, commissaire, j'y ai été obligé. Jamais je n'aurais dû partir, répétait-il, mais c'est après que je m'en suis aperçu et il était trop tard.

— Vous aurez le temps de vous en expliquer, le rassura Baranes.

Mais Bonnet ne sortait pas de son obsession et en remit une couche. Il s'attacha à manifester beaucoup de regrets à avoir agi ainsi. Jamais, répétait-il, je n'aurais dû fuir, quitter le pays sans m'être expliqué.

Il allait maintenant affronter ses juges et il lui faudrait témoigner d'un engagement réparateur. Or, il avait peur que cette image de fuyard puisse lui nuire et entacher la vérité du dossier qui allait s'ouvrir. Il affirmait qu'il était revenu pour s'expliquer et rétablir la vérité.

Baranes le recadra :

— On ne vous a pas attendu pour commencer l'enquête et faire le tri de vos diverses déclarations.

Julien Bonnet se tut. Il était visiblement anxieux et nerveux. Ses yeux noirs vacillaient sans cesse à la recherche d'un soutien qui aurait pu lui venir en aide, mais dans le bar, mis à part eux, il n'y avait personne. On pouvait passer maintenant aux choses sérieuses.

Fabienne et Luc Prieur arrivèrent à point nommé. Fabienne entreprit immédiatement le baveux qui s'empêtrait dans des explications ambiguës tendant à démontrer à Baranes que personne n'avait obligé son client à quitter le pays. C'était seul que Bonnet avait pris la décision de fuir et les ragots colportés par les uns et les autres n'étaient que des rumeurs infondées. Bonnet s'en expliquerait.

C'était bien comme ça que Baranes l'entendait.

— Il a pris peur et il est allé se mettre au vert chez un cousin éloigné, poursuivit maître Duchemin.

— En voilà des idées ! s'exclama Baranes.

À sa façon de lui répondre, l'autre comprit que ce n'était plus la peine d'insister et il en tira immédiatement les conclusions.

– Je pense que ma présence n'est plus utile, dit-il. Il interrogea alors Baranes pour savoir à quelle heure il devait se présenter chez le juge d'instruction devant lequel son client allait être conduit.

Le temps de notifier le mandat d'arrêt, répondit Baranes qui espérait en finir dans une heure. Mais c'était sans compter sur l'obstination de Bonnet à vouloir se justifier et ne pas porter le chapeau, ni sur l'affaire ni sur sa fuite. À peine son avocat avait-il tourné le dos qu'il contestait ses explications lamentables.

– Vous ne me croirez peut-être pas, dit-il, mais je ne serais jamais parti de moi-même. J'ai fait l'objet d'une manipulation.

– Je n'ai aucune raison de ne pas vous croire, lui répondit Baranes, mais je suis comme saint Thomas, je ne crois que ce que je vois et, en l'espèce, j'en ai plus entendu que je n'en ai vu.

– Je peux vous apporter la preuve de ce que j'avance, poursuivit Bonnet.

Et il expliqua à Baranes et Fabienne qu'il disposait d'un passeport officiel que lui avaient remis ses manipulateurs sous le faux nom de Philippe Caméro. Seulement voilà, il n'avait pas le passeport de Caméro sur lui. Il l'avait laissé à sa petite amie, la nommée Marie-Danièle, pour qu'elle en fasse des copies et les distribue à la presse après son incarcération. Baranes lui proposa de téléphoner sur-le-champ à son amie afin que celle-ci les rejoigne avec le document. Ce qu'il fit sans se faire prier.

– Il faudra être précis sur les conditions de la remise de ce passeport, reprit Baranes.

Bonnet ne se fit pas prier, déterminé à aller jusqu'au bout :

– Il m'a été délivré par le ministre de l'Intérieur, Marcel Piquard. Avant mon départ pour le Brésil, j'avais remis des photos à Gordes, son conseiller spécial, et c'est le ministre en personne qui m'a fait savoir par téléphone quelques jours plus tard que le représentant du service de coopération de la police en poste au Brésil viendrait me le remettre en main propre. Je dispose de la conversation que j'ai enregistrée.

Baranes, estomaqué, n'en revenait pas. Il ne broncha pas, mais il ne savait quoi répondre à Bonnet qui venait de lui expliquer être en possession d'un vrai passeport délivré sous un faux nom… un vrai faux, quoi ! en conclut-il. Il allait en avoir le cœur net et dans l'attente que ce passeport arrive, il appela le garçon pour se faire servir des bières et des sandwichs club.

Luc Prieur était déjà sur son petit portable en train de mettre en forme le procès-verbal. Il fut interrompu par Machoire qui fit son apparition flanqué d'un colosse en livrée. Il s'agissait du chef de la sécurité, un commandant de la PP en retraite, qui avait été informé de leur présence par maître Duchemin qui lui avait demandé de rester discret.

— Si je peux vous aider, n'hésitez pas, avait indiqué le chef de la sécurité.

Au point de confidentialité où ils en étaient, Baranes sauta sur l'occasion pour lui demander un bureau. Un endroit plus tranquille. D'autant qu'il n'avait pas envisagé un moindre instant de regagner le service au ministère. Ils se transportèrent dans une petite salle aux rideaux tirés sur la porte de laquelle était indiqué « réservé au service ».

Lorsque Marie-Danièle se présenta, la procédure était pratiquement terminée. Il ne restait plus à Julien Bonnet qu'à rédiger la formule de sa main : « Sachant que je puis m'y opposer, je consens expressément à la saisie du passeport délivré au nom de Philippe Caméro. »

Ainsi Baranes ne s'était pas posé de questions. Et c'est sans états d'âme qu'il enclencha l'ouverture d'une nouvelle enquête, que l'ensemble des médias qualifiera d'« affaire du vrai-faux passeport ».

L'heure était avancée et il fallait maintenant conduire Bonnet au palais de justice. Fabienne se mit au volant puis Bonnet monta à l'arrière de la Lancia, assis à côté de Luc Prieur. Baranes suivait derrière avec le commandant Machoire. Le cortège n'avait pas franchi le pont du Châtelet que déjà il était encadré par une horde de motos de presse qui sortaient on ne savait d'où. Ils entrèrent au palais par la conciergerie de telle sorte que nul ne pouvait les accompagner une fois passée la lourde porte de fer qui se refermait sur eux.

Le lapin de garenne était enfin dans la cage.

Lorsqu'il sortit de l'ascenseur emprunté au parquet général pour se rendre à la galerie financière, quelle ne fut pas la surprise de Baranes de rencontrer Maud dans le couloir. Elle venait le prévenir que Bonnet avait donné à un journaliste de la 5e chaîne la copie d'un vrai-faux passeport que lui aurait remis en mains propres le ministre de l'Intérieur pour l'aider à couvrir sa fuite. Inquiète, elle lui dit :

– Cette affaire pue, prends bien garde à toi, le conseilla-t-elle en lui donnant la copie d'une nouvelle lettre que venait de lui remettre Hervé Lejeune avant de la publier.

Rémi Marcellin, le nouveau ministre des Rapatriés, s'adressait en ces termes au garde des Sceaux :

« Il me semble nécessaire que vous suiviez de près le déroulement de la procédure afin que vous vous assuriez que celle-ci n'avance qu'à coup sûr. [...] Il est, en effet, essentiel d'éviter toute mise en cause hâtive ou qui peut laisser soupçonner une quelconque ma-nœuvre à l'encontre de mon prédécesseur, ce qui suppose une grande vigilance, d'autant que certains journaux liés à l'opposition feignent, ce qui est un comble, d'y voir le signe d'une gêne trou-blante de la part du gouvernement ».

– Si ça, ce n'est pas une menace de l'exécutif sur le judiciaire, je me fais moine, s'écria Baranes qui n'en aurait rien fait !

Présenté au juge Le Goff, Bonnet sera préventivement incarcéré à la prison de la Santé.

Pierre qui roule
n'amasse pas mousse

Hervé Lejeune avait eu raison et tort à la fois. L'association Terre-neuve n'avait pas acheté le château des Chabannes du marquis de La Palice dans l'Allier mais le château Cabane, une vaste demeure du XVIIIᵉ siècle située elle aussi à Lapalisse dans l'Allier, entre la Sologne et le Bourbonnais. « Pour être crédible, il faut être précis, disait souvent Baranes, car c'est des amalgames que naissent les fausses informations ». À cette rectification près que le reste de son article s'était révélé exact et Baranes avait dû retirer tout le mal qu'il avait pu dire de Selim Zoary, le planqué du service. L'inspecteur des impôts s'était livré à un travail construit et précis qui apportait un éclairage édifiant à l'opération.

Le château Cabane, puisque c'est ainsi qu'il convenait désormais de l'appeler, avait été acheté par l'association Terre-neuve pour deux millions quatre cent mille euros à la société BL Investment installée à Guernesey. Celle-là même dont le nom était apparu au cours de la perquisition effectuée chez maître Levendeur. Sauf que BL n'étaient pas les initiales de Bonnet et Levendeur mais celles de Business London. C'est du moins le nom qui se déclinait dans l'acte.

Et le montage financier ne manquait pas de sel. La société anglo-normande s'était elle-même rendue propriétaire du château à peine deux ans auparavant. Elle l'avait acheté un million six cent mille euros à un couple de la région, M. et Mme Bernard Langeais, réalisant ainsi une plus-value substantielle de huit cent mille euros. Plutôt rare de réaliser une telle marge sur un bien de province, alors que le marché immobilier était à la baisse, mais, comme le disent les professionnels, « c'est l'acheteur qui fixe sa loi ». Et là, l'acheteur, il n'avait pas été trop regardant. De plus, les vendeurs, malgré cette vente à des conditions hors marché, semblaient s'être maintenus dans les lieux puisqu'ils acquittaient encore la taxe d'habitation. Le prix avait été payé comptant à l'aide d'un prêt bancaire.

L'historique dans l'acte mentionnait, et ce n'était pas sans importance, qu'ils avaient eux-mêmes acquis ce bien au même prix, un an auparavant, à l'aide d'un prêt bancaire souscrit également auprès du même établissement de Fribourg. À croire que cette banque suisse avait implanté une succursale dans la région, mais ce n'était pas le cas.

Baranes en conclut une nouvelle fois que quand c'est flou, c'est qu'il y a un loup ! Que ce bien ait été acquis par une société étrangère, passe encore. Mais qu'il ait été acquis par une société étrangère domiciliée dans un paradis fiscal aurait dû au moins interpeller les services de l'enregistrement. C'est d'ailleurs ce que Baranes reprochait à Bercy. De ne pas voir de l'œil droit ce que voyait leur œil gauche. Après ça, allez lutter contre l'évasion fiscale et la fraude financière en général ! On vous rit au nez. Et que ce bien ait été acquis au moyen de divers prêts bancaires suisses aurait dû encore plus attirer l'attention ! Hé bien, deux fois non !

Le banquier prêteur de BL Investment n'était pas inconnu de Baranes. Il s'agissait de l'agence vaudoise du Crédit suisse, la banque de Boninvest, mais il se garda bien d'en tirer la moindre conclusion.

Ce qui surprenait Baranes et le révoltait à la fois, c'était ce manque de curiosité du fisc français face à de tels montages. Car, pour bénéficier d'un prêt d'une banque étrangère, le notaire doit obtenir du Trésor l'autorisation de crédit étranger ou, au minimum, l'aviser de la transaction. Et c'était bien ce qui choquait Baranes. Si le fisc et le Trésor qui relèvent tous deux du même ministère des Finances s'étaient simplement parlé, ils auraient pu échanger des informations et travailler utilement sur le contrôle des opérations. Au lieu de cela, ces deux administrations se contentent de taxer.

Certes, ce n'était pas pour autant que la vente aurait été annulée. Mais s'agissant officiellement d'un prêt étranger, il aurait pu au moins être vérifié les modalités réelles de son remboursement par les Langeais, de braves gens au demeurant, mais qui n'avaient aucune surface financière, tout juste celle d'un palefrenier de ferme.

Le service des impôts aurait pu s'en apercevoir !

Ils ont quand même le pouvoir, s'énerva un peu Baranes, d'interroger le contribuable sur ses versements réguliers de sommes à l'étranger. Ils ont fichu quoi ? Rien d'étonnant qu'on crée un organisme comme Tracfin, mais si les banques ne remplissent pas leurs obligations en déclarant à l'Administration les mouvements d'argent litigieux, comment Bercy pouvait-il s'apercevoir que les Langeais n'avaient jamais remboursé ce prêt ? Et qu'il y avait de grandes chances que quelqu'un l'ait même remboursé à leur place. Peut-être aussi qu'il s'agissait tout simplement d'un prêt fictif, garanti par des fonds BL Investment, ou même, pensa Baranes, ceux de Terre-neuve, pour ne pas dire ceux de l'État.

Aussi simple que cela !

Parce que, au final, c'était bien sur les fonds publics, transités par Terre-neuve, que le château était passé entre les mains des Langeais. Qui n'avaient pas le moindre rond pour devenir châtelains.

Pour Baranes, la rencontre de Bonnet avec les Langeais ne pouvait être fortuite. Ils étaient le sésame qui avait ouvert la porte à un blanchiment légalisé. Les fonds, une fois sortis de Terre-neuve, étaient placés sur les comptes suisses puis ressortis sous forme de prêts déguisés. L'Allier est beaucoup plus près de la Suisse que Paris !

Personne ne s'était interrogé sur la réalité même des fonds prêtés et rien ne permettait de dire que le Crédit suisse les avait réellement avancés ou si tout simplement il ne s'était pas contenté de débiter le compte de son client Boninvest.

Vu comme ça, le blanchiment aurait été complet.

C'est pourquoi Baranes était très dubitatif sur une intervention possible de la société BL Investment. Ça le laissait songeur… à tel point qu'il finit par s'assoupir sur le siège arrière du véhicule que conduisait Machoire en direction de Lapalisse.

La Nationale 7 française n'était pas la 66 étasunienne mais elle était aussi connue pour son charme.

Le calme régnait dans la voiture. Fabienne avait voulu être du voyage ainsi que Léon Calmart. Une photographe du service central de l'identité judiciaire faisait aussi partie du déplacement : le juge Le Goff voulait une planche photographique des lieux. Les images seraient plus parlantes pour les juges qui allaient devoir se prononcer sur ce dossier. Des murs, de la pierre, un bâtiment, c'était du concret, ça en disait toujours plus qu'un montage financier de blanchiment, complexe à expliquer. Les photos font bien parler les cadavres, pourquoi ne feraient-elles pas parler les affaires financières ? C'est en tout cas ce que les journalistes de TV tentent de faire.

Les photos sont aussi l'occasion de constituer quelques souvenirs pour les enquêteurs, même si la mythique Nationale 7 ne ressemble plus à la chanson de Charles Trenet.

La Route bleue reste encore la Route des vacances.

Ils roulaient à vive allure et venaient de passer Varennes-sur-Allier. Le nez sur la vitre, Baranes regardait le paysage défiler et pensa à Thierry Dubois, un jeune dessinateur humoriste de BD qui s'était fait le spécialiste des affiches de toutes les manifestations estivales organisées par de nombreuses communes traversées. Le parcours de Paris à Lyon avait autant de centres d'intérêt que celui de Lyon à Monaco.

Ils approchaient maintenant du bourg de Lapalisse et il n'était pas loin de midi.

— On fait un passage et après je propose d'aller manger avant la visite du château, décréta Baranes.

Ce premier passage n'avait pour but que de s'assurer de la présence ou non d'occupants. Important, car si le château était inhabité, il leur aurait fallu se mettre en chasse de deux témoins et d'un serrurier, et passer à la mairie glaner quelques renseignements sur les occupants. Or, ils souhaitaient rester discrets. Aubaine ! Derrière les grilles du château, ils aperçurent au loin, au fond de l'allée, un véhicule et deux personnes qui se dirigeaient vers un bâtiment annexe.

— Voilà déjà un problème réglé, s'exclama Machoire qui demanda : On va où, patron, maintenant ?

Lorsque Machoire se mettait à appeler Baranes « patron », comme il était de coutume d'appeler les commissaires, c'est que la faim commençait à le tenailler et qu'il s'en remettait complètement à sa hiérarchie, ce qui n'était pas son habitude.

– À l'auberge du coin, répondit Baranes.

La petite photographe s'inquiéta du coût du repas car son taux de remboursement était faible. Elle ne s'y retrouvait que si elle « découchait », expliqua-t-elle.

Fou rire des mecs.

Elle tenta de rattraper son lapsus en disant qu'elle percevait alors un forfait journalier. Pas la peine d'en expliquer plus à une brigade financière, au top des réglementations, des soupes intérieures à chaque service et des combines. Tous savent que le remboursement des frais dans l'Administration est comparable à la billetterie des compagnies aériennes. Il n'y a pas un passager qui paie le même prix pour un billet sur le même vol. Au restaurant, c'est la même chose. Il n'y a pas un fonctionnaire qui perçoit le même remboursement pour la même assiette.

Selon son grade, c'est fromage ou dessert.

Pour les mettre à l'aise, et comptant bien faire passer l'addition globale sur les dépenses de fonctionnement du service, Baranes déclara :

– C'est moi qui régale !

À peine la commande passée, Calmart reprit la discussion sur le financement de cette opération. Lui, ce n'était pas le prêt habillé de BL Investment qui le turlupinait mais le dossier scandaleux que Bonnet avait soumis à la commission du ministère des Rapatriés pour obtenir le déblocage des fonds au profit de l'association Terre-neuve. Bonnet n'avait pas présenté le dossier d'acquisition du bien immobilier en l'appuyant sur un projet de logements comme il aurait dû le faire. Il avait tout simplement bidouillé des dossiers pour obtenir les aides promises depuis plus de vingt ans par le gouvernement français pour dédommager les rapatriées qui avaient tout perdu en quittant l'Algérie. Bonnet savait que si ces aides n'étaient pas octroyées, il y avait violation du droit constitutionnel qui considère les biens de chacun comme inaliénables.

Il avait donc imité la signature de cent trente rapatriés. Il avait ainsi fait croire, grâce à un listing fourni par la préfecture de l'Allier, qu'une somme de trois millions sept cent mille euros avait été attribuée à ces cent trente personnes et qu'elles avaient ensuite acheté des parts associatives leur permettant l'accès à un logement. Globalement, cela correspondait à une allocation individuelle de vingt-sept mille cinq cents euros.

Julien Bonnet, sans aucun scrupule, avait ainsi escroqué d'une manière ignoble cinquante-sept harkis, quarante-quatre pieds-noirs et vingt-neuf Européens. Les indemnités avaient simplement servi à régler à BL Investment l'acquisition du château au prix le plus fort et à engager les travaux de rénovation.

— En fait, même les travaux restent à prouver, ajouta Calmart qui n'avait comptabilisé que huit cent mille euros de dépenses sur un solde d'un million trois cent mille euros.

La part des anges, ou le « coulage des stocks » comme on dit dans la grande distribution, pouvait s'élever à cent mille euros, sauf que là, il s'agissait tout bonnement de détournements d'argent public. Une somme rondelette qui faisait de ce Bonnet une véritable crapule qu'il allait avoir du mal à gommer.

— Et comme ça ne suffit pas, devinez quelle est l'entreprise qui a été chargée du gros œuvre ? interrogea Calmart en imitant un présentateur télé. C'est qui ?... C'est qui ?...

— Ne me dites pas qu'il s'agit de l'entreprise du maire de Vichy quand il était garde des Sceaux, avança Baranes.

— Pas tombé loin, patron. Il s'agit effectivement d'une entreprise de Vichy !

— Je sais ! s'écria Fabienne, c'est la société Lataillade, l'employeur de Lucie !

— Là, vous êtes trop forts, intervint Machoire qui, se tournant vers Baranes, ajouta : C'est Némo qui va être content. Il va pouvoir allonger les primes.

— Rêve ! le tacla Baranes.

Après le déjeuner et ce tour d'horizon rapide mais qui éclairait un peu mieux le dossier, ils se repointèrent devant la grille du château. Deux énormes chiens bergers se précipitèrent vers eux en aboyant sauvagement. Baranes, qui ne supportait pas les chiens, n'en menait pas large.

Heureusement, entendant le vacarme, une jeune femme brune vint à leur contact. Lorsqu'elle fut plus près, Fabienne la reconnut immédiatement. La surprise fut grande : personne ne s'attendait à voir Marie-Danièle en ces lieux. Marie-Danièle ! La fille de M. et Mme Langeais qui occupaient toujours le château en qualité de régisseurs.

Pour ainsi dire devenus des familiers de Bonnet, ces derniers n'allaient pas échapper à une audition.

Décidément, l'affaire du château prenait une drôle de tournure. Il allait être difficile dans ces conditions de faire l'impasse sur Marie-Danièle comme François l'avait rappelé à Baranes lorsqu'ils s'étaient revus après l'arrestation de Bonnet.

— On n'est pas sortis de l'auberge, souffla Machoire qui se voyait mal rentrer le soir à Paris.

Et peut-être allaient-ils devoir découcher. Les aléas du métier. Une chance pour la petite photographe.

La perquisition du château fut courte et sans surprise car, à l'exception des habitations privées des Langeais, les pièces étaient vides et en cours de réfection. Peu de travaux cependant semblaient avoir été réalisés à l'exception de la toiture qui avait été changée. Il s'agissait d'une grande bâtisse à pignons assez hauts, avec deux étages surmontés d'un vaste grenier et, de chaque côté, des tours aménagées en pigeonniers. La photographe s'activait à mitrailler chacune des pièces et à tout noter dans un carnet à ressort.

En revanche, la perquisition du domicile des Langeais fut un peu plus longue. Non pas que leur appartement fût plus vaste que le château mais la lecture de nombreux papiers qui se trouvaient dans un bureau demandait plus de temps. Tous s'attachèrent à étudier attentivement les documents relatifs à la vente au profit de BL In-vestment.

Baranes ne souhaitait pas passer à côté d'un montage qu'il venait de découvrir, mais il ne voulait pas non plus enquêter sur des faits qui n'entraient pas dans l'information ouverte au tribunal pour ne pas risquer de se voir annuler la procédure.

— Ce serait trop bête de donner raison à Levendeur alors qu'on est à deux doigts de le serrer, fit-il remarquer à Machoire.

Pour rester dans le dossier, il devait s'en tenir aux faits posté-rieurs au déblocage des fonds publics. Les dates prenaient alors une importance capitale et rendaient l'examen très minutieux.

Pourtant, cela démangeait Baranes de ne pas pouvoir remonter cette affaire aux conditions d'acquisition de la « chose » par les Lan-geais.

Ce qui le rongeait, c'était d'avoir aussi donné sa parole à François de ne pas inquiéter Marie-Danièle alors que sa place dans le dossier devenait prééminente. Encore une manipulation de Bonnet dans laquelle il était finalement tombé. Il avait consenti, pour seule en-torse à son travail, à ne pas fureter dans son sac à main personnel, au grand étonnement de Fabienne qui ne le lâchait pas d'une semelle et qui le trouva subitement peu curieux à l'égard de cette jeune femme.

— Je t'expliquerai, lui avait-il dit.

Qu'elle n'aille pas se faire des idées !

Il leur restait à visiter les annexes.

Constituées d'un grand bâtiment de plain-pied et tout en lon-gueur, les annexes étaient d'anciennes écuries aménagées en trois salles de classe ou de réunion disposées en enfilade. Au bout, se trouvait un bureau que Baranes avait repéré. Voyant l'équipe encore affairée dans l'appartement des Langeais, il s'empressa d'y pénétrer seul. Il fut rejoint peu après par Fabienne qui, s'étant aperçue de son absence, était partie à sa recherche.

— Qu'est-ce que tu fous là ? demanda-t-elle un peu sèchement.

Surpris, ce qui n'était pas son habitude, Baranes ne sut quoi lui répondre. Il sortit du bureau et rejoignit Machoire qui servait de porteur à la photographe.

La perquisition du petit bureau que venait de quitter Baranes débuta sitôt celle de l'appartement terminée. Elle s'éternisa. Calmart mit la main sur divers documents relatifs à un séminaire qui venait de se tenir sur le financement des campagnes électorales. Il saisit aussi pêle-mêle des polycopiés d'instructions, des listes de participants et des emplois du temps de diverses sessions.

Dans un tiroir, Fabienne découvrit un portefeuille d'homme en cuir. Il renfermait un permis de conduire et une carte de police au nom de Béréni. Elle se demanda bien comment la carte de police de Béréni, qu'elle connaissait pour avoir été le garde du corps de l'ancien ministre Daugat, pouvait se trouver dans un tiroir de ce bureau. D'autant qu'il ne figurait pas parmi les stagiaires. Elle alla jusqu'à penser que Baranes pouvait y être pour quelque chose !

Elle décida de placer le tout sous scellé fermé, la carte de police de Béréni avec. Il ira s'en expliquer. Ce que justement avait souhaité Baranes.

« Pierre qui roule n'amasse pas mousse », pensa Fabienne.

La perquisition terminée, Machoire et Calmart entreprirent l'interrogatoire séparé des parents de Marie-Danièle. Pour eux, l'affaire avait été menée de bout en bout par Bonnet et Levendeur qui étaient les seules personnes qu'ils avaient eues à connaître dans cette transaction. Ils ne connaissaient pas de « Guernesiais » dans le Bourbonnais et ils avaient pensé jusqu'à ce jour que Saint-Pierre-Port était un petit port de pêche du lac Léman aux alentours de Lausanne.

Chique ou pas chique ? Les enquêteurs décidèrent de prendre leurs déclarations pour argent comptant.

C'est par l'intermédiaire d'un ami militaire décédé qu'ils avaient rencontré Bonnet. Il leur avait demandé un service et ils semblaient ignorer les relations que celui-ci avait tissées depuis avec leur propre fille.

Le soleil allait se coucher. Il restait à visiter le parc. Quatre hec-
tares comprenant une prairie entretenue et un petit bois avec un
magnifique plan d'eau. Un cadre idéal pour des photos de mariage.

– Viens, dit Fabienne à Baranes en l'entraînant vers le sous-bois.
On a à parler !

Il ne faut jurer de rien

Lucie Leprince venait d'être libérée et placée sous contrôle judiciaire.

Le juge Le Goff avait accédé à sa demande, non pas parce que Bonnet l'avait déchargée mais parce que la plupart de ses déclarations avaient été vérifiées et que dans quelques jours elle aurait atteint les limites d'une première détention en préventive.

Les enquêteurs n'avaient pas chômé !

Sa négligence, son insouciance, sa crédulité, sa frivolité, « tout ça », comme elle disait, allait lui coûter cher. C'était finalement une bonne fille qui ne comprenait pas comment elle avait pu se laisser embarquer. Baranes avait bien tenté de lui expliquer qu'il y avait des relations que parfois il valait mieux fuir, qui vous brûlent, pour ne pas dire qui vous grillent, mais Lucie n'était pas encore capable de partager ce que les jours d'isolement avaient fini par lui faire admettre.

Libre, elle l'était. Tout au moins en apparence, car les pensées et les émotions qui la tenaillaient, qui l'angoissaient sur tout et qui l'enchaînaient à Dieu sait quel démon, l'empêchaient de profiter de l'espace de vie qu'elle avait retrouvé.

Elle devait affronter de nouvelles contraintes dont celle d'aller signer chaque semaine à la gendarmerie du coin.

L'adresse qu'elle avait donnée n'était plus celle de la place des Vosges à Paris mais celle de Bois-le-Roi : 17, rue Michelet. Cela annonçait qu'il y avait certainement de l'eau dans le gaz entre Bonnet et elle. Elle avait aussi changé d'avocat, ce qui signifiait clairement son intention de se démarquer.

– Elle semble avoir décidé de se désolidariser de Bonnet, supposa Hubert Le Goff. Il faut dire que le contrôle judiciaire que je viens de lui imposer devrait l'aider à voir les choses autrement.

Bonnet incarcéré et Lucie libérée, ce n'était pas pour autant que l'enquête était terminée, même si ces deux-là avaient probablement mis fin à leur idylle.

Les comptes de l'association Terre-neuve, tels que les enquêteurs les avaient revus et rectifiés, ne convenaient pas aux avocats de Bonnet qui déjà en avaient demandé une expertise. Baranes, Machoire et Fabienne s'étaient donc retrouvés dans le bureau du juge pour en discuter.

La réunion de travail devait aussi faire le point sur l'avancement du dossier, « sa mise en état » disent les magistrats, et sur la programmation des actes à venir. La procédure était loin d'être bouclée ! Il restait encore tant et tant à faire qu'il leur fallait dresser des priorités, fermer des portes tout en sachant qu'il serait alors difficile d'expliquer l'emploi de la totalité des sommes retirées en espèces des comptes de Terre-neuve.

Baranes savait que s'il ne disposait pas d'informations pour orienter les recherches, elles risquaient de rester malheureusement vaines. Un peu d'espoir apparaissait cependant avec le changement de ton de Lucie, mais pour cela, il devait s'armer de patience, et le juge, sur lequel pesait maintenant une pression énorme, ne voulait pas attendre.

— Il faudrait essayer d'aller vite car le parquet m'emmerde, dit-il clairement en expliquant qu'il venait de recevoir un réquisitoire pour communiquer les pièces. Il me demande de lui transmettre la totalité de la procédure.

Mais il avait déjà réfléchi à sa parade et il ajouta :

— Je vais les calmer en sollicitant la saisine de la Haute Cour de justice pour l'ami Jean Daugat. Il s'est foutu carrément de nous, celui-là, et cela nous laissera le temps de respirer.

Baranes le savait : renvoyer un prévenu devant la Haute Cour de justice relevait tout simplement d'un exploit que peu de juges avaient réussi à mener à terme tant la procédure était complexe et les moyens de la Cour, constituée pour l'occasion, limités. L'absence de locaux n'arrangeait rien.

— Mais comptez sur eux pour ne pas nous lâcher pour autant, poursuivit le juge qui revint au dossier et expliqua avoir enfin reçu les comptes bancaires de Daugat.

De nombreux dépôts d'espèces avaient été effectués à des dates correspondant aux fêtes d'Auch lorsqu'il était encore ministre, bien entendu. Si l'on rapprochait ces faits des déclarations du secrétaire général de la mairie qui avait reconnu avoir reçu de Bonnet des sommes en espèces et les avoir remises en personne au maire, on pouvait alors douter de la véracité de ses explications.

À l'entendre, les sommes provenaient des primes de cabinet perçues en liquide du temps où il était ministre et des économies faites par Mme Daugat, sa vieille mère.

— Des réponses de voyou ! Quand je dis qu'il me prend pour un con, il me prend vraiment pour un con, celui-là ! s'énervait le juge Le Goff.

Lors de son interrogatoire, Jean Daugat, gonflé d'un culot monstre, avait adopté la posture d'une victime. Certes, il avait été léger, mais il était mal préparé à des fonctions ministérielles. Il s'en était alors remis en toute confiance au cabinet que lui avaient constitué la Présidence et le Premier ministre.

Belle manière de se défausser sur les autres !

Et comme il n'en était pas à une entourloupe près, il avait soutenu que Julien Bonnet l'avait incité à se décharger sur lui des problèmes matériels et des questions administratives pour pouvoir mieux l'abuser. Mais il avait aussi admis l'avoir autorisé à imiter sa signature. C'était une pratique courante dans les ministères, lui aurait-on expliqué au plus haut niveau.

— Il faudra me vérifier cette histoire d'imitation de signatures dans les cabinets de ministre, avait ordonné Le Goff.

Sauf qu'habituellement, c'était une petite main du bureau du cabinet qui s'y employait. Là, c'était le directeur de cabinet lui-même. Bonnet, qui présentait une certaine aptitude pour la contrefaçon vu son expérience passée, s'était proposé pour signer à la place du ministre, au grand soulagement de ce dernier. Mais l'imitation devait se limiter à des réponses courantes des administrés et non à des actes d'administration. Un élément que Bonnet ne pouvait ignorer. En jouant comme il l'avait fait, il y avait véritablement usurpation de signature.

— Des imitations de signature, l'expert graphologue en a trouvé dans tous les documents du dossier, confirma le juge. Sur les remises en banque mais également sur les attestations de services et sur tous les devis qui ont été présentés.

Toutes les ordonnances de paiement comportaient la signature de Daugat imitée par Bonnet. Pourtant, une décision ministérielle ayant déclaré Bonnet ordonnateur délégué, il pouvait parfaitement signer de son nom. Visiblement, en imitant la signature de son ministre, Bonnet avait choisi de l'impliquer. Il ne faisait aucun doute que cette ambiguïté lui avait profité.

Le juge ajouta :

— Bonnet dément formellement avoir imité les signatures de particuliers sur les demandes individuelles d'allocations d'indemnisation d'expropriation des rapatriés d'Algérie. Ce n'est pas du tout l'avis de l'expert, précisa le juge. Il est certain que ces signatures proviennent de la même main que celle ayant imité le ministre sur les autres documents.

— Bonnet demandera sûrement une contre-expertise, fit remarquer Baranes.

— Le premier expert affirme ne pas être inquiet, répondit le juge. Pour lui, toutes les signatures ne relèvent que d'un seul faussaire contrairement aux indications de Bonnet qui avait dit qu'un autre membre du cabinet avait aussi procédé à l'imitation de signature. Mieux, poursuivit le juge en regardant plus particulièrement Baranes. L'expert affirme que la lettre de menaces que vous avez reçue aurait été aussi écrite de la même main.

Décidément, ce Bonnet était vraiment machiavélique.

C'était aussi l'avis de l'expert psychiatre qui l'avait consulté. Son diagnostic laissait apparaître une personnalité perverse et narcissique commune à de nombreux manipulateurs. Bonnet serait dangereux pour autrui. Pour exister et marquer son importance, il n'aurait pas d'autre moyen que de culpabiliser ou d'écraser les autres pour lesquels il n'aurait d'ailleurs aucun sentiment. Pas d'amour dans tout cela, pas même pour lui, uniquement le besoin de se valoriser.

Surprenant, car les témoins entendus ne s'étaient jamais ouverts sur sa personnalité. Aucun n'avait semblé avoir souffert de leurs rapports mais, à bien y regarder, tous avaient vécu sous son emprise, charmant mais despotique.

Bonnet faisait en sorte de ne pas fidéliser ses relations, peut-être pour ne pas avoir à trop se faire connaître, avait glissé Lucie à Fabienne, un jour de confidences. C'est bien l'image que donnait de lui ce rapport d'expert. Dissimulateur et menteur pathologique, Bonnet avait plusieurs visages. Il pouvait être extraverti, amoureux et exubérant, triste et bon vivant à la fois, séducteur et provocant, cultivé et altruiste, mais aussi autoritaire, tyrannique, voire violent. Julien Bonnet était présenté comme un homme intelligent, ambitieux et très conscient du mal qu'il provoquait. L'enquête sociale confirmait largement cette analyse.

Ce n'était pas une obligation de la procédure que d'enquêter sur le milieu de vie d'un prévenu, mais s'agissant d'un dossier destiné à être jugé en cour d'assises, le juge avait voulu agir comme pour une affaire criminelle. Il avait souhaité que Fabienne se charge d'une enquête d'environnement et de voisinage. Il avait pensé qu'elle découvrirait de quoi l'éclairer sur les comportements de Bonnet. Ce que rapporta Fabienne lui permit juste d'en savoir un peu plus sur le caractère de Bonnet.

Il n'avait pas été un enfant mal aimé. En apparence.

Il avait été élevé en réalité par des parents qui l'étouffaient d'un amour centré sur eux et non sur lui. Enfant unique adulé pour répondre aux désirs de réussite de ses géniteurs, il pensa très vite être le meilleur. Sans restriction. Il lui était donc impossible de se remettre en question, persuadé qu'il était de dominer l'Olympe.

Il restait à encore à expliquer l'emploi de nombreuses sommes d'argent en espèces. Les enquêteurs débattaient sur les hypothèses de travail possibles lorsque le téléphone les interrompit. La greffière décrocha et le juge attendit avant de poursuivre.

– C'est pour vous, dit-elle.

Le Goff prit le combiné et écouta.

Il resta longtemps sans rien dire, se contentant de répéter d'un air grave : « Je comprends, je comprends… »

À un moment, il se tourna vers la fenêtre, se frotta la tempe.

Il ne disait toujours rien qui puisse alerter l'équipe sur son interlocuteur et la raison de l'appel. Mais il était concentré, très attentif à des explications qui semblaient s'éterniser et que jamais il n'interrompit. Après de longues minutes, il se leva de son fauteuil et demanda :

– C'est arrivé à quelle heure ?

La réponse fut brève et le juge resta un long moment sans rien dire. Finalement, il lâcha d'un ton à peine audible :

– J'arrive… À tout de suite.

Il raccrocha et se tourna vers l'équipe :

– Julien Bonnet vient de se donner la mort, annonça-t-il d'une voix grave.

Ils restèrent tous stupéfaits.

Un lourd silence envahit la pièce. Curieusement, ils évitèrent de croiser leurs regards. Ils restèrent ainsi, immobiles, muets. Le silence était lourd. Un long moment s'écoula avant que quelqu'un décidât de le rompre.

– Jamais je n'aurais pu penser que cet homme en serait arrivé là, finit par dire Hubert Le Goff. Comme quoi, il ne faut jurer de rien.

– Nul ne peut savoir ce qui a bien pu lui passer par la tête, dit Baranes pour soulager le juge qu'il devinait très affecté par cette tragique nouvelle.

– On ne peut s'empêcher de penser que lorsqu'un justiciable se donne la mort dans les locaux de la justice, c'est que quelque part la justice est responsable, lui répondit Le Goff. C'est toute la chaîne judiciaire qui trinque même si les raisons sont ailleurs.

– Sûr qu'il va falloir gérer maintenant, reprit Baranes. Si je peux vous aider de quelque manière que ce soit, n'hésitez pas, ajouta-t-il de manière plus personnelle.

Le Goff proposa alors à Baranes de l'accompagner à la prison de la Santé. Il avait besoin d'un appui. Trop indigné qu'il était qu'un prévenu puisse se donner la mort dans l'univers carcéral dans lequel il l'avait placé pour mieux le protéger. À ses yeux, rien ne pouvait justifier une telle sanction.

Car Julien Bonnet venait bien de se sanctionner.

Le Goff l'avait entendu dans son cabinet trois jours auparavant, en présence de son avocat, et Bonnet avait montré une telle volonté à vouloir ferrailler que rien ne pouvait laisser supposer son geste.

Au téléphone, le greffier du bureau d'ordre qui l'avait informé de la nouvelle ne s'était pas étendu sur les circonstances de son suicide.

– Je ne comprends pas, répétait sans cesse Le Goff qui l'avait fait placer dans l'aile des particuliers.

Il s'agissait d'un couloir situé au deuxième étage du bloc A sur lequel donnent huit cellules individuelles. Un espace VIP. Chaque détenu est enfermé dans une pièce d'une vingtaine de mètres carrés, spacieuse comparée aux autres cellules du bâtiment. Il doit être vu par un gardien toutes les trois heures au moins jusqu'à vingt heures trente, l'heure où commence la nuit. Le moment le plus redouté de la détention car la nuit, le prisonnier se retrouve face à lui-même, dans des bruits d'hommes, les cris d'angoisse des uns, les plaintes et les pleurs des autres, parfois les hurlements des punis à l'isolement qui se trouvent juste en dessous.

Bonnet ne s'était plaint de rien.

Sur la table de travail de la petite pièce où il logeait, il y avait encore l'ébauche d'une lettre qu'il destinait à Marie-Danièle. Il projetait d'aller vivre avec elle en Corse et de s'y installer comme conseil. Cela faisait partie, dira l'expert psychiatre, de sa condition narcissique. Manipuler jusqu'au bout. Marie-Danièle ne saura jamais si le projet était réalité ou pas.

Un besoin de faire rêver les siens pour garder sur eux ce pouvoir de domination. Jusqu'au bout il aura préféré garder raison sur les morts que d'avoir tort parmi les vivants.

Pouvait-on penser autrement ?

Les enquêteurs du 36 étaient déjà sur place, à la demande du procureur de la République qui avait ouvert immédiatement une enquête sur les causes de la mort.

Cela s'était passé dans la cour de promenade. Une grande terrasse couverte d'un toit grillagé située en bout du corridor. Chaque détenu y accédait une heure par jour, matin et après-midi s'il le souhaitait. Il s'y promenait seul et sans surveillance. La cour était exclusivement destinée aux pensionnaires de cette aile.

Julien Bonnet s'y était pendu !

Son corps reposait à même le sol dans un coin de la cour. Il était torse nu et revêtu d'un pantalon gris mal boutonné. Ses cheveux semblaient plus noirs que d'habitude. Il avait les yeux fermés et le visage d'une blancheur de spectre. Il portait encore autour du cou les restes de sa chemise nouée en ficelle dont une partie avait été coupée. L'autre extrémité de la chemise pendait au plafond, accrochée à une barre métallique.

Dans un coin, sa paire de tongs.

La question que se posaient les enquêteurs était de savoir comment diable avait-il pu sauter aussi haut pour accrocher cette foutue chemise ?

L'enquête allait devoir le déterminer.

À mauvais ouvrier,
point de bon outil

La mort de Bonnet n'avait pas laissé le monde indifférent. Les politiques, la presse, mais aussi les institutionnels commentaient tous à leur façon sa disparition et tiraient déjà les conséquences des suites à venir. On avait tout entendu : d'un assassinat de la mafia à la thèse complotiste des anciens de l'Algérie en passant par un racket interne à la prison qui aurait mal tourné. Seul Hervé Lejeune, dans sa chronique du soir, avait fait preuve de prudence, de retenue et de rigueur, et invitait les magistrats à parfois se remettre en question.

Ce que fit Jean Fontenay, le procureur général près la cour d'appel de Paris qui avait convié Félicien Némo et Charles Baranes à venir s'entretenir avec lui. Rencontrer cet homme était un événement si rare qu'il méritait d'être relevé, mais la mort du prévenu était aussi un fait suffisamment exceptionnel pour que le haut magistrat se manifeste en personne.

Selon le Code de procédure pénale, le PG, comme il est appelé dans le jargon professionnel, surveille la police judiciaire, celle-ci étant placée sous la direction du procureur de la République et sous le contrôle de la chambre d'instruction. Selon le code uniquement, car jamais les juges du siège ne peuvent exercer réellement la moindre autorité sur la police judiciaire et la direction du procureur de la République n'est que le bras séculier du procureur général qui reste donc le seul maître à bord du navire amiral de la justice.

Le fonctionnement de la justice est une machinerie plus subtile qu'il n'y paraît.

Le ministère public, *via* le procureur, représente la société alors que l'avocat représente le justiciable, qu'il soit auteur ou victime, demandeur ou défenseur. Le client du procureur général, c'est donc la République. Tous lui manifestent crainte et respect.

Le poste de procureur général est un poste éminemment politique et, en dépit d'un apparent détachement du pouvoir, Jean

Fontenay savait bien à qui il devait sa nomination et le changement, sans pour autant l'inquiéter, semblait ne lui poser aucun problème. En tout cas, il ne le laissait pas entrevoir.

Il n'en demeurait pas moins que Baranes se demandait ce qu'il pouvait bien leur vouloir. Par expérience, il avait appris à se méfier des situations dans lesquelles la justice avait tendance à les engager pour se retirer ensuite et les laisser se dépatouiller au milieu du gué quand les affaires devenaient trop compliquées. Celle-là en était une, mais Némo, son supérieur, qui semblait bien connaître Jean Fontenay, lui marquait sans retenue toute sa déférence. Baranes pensa y détecter une pointe de servilité.

Un homme charismatique, ouvert, entreprenant, toujours souriant et affable et d'une grande culture que ce procureur général. Il savait mettre son monde à l'aise, mais un sens aigu de l'observation pouvait déranger quiconque avait déjà quelque chose à se reprocher.

« Un vieux beau, un coureur de jupons », disait de lui Maud qui avait du mal à s'en défaire lorsqu'ils se croisaient ou quand il convoquait la presse dans son bureau pour défendre ou expliquer une politique pénale. En matière de communication, il aimait développer son image, il monopolisait les relations, voulait être présent partout. C'était sa façon de gouverner. Jean Fontenay voulait tout verrouiller, en interne comme en externe.

Il ne voulait pas que la mort subite de Bonnet puisse être exploitée contre la justice. Surtout, cette mort lui donnait l'occasion de reprendre la main sur l'affaire, mais Baranes comme Némo avaient vite compris que sa préoccupation était, une fois Bonnet disparu, de faire disparaître avec lui le dossier. Il ne leur fit pas part de ses intentions de manière aussi ouverte, mais en insistant sur les effets du drame sur la procédure, ils comprirent vite où il voulait en venir. Utiliser son pouvoir pour influer sur la poursuite de l'enquête.

L'apparat de son bureau qui incarnait la puissance de la justice était voulu pour l'aider dans ses missions. Le décor et le mobilier en faisaient un lieu de pouvoir. Tout était d'époque Louis-Philippe et sortait des réserves des musées de l'État ou du surplus du château d'Eu, dernière demeure normande du roi.

Rien de folichon pour Baranes, mis à part peut-être un secrétaire à colonnes, une sorte de bureau pour quatre personnes qui rappelait les tables des conseils d'administration des premières sociétés collectives où chaque associé avait sa niche.

On accédait à l'empire de cet homme par l'escalier central que l'on empruntait par la cour de la Sainte-Chapelle située dans l'enceinte du palais de justice. L'entrée de l'escalier tournait le dos à la rosace de l'Apocalypse, un magnifique vitrail au-dessus de la porte principale de la chapelle sainte.

Le bureau dominait le bras de Seine à la sortie du quai des Orfèvres. Un angle de vue imprenable depuis ce quai de l'île de la Cité. Les hautes fenêtres de coin ouvertes sur la rive gauche de la capitale laissaient pénétrer les rayons de soleil qui illuminaient une tapisserie d'Aubusson, travail méticuleux de l'un de ces maîtres de la Creuse depuis le XVIe siècle, immense chef-d'œuvre, toujours propriété du mobilier national, qui recouvrait tout un pan de mur.

Sur le mur opposé, et derrière sa table de travail, avait été suspendue la toile des Bourgeois de Calais. Cela donnait à ce gigantesque tableau encore plus de majesté et de puissance. Ils étaient là, ces six hommes, pieds nus sur une terre boueuse, vêtus d'un linceul blanc tout fripé qui leur arrivait à mi-genou, la corde pendante et les yeux hagards. L'artiste avait apporté un soin particulier à leur regard, qui témoignait autant de leur souffrance que de leur fierté.

Surpris, Baranes scrutait ce tableau d'un œil interrogateur.

— Vous connaissez ? lui demanda le procureur général.

Oui, il connaissait. Non pas parce qu'il était amateur de peinture mais parce que cette toile d'un auteur inconnu avait son histoire. Déjà, elle n'était pas visible du grand public. Baranes, qui connaissait une partie de cette histoire, ne put s'empêcher de la raconter :

— À l'origine, commença-t-il, le tableau était suspendu au mur d'une salle attenante au Congrès, dans une aile du château de Versailles. Cette salle avait justement été attribuée à la commission d'instruction de la Cour de justice de la République qui, non sans mal, avait fini par y installer des bureaux, un greffe et une salle d'audience. Mais faire comparaître des notables justiciables devant des futurs pendus, ce n'était peut-être pas la meilleure façon de préserver la présomption d'innocence ! Quelques avocats ont donc protesté et la peinture a dû être dissimulée. Elle a été alors recouverte d'un immense voile blanc avant de finir dans vos salons, termina Baranes.

C'était la première fois que Baranes pouvait admirer l'œuvre de près. Comme beaucoup de monde, la vision qu'il avait des bourgeois de Calais se limitait à la sculpture que Rodin en avait faite. Le tableau rappelait la même légende. Inspiré d'une bataille perdue par les Français contre les Anglais à l'aube de la guerre de Cent Ans, il représentait six bourgeois de la ville, vaincus, tête, torse et pieds nus, chacun une corde de potence au cou, remettant au roi Édouard III d'Angleterre les clés de la ville et leurs vies.

Baranes se rapprocha du tableau et reprit son monologue :

— On peut lire dans ce symbole la soumission des laïcs à la royauté, ou l'expression de la liberté face à la tyrannie. Certains y voient surtout la perte de la dignité humaine face à la peine de mort ou le sacrifice de six pour en sauver des milliers d'autres. Pour la petite histoire, la reine a épargné les six bourgeois, mais ils ne sont pas pour autant devenus des héros.

— Intéressant, mais je ne vous ai pas fait venir pour que vous me parliez de peinture mais plutôt de votre dernière découverte, conclut avec un sourire le procureur général qui enchaîna aussitôt : Vous voyez ce dont je veux vous parler ? De ce que votre ami Lejeune appelle déjà « l'affaire dans l'affaire », celle du « vrai-faux passeport ». Un terme qui vous collera à la peau, ajouta le procureur général.

Ce ne sera que plus tard que Baranes comprendra le sens de cette remarque. Sur le coup, il pensa qu'il s'agissait d'une interprétation propre au magistrat qui aurait eu tendance à considérer que dès lors qu'il ne s'agissait pas d'une contrefaçon, le passeport pouvait être considéré comme vrai. Ce n'était pas la façon de voir de Baranes, mais pourquoi pas !

La politique du parquet n'était pas d'enquêter sur le document ni d'accorder le supplétif que le juge Le Goff envisageait de demander.

– D'abord, expliqua le procureur général, parce qu'il avait déjà été accordé un complément d'enquête aux premiers faits dénoncés par la Cour des comptes en élargissant l'instruction aux fonds secrets du cabinet ministériel, ensuite parce que la délivrance d'une pièce administrative ne relève pas forcément de la justice pénale.

Surprenant, pensa Baranes, car le juge Le Goff n'avait demandé aucun supplétif pour investiguer au sujet des fonds secrets qu'il considérait faire partie des faits pour lesquels il avait été saisi. Il comprit que le parquet était intervenu d'autorité et envisageait de faire poursuivre les investigations sur la délivrance de ce faux passeport en enquête préliminaire. Peut-être avait-il même l'intention de ne pas ouvrir d'information du tout, voire de classer le dossier sans suite s'agissant, comme il venait de le dire, d'une pièce purement administrative !

Même Némo semblait sceptique, mais ni l'un ni l'autre ne se risquèrent à reprendre le procureur général. De toute façon, cela n'aurait servi à rien car visiblement la justice voulait en finir avec cette affaire et se débarrasser du juge d'instruction qui devenait trop encombrant.

Une prise de position que Baranes avait du mal à digérer tellement cela sentait le tripatouillage. Et Némo, qui n'était pas à une contradiction près, semblait maintenant partager cette analyse. Il proposa même d'en parler à son collègue de la police des polices.

– Un service plus adapté aux enquêtes administratives et internes du ministère de l'Intérieur, dit-il.

Pour autant que l'on puisse présumer que c'était bien de l'Intérieur que ce document était sorti. Là, Baranes fut sur le point d'exploser mais il parvint à se maîtriser en imaginant ces deux-là au bout d'une corde avec les pendus de Calais.

Parti sur sa lancée, le procureur général continuait à raisonner à voix haute :

– Pour ce qui concerne l'opération immobilière de Lapalisse, je crois que là, nous sommes totalement en dehors du dossier et j'envisage une disjonction.

– Parle-t-on du même dossier ? se risqua Baranes.

– Oui, laissa tomber sèchement le procureur général avant d'ajouter que l'opération immobilière du château Cabane pouvait être traitée à part dans la mesure où cette opération lésait directement des particuliers résidant hors son ressort.

À peine s'il ne laissait pas entendre que les faits étaient prescrits.

– Après tout, dit-il à Baranes, rien n'empêchait ces braves gens, rapatriés depuis 1962, de s'inquiéter plus tôt de leur situation.

Là, ce n'était plus de l'abus de justice, cela devenait tout simplement indécent et Baranes ne put que ruminer sa colère sachant que son supérieur ne l'aurait pas suivi s'il avait un tant soit peu contré le procureur.

Rien ne tenait dans cette argumentation purement scandaleuse. Jusque-là, le dossier ne comptait que l'État comme victime. Certes, l'État au nom du peuple français, mais aucun pékin à titre personnel. Disjoindre, cela voulait dire retirer du dossier la partie publique qui pouvait tout faire exploser car des particuliers pouvaient se constituer partie civile et accéder à la procédure. Un particulier, ancien juge devenu un peu fou après sa révocation, avait bien essayé d'entrer dans le procès, mais il venait de se faire retoquer par la cour d'appel, comme se plut à leur expliquer le procureur général.

Un obsédé judiciaire ! Il ne se prévalait d'aucun lien avec les rapatriés victimes mais partait du principe qu'un sou versé de son impôt, comme il disait, était un sou de trop s'il était détourné… et que rien ne l'empêchait de venir chercher le premier pourri qui était débusqué pour aller lui demander de lui rembourser… « De quoi je m'occupe ! » lui avait-on répondu en le renvoyant dans sa maison de santé.

– Non ! insista le procureur général, on ne peut pas alourdir le dossier en le compliquant à souhait !

Et Némo de trouver cela normal ! D'acquiescer à l'idée fort intéressante de sortir le château Cabane du dossier car cela avait aussi l'avantage de désengorger le service du ministère de l'Intérieur puisque l'affaire serait alors confiée au SRPJ de Lyon.

Baranes croyait rêver. À mauvais ouvrier, point de bon outil ! Ce n'était plus du bricolage ou du tripatouillage mais du saucissonnage. Un enterrement de première classe qui consistait à bien enquêter sur l'irrégularité de détournements de fonds publics mais en se gardant d'en poursuivre les bénéficiaires. Un bidouillage juridique qui se résumait à dénaturer complètement les faits pour leur trouver soit une autre qualification, soit un point de chute dans une autre juridiction. Un dépaysement ! Dans tous les sens du terme !

Et ce n'était pas fini. Avec le décès de Julien Bonnet, le dossier perdait de sa valeur. Non seulement parce que les poursuites le concernant disparaissaient avec sa mort mais aussi parce que l'affaire ne passait plus devant une cour d'assises mais devant une chambre correctionnelle. Une aubaine pour Lucie Leprince et les autres qui voyaient alors leur accusation minimisée. Un peu comme si un gendarme au bord de la route verbalisait l'automobiliste non pas pour sa vitesse excessive mais pour inattention d'un panneau de signalisation.

— En revanche, je vais suivre la demande de saisine de la Cour de justice de la République concernant les faits à reprocher à Jean Daugat et je ne lâcherai rien ! Après tout, il ne tenait qu'à lui de choisir un bon directeur de cabinet.

— Remettez-vous, dit Némo à Baranes en sortant du bureau de Jean Fontenay. C'est leur problème ! Un bon policier n'est pas un justicier, ajouta-t-il.

Pour une fois que Félicien Némo disait juste !

— Ah ! maugréa Baranes, selon que vous soyez puissant ou misérable !

Qui n'a confiance en personne
ne sera jamais déçu

Pas de pièce de boulevard sans épilogue.

– Cette affaire, avait dit un jour Baranes, si je devais l'écrire, j'en ferais un roman de science-fiction tellement elle dépasse la réalité, autant par l'interprétation que la justice donnera aux faits que par le traitement qui sera réservé aux acteurs.

L'ambiance démocratique, avec la montée progressive des abstentions à chaque élection, tend à démontrer que loin de rapprocher l'électeur des candidats, les affaires ont pour effet de les en éloigner.

Comme si elle était responsable du désamour politique, la justice hésite à prêter le flanc à la critique, se garde bien de commenter les commentaires, jure n'avoir à connaître que les faits, rien que les faits. Pourtant, elle donne l'impression d'une permissivité qui exaspère le bon citoyen. Trop scrupuleuse sans doute à ne pas vouloir mettre de poids dans la balance, trop attachée à ne pas rajouter du trouble aux troubles, elle finit par juger bénins des comportements que la morale civique réprouve.

En refusant d'écrire l'histoire des rapatriés d'Algérie victimes du détournement de fonds qui leur étaient destinés, la justice se classe, comme le Parlement d'ailleurs, parmi les institutions qui s'obstinent à nier l'existence d'une guerre coloniale.

Le débat n'est pas ouvert qu'il est déjà clos !

Ce sera l'un des reproches qui seront faits à Baranes, d'avoir voulu, avec cette enquête, faire ressurgir les démons de l'histoire.

Les acteurs s'en sortiront mieux.

Piquard, d'abord ! Le ministre de l'Intérieur qui n'a pas hésité à transformer ce qui n'était qu'une vaste escroquerie en scandale d'État uniquement pour en tirer des avantages politiques et se faire élire au poste suprême. Ce qu'il n'avait pas compris, c'est que mouiller un maillon de la classe politique, c'est compromettre la chaîne entière. Résultat, les électeurs ont été ses juges et ses suffrages ont à peine été crédités de quatre pour cent. Même pas de quoi rentrer dans ses fonds puisque les remboursements n'interviennent qu'au-delà de cinq pour cent.

À vouloir trop manipuler, l'oiseau a fini par se brûler les ailes, car c'est bien Piquard qui avait orchestré la fuite de Bonnet et alimenté le dossier en contre-vérités.

Un corbeau au pouvoir !

Parmi les technocrates, les conseillers de la cour, les officiels des cabinets et les officieux des salons du pouvoir, c'est Lucie Leprince qui a trinqué le plus. Trois ans de prison dont un ferme, tout ça pour n'avoir rien vu. Plus exactement, pour avoir vu sans voir puisque, aux dires du réquisitoire prononcé à l'audience par le parquetier, l'intime proximité qu'elle entretenait avec sa hiérarchie la rendait aveugle.

Les autres, tous les autres, s'en sortirent plus que bien !

Même la présidente fantoche de l'association Terre-neuve, au centre tout de même du détournement des fonds publics, ne fut condamnée qu'à dix-huit mois de prison avec sursis. Elle fut décla-rée complice de sa propre activité ! Une décision somme toute clas-sique prononcée contre les faux-nez par la quatorzième chambre correctionnelle de Paris. Lorsque, de plus, la sanction est exonérée d'exécution, il ne faut pas s'étonner d'entendre parler de justice à deux vitesses.

Parmi les complices les plus actifs ayant fourni les moyens juri-diques de la fraude, il y avait l'avocat Levendeur. Il s'en sortit avec une suspension de quatre mois d'activité, qu'il passera en croisière sur la Méditerranée à bord du *Dunamis*... La force, le pouvoir, la puissance, en grec. Cela ne s'invente pas !

À la surprise générale, celui qui écopera le plus sera le secrétaire général de mairie, dont le maire avait été le ministre de l'administration dont le budget fut pillé. Il répondra de ses actes, comme annoncé par le procureur général, devant la Haute Cour de justice. Par contre, son collaborateur rural écopera de deux ans de prison, dont un an ferme, et se verra arrêter à l'audience ! Un châtiment sévère que beaucoup auront du mal à comprendre.

Dur avec les petits, faible avec les grands.

Certes, ce zozo avait été aussi arrogant à l'audience qu'il l'avait été lors des opérations judiciaires qui s'étaient déroulées sur son lieu de travail, mais les magistrats ne jugent normalement pas sur les apparences, ils jugent les faits. Mais il était allé s'exposer avec son 4x4 flambant neuf, payé comptant sur les espèces qui lui avaient été remises et dont il avait détourné une pincée !

Cela ne pardonne pas de voler un voleur !

Mis à part ce coup de théâtre, le jugement fut sans surprise.

L'affaire avait été vidée de son contenu, de telle sorte que même les prévenus avaient du mal à comprendre ce qu'on leur reprochait. Ce n'était pourtant pas faute pour le président du tribunal d'avoir tenté de leur expliquer. « Vous comprenez pourquoi vous êtes là ? » s'était-il évertué à leur demander…

Leurs avocats avaient dénoncé une enquête bâclée qui aurait mérité d'être poursuivie ou complétée à l'audience, mais le parquet s'y était formellement opposé.

Toujours est-il que ce n'était pas la faute de Baranes si l'enquête n'avait pas été menée à son terme. Un matin, il avait appris de Némo que la commission paritaire avait enfin décidé la création d'un office de la corruption, service qu'il avait toujours appelé de ses vœux. En revanche, mauvaise nouvelle, il n'en faisait pas partie et son poste était supprimé par la même occasion puisque son service, la division financière, venait d'être fondu dans cette nouvelle structure.

Baranes fut alors invité à se trouver du travail ailleurs. Il se rapprocha de la division de moyens, comme l'Administration appelait à l'époque le service du personnel, pour connaître son nouveau point de chute. Pour une chute, c'en fut une !

Aucun poste ne lui était offert.

S'en étant plaint auprès de l'Administration, il lui fut rétorqué qu'il devait au contraire être satisfait puisque sans affectation, il était libre de toute hiérarchie et de son temps ! Il ne s'agissait pas d'un emploi fictif, il s'agissait de pas d'emploi du tout. Une rémunération sans obligation de service, c'était quoi sinon une mise au placard doré pour certains, un emploi fictif pour d'autres ?

Mais, contrairement à ce que pouvait croire son Administration, Baranes n'était pas de nature à accepter une situation aussi malaisée et à rester ne rien faire. Et il n'était pas possible non plus que l'on puisse penser qu'il avait été écarté à la suite d'une bavure ou d'une faute professionnelle. Des fautes, Baranes avait le sentiment de n'en avoir commis aucune, des erreurs sans doute, mais qui n'en commet pas ?

Il alla s'en ouvrir auprès du préfet de police de Paris avec lequel il avait gardé de bonnes relations depuis que celui-ci avait présidé la commission qui l'avait nommé au poste qui venait d'être supprimé. Ils avaient aussi en commun le goût des cigares et des bons whiskys. Le préfet ne lui cacha pas qu'il devait son écartement à une rupture de confiance de sa hiérarchie.

— Ils n'ont pas cru à la reddition de Bonnet, lui confia-t-il avant de préciser qu'ils ne lui pardonneront jamais d'avoir jeté l'opprobre sur le corps, pis, d'avoir risqué d'impliquer le ministre de l'Intérieur en mettant directement en cause ses conseillers.

En résumé, l'affaire du faux passeport était restée en travers de la gorge de la hiérarchie de Baranes. Ce n'était que parce que le ministre de l'Intérieur avait opposé le secret-défense aux investigations sur les conditions de la délivrance de ce passeport que l'affaire avait pu être classée, non sans peine, face à la montée de boucliers de l'opposition et à la pression médiatique. Elle avait même sans doute dû peser dans l'échec du ministre à l'élection présidentielle.

— Vous voilà sur une voie de garage, conclut le préfet de police.

— Le garage ? Chiche ! répliqua Baranes.

Il savait que la direction de la logistique, rendue célèbre par le film *L.627*, était à la recherche d'un responsable pour son département des ressources humaines. Située boulevard de l'Hôpital, elle gérait le parc automobile de la préfecture de police de Paris. Certes, ce poste était réservé aux administrateurs civils, mais le préfet de police se faisait fort de l'attribuer à Baranes s'il s'engageait à ne pas exploiter la situation en se positionnant parmi les victimes de l'affaire auprès des médias. Baranes eut du mal à accepter cette condition mais, très paternaliste, le préfet l'encouragea à se faire oublier un temps et pour cela à se mettre au vert. Il ne croyait pas si bien dire.

À peine arrivé au garage, Baranes entreprit de faire repeindre son bureau d'un vert anglais épouvantable, ainsi que le couloir qui le conduisait à l'ascenseur, ce qui lui valut une première remontée de bretelles par sa nouvelle hiérarchie.

Il y en aura d'autres, car Baranes refusa d'obtempérer lorsqu'on lui demanda de traquer les petites combines internes au service qui lui paraissaient dérisoires comparées à tout ce dont étaient capables les cols blancs de la République. Alors traduire en conseil de discipline des mécanos parce qu'ils organisaient des tripots dans les fosses à vidanges, sous couvert de gamelles dont la qualité des menus était d'ailleurs bien supérieure à ceux servis aux mess, le « rat mort » comme l'appelaient les bleus, c'était pour lui de la broutille inepte.

Le préfet lui avait fait une seconde recommandation : ne pas contrarier Némo, qui venait d'être promu inspecteur général de la police nationale et nommé directeur de l'IGS, la police des polices, les bœuf-carottes.

Bien sûr que Baranes avait constaté une augmentation anormale des vidanges au moment des départs en vacances alors que le parc automobile ne tournait qu'à moitié, mais pouvait-on là encore reprocher aux pioupious de s'octroyer des avantages comme la hiérarchie le faisait au vu et au su de tout le monde ?

Le caractère trempé de Baranes s'opposa donc à Némo.

Parce que des privilèges, ce n'est pas ce qui faisait défaut à la caste des grands patrons. C'est en gérant les effectifs que Baranes découvrit les « détachés », des sans-grades qui, mis à disposition des directeurs actifs, constituaient la brigade du chef, les uns à des emplois ménagers, comme majordome, cuisinier ou chauffeur, les autres à des tâches d'entretien, de peinture, de bricolage ou de jardinage.

Ce poste des ressources humaines n'avait pas non plus que des mauvais côtés. Il lui revenait notamment les actions de communication, de participation de la préfecture de police à des grands rassemblements tels le Salon nautique ou la commémoration le 19 août de chaque année de la libération de Paris. Il aimait cette partie du job.

Cette année-là, bicentenaire oblige, l'État décida de confier au sculpteur Arman le soin d'édifier une œuvre d'art en souvenir de l'engagement des forces de police : beaucoup avaient perdu leur vie pour rendre leur liberté aux autres. Une aubaine pour Baranes qui accompagna l'artiste dans toutes les phases de sa création. De la sélection des diverses ébauches au moulage des pièces qui allaient composer la sculpture, du travail fantastique du fondeur d'art à l'assemblage par l'artiste de l'œuvre finale. Un grand moment ! La sculpture, composée de plusieurs motifs dont l'étendard, Marianne et la Légion d'honneur que seuls portent en fourragère les gardiens de la paix de Paris, fut installée à l'entrée de la préfecture, sur la porte qui fait face à la cathédrale Notre-Dame.

Les jours passant, les événements plaisants alternant avec les imbécillités de la fonction, Baranes prit son mal en patience... persuadé que la roue tourne un jour ! C'est ce qui arriva quelques mois plus tard lorsque la majorité gouvernementale se trouva encore une fois renversée au gré du résultat des élections législatives. Une nouvelle alternance se mit en place. Ce fut l'une des dernières cohabitations de la Ve République car le calage de l'élection des députés sur les élections présidentielles allait dorénavant éviter cette situation.

Toujours est-il que c'est ainsi que Marcel Piquard se retrouva pour la seconde fois ministre de l'Intérieur et des Collectivités locales, avec le rang de ministre d'État, ce qui fit de lui le deuxième personnage du gouvernement. Quelques jours après son installation, il interrogea Béréni, qu'il avait amené dans ses valises de retour, pour savoir ce qu'était devenu ce commissaire pied-noir, celui, dira-t-il, qui l'« avait empêché un temps de dormir ». Béréni aura beau lui dire que Baranes n'était pas pied-noir, pour le ministre, c'était tout comme.

– Mais cela m'importe peu d'où il vient, aurait-il répondu. C'est un homme courageux, qui ne vous pardonne rien, et c'est mieux ainsi que d'avoir tout le temps des gens qui vous entourent pour vous montrer qu'ils vous aiment alors qu'ils vous détestent. On a besoin de gens comme lui !

Aussi, lorsque Piquard apprendra qu'après son départ Baranes avait été remercié par ses pairs qui l'avaient mis à l'écart des enquêtes, il entra dans une colère noire. Il accusa sa hiérarchie de tous les maux, s'en prit aussi à lui-même en pestant que, pour ne pas être déçu, il ne fallait faire confiance en personne.

C'est en tout cas comme ça que Béréni présenta les choses à Baranes lors d'une visite qu'il lui fit dans son garage. Il lui laissa même entendre que s'il acceptait, le « grand patron » était prêt à le réintégrer à son poste. Comme quoi, contrairement à ses apparences, Marcel Piquard n'avait pas la dent aussi dure qu'il voulait le laissait paraître.

Il poussa même le vice jusqu'à mettre fin à la brillante carrière de Némo en le faisant nommer, tout un symbole, directeur du garage où il prit ses fonctions au moment même où Baranes en sortait. Némo eut beau tout essayer, rien n'y fit. Le ministre ne voulut pas en démordre. Il avait décidé que même s'il ne lui restait que quelques mois à tirer avant de prendre sa retraite, Némo passerait lui aussi par le garage !

Baranes n'aurait jamais imaginé que celui à cause de qui il avait été évincé serait aussi celui qui le rétablirait.

À peine arriva-t-il dans son bureau de la brigade financière que le juge Le Goff l'appelait :

– Commissaire, on pourrait se voir ? Je viens d'être saisi par l'Assemblée nationale du rapport de la commission d'enquête sur les tribunaux de commerce. Je voudrais vous en parler !

Chapitres

www.ingramcontent.com/pod-product-compliance
Lightning Source LLC
LaVergne TN
LVHW042353190726
843493LV00005B/1002